U0541543

应急法要义

The Essence of
Emergency Law

代海军 著

中国法制出版社
CHINA LEGAL PUBLISHING HOUSE

法律只不过是社会结合的条件。服从法律的人民就应当是法律的创造者；规定社会条件的，只能是那些组成社会的人们。

——［法］让·雅克·卢梭

将应急举措纳入法治轨道是正义和秩序的共同要求

莫于川

中国人民大学法学院二级教授
中国法学会行政法学研究会副会长

习近平总书记在《高举中国特色社会主义伟大旗帜 为全面建设社会主义现代化国家而团结奋斗——在中国共产党第二十次全国代表大会上的报告》中强调，要"完善国家安全法治体系、战略体系、政策体系、风险监测预警体系、国家应急管理体系"，"坚持安全第一、预防为主，建立大安全大应急框架，完善公共安全体系，推动公共安全治理模式向事前预防转型"，"全面推进科学立法、严格执法、公正司法、全民守法，全面推进国家各方面工作法治化"。[1]这就为应急管理领域全面推进依法治理、进一步提高法治化水平，指明了前行方向，提出了明确要求。

人们常说，与常规状态相比，在非常规状态下或曰紧急情况下，人们对

---

[1] 《习近平：高举中国特色社会主义伟大旗帜 为全面建设社会主义现代化国家而团结奋斗——在中国共产党第二十次全国代表大会上的报告》，载中国政府网，http://www.gov.cn/xinwen/2022-10/25/content_5721685.htm，最后访问时间：2023年5月21日。

生命、健康、权利、信息、生活质量等因素的感受是不一样的，其深层原因是一种人本关怀、人文关怀的体现；对法律秩序和政府服务的需求也是不一样的，政府管理行为的法律依据、程序要求、行政成本等因素也有很大差别。因此，与常规状态下的行政权力运行机制相比，行政紧急权力运行机制具有许多特点，主要特征概言之有五：一是权力优先性，这是指在非常规状态下，与立法、司法等其他国家权力相比，与法定的公民权利相比，行政紧急权力具有某种优先性和更大的权威性，例如可以限制或暂停某些宪定或法定公民权利的行使；二是紧急处置性，这是指在非常规状态下，即便没有针对某种特殊情况的具体法律规定，行政机关也可进行紧急处置，以防止公共利益和公民权利受到更大损失；三是程序特殊性，这是指在非常规状态下，行政紧急权力行使过程中遵循一些要求更高或更低但特殊的行为程序，例如可通过简易程序紧急出台某些政令和措施，或者对某些政令和措施的出台设置更高的事中或事后审查门槛；四是社会配合性，这是指在非常规状态下，有关组织和个人有义务配合行政紧急权力的行使，并提供各种必要帮助；五是救济有限性，这是指在非常规状态下，依法行使行政紧急权力可能会造成行政相对人合法权益受损害，这种损害往往是普遍且共同的，政府对此往往只提供适当补偿，甚至可以不予补偿，由社会共同承受这种普遍损害，当然如果损害由部分行政相对人承受，则按照公平负担原则的要求应当给予相当补偿或完全补偿。正因为有这些特征，特别是往往具有维护公共秩序的正当性，行政紧急权力在实际运行过程中也易于给行政相对人的合法权益带来风险和伤害，须依法加以有效防范和矫正，这就提出了加强和完善应急法的重大课题，借以实现正义与秩序的共同要求。代海军研究员的专著《应急法要义》，及时和专业地回应了此项现实需求。

该书通过一个导论和六个章节的框架结构，从多个面向和要素深入分析研究了应急法的基本理论和制度问题，包括应急法的理念、概念、构成、原理、原则、组织、体制、机制、流程及域外有关经验等基本问题，可谓系统研究、重点阐述、结构合理、内容丰富、视野开阔、注重适用，其对策建议可行性强、参考价值大，清晰地诠释了中国特色应急法律责任的实践，有助于完善新时代应急法律制度；同时也富有学术理论价值，有助于中国特色应急管理和应急法理论及学科发展，发展我国的应急法知识体系，也能帮助读者迅速、全面地了解应急法的基本立场、观点和规则体系。

该书在研究方法和创新精神方面也富有特点，其积极关注和回应应急法治建设中的新情况、新问题和新趋势，将案例分析与理论分析相结合，法释义学与实证研究相结合，制度定位与学科定位相结合，着力分析平常状态与应急状态的相互切换，细致分析应急行政措施超常规使用等难题，有效衔接行政责任与刑事责任以及行政执法与刑事司法，特别是概括分析了法治原则、治理原则、人权保障原则、预防原则、比例原则五项应急法的基本原则，这些富有原创精神，更具诠释功效的理论亮点，体现出作者的学术创新精神，值得充分肯定。

海军曾在人大法学院求学，受过良好的法学专业训练，后在实务部门长期从事专业研究工作。通过学术会议和课题研究工作，知道他非常勤奋、非常投入，熟悉应急管理领域情况，在一系列重要专业岗位上发挥了积极作用，参与了许多应急管理政策研究和应急法的立改废释研究工作，完成发表了诸多研究成果和学术论著，在应急管理和应急法治领域具有良好的专业影响力和学术声誉，由他撰写的这本专著值得信赖，可以作为高等院校、科研机构等开展应急法教学与研究的入门书籍，也可作为负有应急管理职责的相关部门及执法人员的专业参考用书。

成果应当分享，好书值得推荐。谨以上述文字，热诚推荐《应急法要义》。

2023年春节前夕
于北京世纪城绿园

目录

导论

第一节 从风险到突发事件 / 003

一、风险 / 003

二、危机 / 006

三、灾害 / 010

四、突发事件 / 013

第二节 风险管理与应急管理 / 019

一、风险管理 / 019

二、应急管理 / 021

三、应急管理与危机管理 / 024

第一章

应急法是什么

第一节 应急法的概念与特征 / 031

一、应急法的概念 / 031

二、应急法的特征 / 032

第二节　应急法的功能与地位 / 035

　　一、应急法的功能 / 035

　　二、应急法的法律地位 / 040

第三节　应急法的立法模式 / 043

　　一、应急基本法模式 / 044

　　二、应急单行法模式 / 046

第四节　应急法与应急法学 / 047

　　一、应急法学的概念 / 047

　　二、应急法学的研究对象 / 048

　　三、应急法学的研究方法 / 049

第二章
应急法的基本问题

第一节　应急法的基本原则 / 055

　　一、法律原则概述 / 055

　　二、应急法基本原则的确立及其意义 / 056

　　三、应急法的基本原则 / 057

第二节　应急法的渊源 / 072

　　一、宪法条款及相关法 / 073

　　二、法律 / 075

　　三、行政机关制定的行政规范 / 076

　　　　四、地方性法规 / 078

　　　　五、法律解释 / 079

　　　　六、国际条约 / 080

　第三节　我国应急法的规范体系 / 081

　　　　一、应急法的规范体系概述 / 081

　　　　二、我国应急法的规范体系 / 082

　　　　三、我国应急法规范体系的反思 / 084

　　　　四、我国应急法规范体系的优化方向 / 088

第三章
突发事件应对的准备与行动

　第一节　未雨绸缪：应急预案 / 103

　　　　一、应急预案的概念与特征 / 103

　　　　二、应急预案的性质与功能 / 105

　　　　三、我国应急预案的发展历程 / 109

　　　　四、我国应急预案的制度检视及其优化 / 112

　第二节　超前反馈：灾害预警 / 118

　　　　一、灾害预警的内涵及制度功能 / 119

　　　　二、我国灾害预警制度的现状及不足 / 121

　　　　三、我国灾害预警制度的完善路径 / 126

　第三节　规制与例外：应急处置 / 130

　　　　一、行政应急措施的本质及其正当性基础 / 130

　　　　二、行政应急措施的主要类型 / 135

　　　　三、我国行政应急措施的适用及其检视 / 139

　　　　四、行政应急措施的法律规制 / 142

　第四节　信任与沟通：信息公开 / 147

　　　　一、突发事件信息公开制度的正当审视 / 148

　　　　二、突发事件信息公开制度知易行难 / 151

　　　　三、突发事件信息公开的规则建构 / 152

第四章

应急管理的组织与职权

　第一节　应急管理的组织结构 / 157

　　　　一、组织与组织结构 / 157

　　　　二、应急管理组织结构与应急管理体制 / 161

　第二节　应急管理组织类型及职权 / 162

　　　　一、领导机构 / 162

　　　　二、议事协调机构 / 164

　　　　三、综合管理机构 / 165

　　　　四、常备应急力量 / 173

　　　　五、应急工作组 / 174

　第三节　我国应急管理组织的演进 / 176

　　　　一、社会主义革命和建设时期 / 176

　　　　二、改革开放和社会主义现代化建设新时期 / 178

三、中国特色社会主义进入新时代 / 181

第五章
比较视野下的应急法

第一节　美国应急法 / 187
　　一、美国应急法的历史 / 188
　　二、美国应急法的体系及主要内容 / 191
　　三、美国应急法简评 / 196

第二节　英国应急法 / 199
　　一、英国应急法的历史 / 200
　　二、英国应急法的体系及主要内容 / 202
　　三、英国应急法简评 / 207

第三节　日本应急法 / 209
　　一、日本应急法的历史 / 210
　　二、日本应急法的体系及主要内容 / 211
　　三、日本应急法简评 / 218

第四节　俄罗斯应急法 / 222
　　一、俄罗斯应急法的历史 / 222
　　二、俄罗斯应急法的体系及主要内容 / 225
　　三、俄罗斯应急法简评 / 230

第五节　澳大利亚应急法 / 233
　　一、澳大利亚应急法的历史 / 234

二、澳大利亚应急法的体系及主要内容 / 235

三、澳大利亚应急法简评 / 241

第六章
应急法律责任与政治责任

第一节 应急法律责任概述 / 247
一、应急法律责任的概念及特征 / 247

二、应急法律责任的功能 / 251

第二节 典型的应急法律责任 / 253
一、应急行政法律责任 / 253

二、应急刑事法律责任 / 262

三、应急行政责任与刑事责任衔接 / 272

第三节 应急政治责任与法律责任 / 275
一、应急政治责任及其与法律责任的区别 / 275

二、应急政治责任与法律责任耦合的内在逻辑 / 277

三、应急政治责任适用面临的问题及其制度调适 / 281

后记 / 287

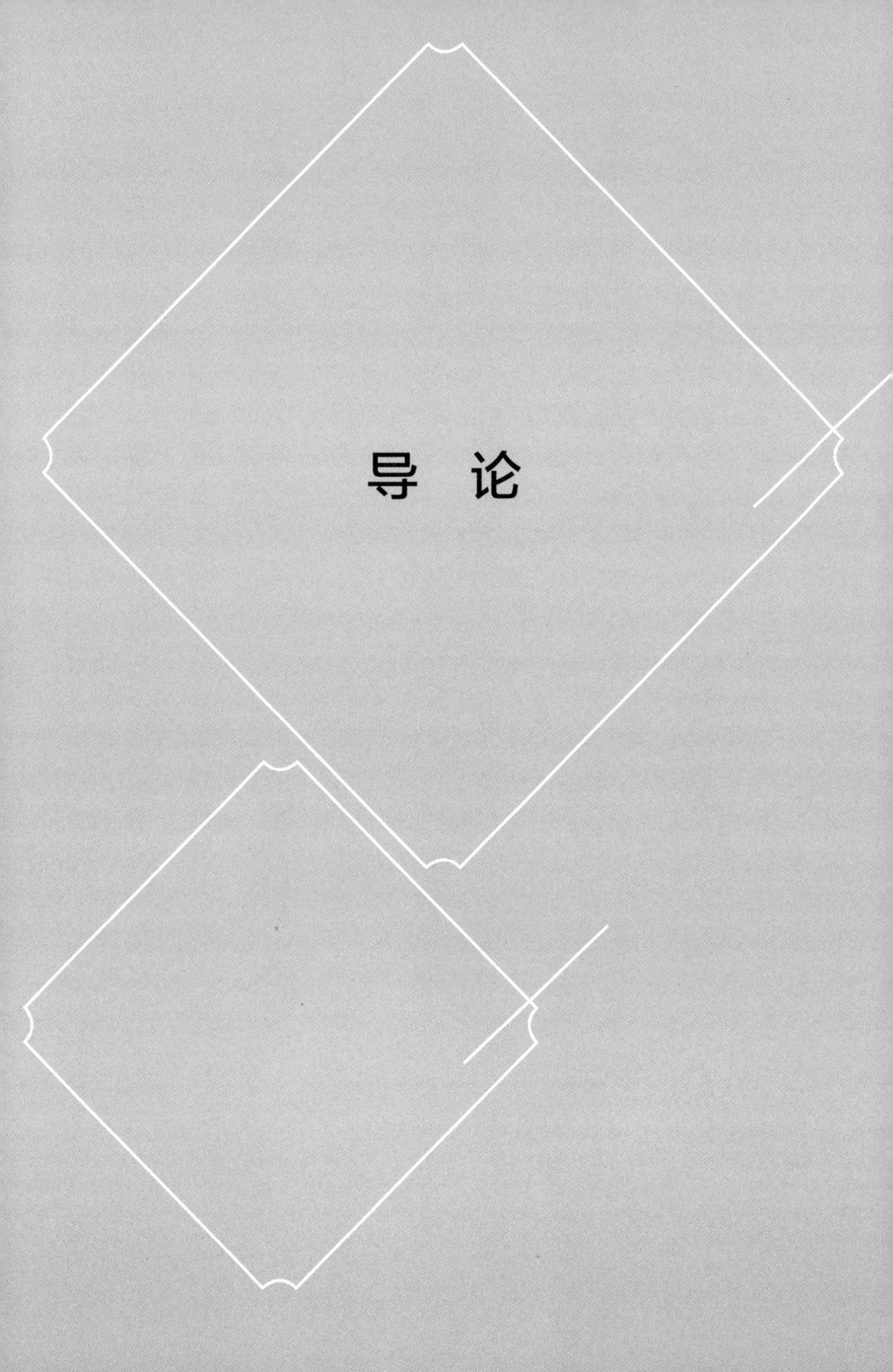

导 论

第一节　从风险到突发事件

一、风险

"风险"的概念源自西方。就其产生而言，其实是相当晚近的。在中世纪以前，人们主要以"命运"（fortuna）来指称生活中的各种不确定性。到13世纪，骑士贵族发明"冒险"（aventiure）概念，描述在开疆辟土时凭借勇气与决断面对各种不确定性的情境。这个概念也涵盖了面对挑战与获得收益之间的衡量面向。此后，随着远洋贸易兴起，商人们通过专门的理性计算，来评估投资后预期的收益和可能遭受的损失之间的关联，此时才发展出"风险"这个词汇来掌握这种经理性计算评估出来的不确定性范畴，风险于是也成为经济领域里常见且重要的概念。[1]据学者考证，"风险"一词是20世纪初经日语翻译英语"risk"后才传入中国的。中文"风险"一词应当经历了由普通名词逐渐发展为经济术语的过程，其原因固然与西方资本入侵有千丝万缕的联系，但也有自己的发展轨迹，在《申报》中，就有许多现代意义上的"风险"的例证，表明现代意义上"风险"概念的成熟。例如，该报1898年10月10日刊有"本公司（上海火险公司）在香港立案，准为有限公司，故各股东之风险，照所得之股为限，存本共一百万"之表述。[2]

那么，什么是"风险"呢？从总体上看，人们倾向于从事件发生的可能性与后果严重性两个维度来界定这一概念，并强调风险及后果的可量化性。如英国皇家学会调查委员会（The Royal Society Study Group）在《风险评估

---

[1] 郑作彧、吴晓光：《卢曼的风险理论及其风险》，载《吉林大学社会科学学报》2021年第6期。
[2] 刘宝霞、彭宗超：《风险、危机、灾害的语义溯源——兼论中国古代链式风险治理流程思路》，载《清华大学学报（哲学社会科学版）》2016年第2期。

报告》中将风险（risk）定义为"在特定的时间内或由于某种特定的情况导致的某一特定的不利事件发生的概率"[①]。美国危机管理研究专家罗伯特·希斯（Robert Heath）认为：通过对以往数据的统计分析，或专家对某个真实事件的客观判断，通常可推断得出可能有的失败或负面结果。这个可能的失败或负面结果就是该事件的风险。[②]泰耶·阿文（Terje Aven）等人指出，存在危害或损失的潜在来源之处，即存在风险（针对特定目标，如人、工业资产或环境的危险或威胁）。风险的概念涉及目标可能受到的某种损伤，以及这种潜在损伤演化为实际损伤的不确定性。由此，风险的定义可以表述为：

风险＝危险（威胁）和后果（损害）＋不确定性。[③]

奥特温·伦内（Ortwin Renn）在《风险的概念：分类》一文中提出，"风险"的定义包括三个因素：有害结果、发生的概率和现实状态。所有的风险视角提供了这三个因素的不同的概念化。他归纳出评估风险的七种方法：保险精算的方法（采用统计学预测）；毒物学和流行病学的方法（包括生态毒物学）；工程学方法（包括概率风险评估，PRA）；经济学方法（包括风险—收益分析）；心理学方法（包括心理测量分析）；风险的社会理论；风险的文化理论（使用网格/群体分析模式）。[④]

无论人们如何定义风险，理论界较为一致的认识是，"风险"的本质是不确定性（uncertainty）。著名经济学家、"芝加哥学派"创始人富兰克·H.奈特（Frank Hyneman Knight）在其成名作《风险、不确定性和利润》中将不确定性区分为可度量的不确定性（measurable uncertainty）和不可度量的不确定性

---

① ［英］约翰·瑞德里、约翰·强尼编：《职业安全与健康》（第七版），江宏伟等译，煤炭工业出版社2010年版，第117页。
② ［美］罗伯特·希斯：《危机管理》，王成、宋炳辉、金瑛译，中信出版社2001年版，第16页。
③ ［挪］泰耶·阿文、［意］皮耶罗·巴拉尔蒂、［挪］罗格尔·弗拉格等：《风险评估中的不确定性：通过概率和非概率方法表征和处理不确定性》，林焱辉主译，国防工业出版社2020年版，第4页。
④ ［英］谢尔顿·克里姆斯基、［英］多米尼克·戈尔丁：《风险的社会理论学说》，徐元玲、孟毓焕、徐玲等译，北京出版社2005年版，第62页。

（immeasurable uncertainty），进而将可度量的不确定性称作风险（risk），将不可度量的不确定性称作纯粹不确定性（true uncertainty）。①

"风险"讨论的历史清晰地表明，这一概念的界定，经历了自然属性向社会建构范式的转变。这一转变并非仅仅表明风险的结构和特征发生了重要变化，而是意味着一个新的时代的来临。1986年4月26日凌晨，切尔诺贝利核电站的一场毁灭性灾难，让整个世界笼罩在惶惑与阴霾中。据估算，核泄漏向大气中释放的放射剂量相当于美国投在日本广岛原子弹的400倍以上。②此后，"风险社会"作为一个流行概念进入主流话语体系。作为理论反思，德国著名社会学者乌尔里希·贝克（Ulrich Beck）在其著名的《风险社会：新的现代性之路》一书中，对"风险"的理论内涵作了重新诠释，他认为风险是现代化的产物，风险本质上不同于财富，风险引发的损害是系统性的，通常不可逆转，大多也不可见；现代化风险具有"回旋镖效益"，打破了阶级图式；在风险语境下，意识决定存在，知识因而具有了新的政治意涵。据此，贝克提出，风险概念与自发性现代概念密切相关。风险可被定义为以系统的方式应对由现代化自身引发的危险和不安。风险有别于传统的危险，它是现代化的威胁力量和令人怀疑的全球化所引发的后果。③德国社会学家尼克拉斯·卢曼（Niklas Luhmann）从社会系统理论的视角，对风险问题进行了反思性的二阶观察。原则上所有损失都可以通过决定来规避，并以此将之归为风险，比如从地震区搬走、不开车或者不结婚等。而当期待的收益缺席被算作损失的时候，整个未来便落入了风险与危险的二分法之中。④风险与危险的区别取决于归因。风险被归因于决定，而危险被归因于外部。风险问题并不能以机制与方法解决，因为这些机制与方法是从经济的系统语境中发展出来

---

① 谢志刚、周晶：《重新认识风险这个概念》，载《保险研究》2013年第2期。
② 陈红：《忧思：生命中的N个危机》，上海科学技术出版社2015年版，第51页。
③ [德]乌尔里希·贝克：《风险社会：新的现代性之路》，张文杰、何博闻译，译林出版社2018年版，第7页。
④ [德]尼克拉斯·卢曼：《风险社会学》，孙一洲译，广西人民出版社2020年版，第49页。

的。[1]卢曼认为，由于风险概念是近期才出现的，把风险从危险中分离出来的可能性必然源于现代性之社会特征。[2]英国社会学家安东尼·吉登斯（Anthony Giddens）虽然并不赞同卢曼"不行动也就没有风险"的观点，但他也承认，正是现代性的到来引入了一种新的风险景象——以现代社会生活为特性的威胁与危险。他指出，危险存在于风险环境中，实际上它也与确定究竟什么是风险有关。在现代性条件下，我们面临的是一个主要由人造风险构筑的世界，对现代性而言，风险原则是可以用有关潜在危险的知识去估算的。[3]

贝克等人对"风险"的阐释，在动摇传统理论根基的同时，也为人们带来对现代化自反性的反思，这一"反噬"正由全人类承受。对此，贝克毫不夸张地指出，"风险社会是一个灾难社会。在这样的社会里，例外状况恐怕要成为常态了"。正如纳西姆·尼古拉斯·塔勒布（Nassim Nicholas Taleb）在《黑天鹅》一书中描述的：即使我们生活在大事件很少发生的平均斯坦[4]，我们仍然会低估极端斯坦发生的概率，我们会认为他们离我们更遥远。即使面对符合高斯分布的变量，我们仍会低估我们的错误率。我们的直觉属于一个次平均斯坦，但我们并不生活在平均斯坦。我们每天需要估计的数字主要属于平均斯坦，也就是说，它们具有集中性，受到"黑天鹅"事件的影响。[5]

二、危机

就"危机"一词的概念而言，可谓众说纷纭。人们普遍认同的是，在西

---

[1] [德]尼克拉斯·卢曼：《风险社会学》，孙一洲译，广西人民出版社2020年版，第160—162页。
[2] [英]安东尼·吉登斯：《现代性的后果》，田禾译，译林出版社2011年版，第28页。
[3] [英]安东尼·吉登斯：《现代性的后果》，田禾译，译林出版社2011年版，第97页。
[4] 在《黑天鹅》一书中，塔勒布提出了两个基本概念：平均斯坦和极端斯坦。在理想的平均斯坦，特定事件的单独影响很小，只有群体影响才大；在极端斯坦，个体能够对整体产生不成比例的影响。极端斯坦能够制造"黑天鹅"现象。参见[美]纳西姆·尼古拉斯·塔勒布：《黑天鹅》，万丹、刘宁译，中信出版社2019年版，第34—35页。
[5] [美]纳西姆·尼古拉斯·塔勒布：《黑天鹅》，万丹、刘宁译，中信出版社2019年版，第154页。

方语言中,"危机"(crisis)这个词起源于古希腊,本意为"区分、判断"。经由古希腊人、西方"医学之父"希波克拉底(Hippocrates),医学家兼哲学家伽伦(Galenus)等人的使用,获得了新意:"疾病的转折点",即人濒临死亡、游离于生死之间的那种状态。① 随着社会发展,在西方启蒙思想家的推动下,"危机"一词逐渐被其他学科接纳,从最开始的医学术语逐步拓展到政治、经济、文化、思想领域。《韦氏词典》定义的"危机"(crisis)包括三层含义:一是急性疾病、痛苦或生活情感等的转折点或者根本性变化;二是决定性时刻(如在文学情节中);三是决定性变化即将到来的关键时期或事态(如金融危机、环境危机、失业危机)。②

在管理实践中,"危机"概念有两大来源:一是国际政治领域,"冷战"格局中美苏对抗经常造成国际政治的紧张,格雷厄姆·艾利森(G. Allison)基于1962年"古巴导弹危机"写出的《决策的本质》一书被认为是这一领域的代表作品;二是企业管理领域,"三里岛核泄漏""挑战者号爆炸"等事件的发生推动企业危机管理成为一个重要领域。③ "危机"到底如何定义?理论界长期存在"事件说"与"状态说"两种不同的主张。

"事件说"认为,危机就是"紧急事件"或"紧急状态"。如张成福认为,所谓危机,它是这样一种紧急事件或者紧急状态,它的出现和爆发严重影响社会的正常运作,对生命、财产、环境等造成威胁、损害,超出了政府和社会常态的管理能力,要求政府和社会采取特殊的措施加以应对。④ 持"事件说"的学者明显受到巴顿(Barton)、罗森塔尔(Rosenthal)等人的影响。罗森塔尔从整个社会系统的角度定义危机,认为"危机"就是对一个社会系统的基本价值和行为准则架构产生严重威胁,并且在时间压力和不确定性极高的情

---

① 孙志明:《对危机概念和危机属性的哲学思考》,载《国际关系学院学报》2012年第2期。
② "crisis"的词条,https://www.merriam-webster.com/dictionary/crisis,最后访问时间:2021年11月13日。
③ 闪淳昌、薛澜主编:《应急管理概论——理论与实践》,高等教育出版社2012年版,第30页。
④ 张成福:《公共危机管理:全面整合的模式与中国的战略选择》,载《中国行政管理》2003年第7期。

况下，必须对其作出关键决策的事件。①

与"事件说"针锋相对的是"状态说"，后者认为"事件说"未能真正揭示危机发生的机理和本质，并对此提出了批评。美国著名的危机管理学者查尔斯·赫尔曼（Charles F. Hermann）指出，危机实际上就是一种"处境"，包含以下三个要素和特点：（1）决策单位的首要目标受到威胁；（2）决策者作出反应的时间有限；（3）情形和境况出乎决策者的预料。②我国学者胡百精在其《危机传播管理》一书中全面质疑了"事件说"：危机的确是由特定事件引发的，其表现形式也主要是威胁性事件，然而危机之引爆，是由组织内外部构成要素、运作规则和发展环境的异化进而裂变为威胁性系统的过程。危机的处理，绝不是单纯的事件处理，而是环境、秩序、规则与契约的系统修复和再造。据此，他提出危机实质上是组织遭遇的一种威胁性、破坏性的紧急事实状态和异化价值状态。③

与"状态说"同"事件说"的针锋相对不同，有学者采取折中的态度，如孙志明认为"危机"既是情境状态，又是事件，二者并不矛盾。危机本身就是行为主体所处的一种情境状态，它常常是由一个具体的事件引发的。而把一个具体的危机看作一个事件，其实那只是在危机发生后对它的一种概括，甚至可以理解为对一次具体的危机的"命名"。④

在现代汉语里，我们通常认为"危机"是由"危险"和"机遇"组成的一个并列词组。实际上，在中国古代，"危"和"机"是分开使用的。"危"的原意为"高"，是一个会意字。《说文解字》："危，在高而惧也。"依许慎的解释，"危"字中间的"厂"表示山崖，山崖上站着一个人，山崖下跪着一个人并想要阻止山崖上的人，合而表示"危险"。"高"与"直"在形象上往

---

① ［荷］罗森塔尔、［美］查尔斯、［荷］特哈特编：《应对危机：灾难、暴乱和恐怖行为管理》，赵凤萍译，河南人民出版社2014年版，第11页。
② 张清：《查尔斯·赫尔曼的外交危机管理"处境模式"》，载《中国行政管理》2006年第3期。
③ 胡百精：《"非典"以来我国危机管理研究的总体回顾与评价——兼论危机管理的核心概念、研究路径和学术范式》，载《国际新闻界》2008年第6期。
④ 孙志明：《对危机概念和危机属性的哲学思考》，载《国际关系学院学报》2012年第2期。

往相连,因而"危"有"直"义,如"危立",指端正地站着,表示戒惧。物体高大,可能产生重心不稳、容易倾倒的问题,故"危"具有"不稳"义。如《论语·季氏》:"危而不持,颠而不扶。则将焉用彼相矣。"不稳定就会有危险,因此"危"又自然引申出"危险"义。①"机"的用法也较多元。《易传》原作"几",所谓"知几其神"之"几"。《易》所谓"姻缊",庄生所谓"生物以息相吹""野马"者与!此虚实、动静之机,阴阳、刚柔之始。②《说文解字》:"机,木也。从木,几声。"《周易注》:"机,承物者也,耦初也。"《类经·经络十九》:"机,枢机也。"《素问》:"神转不回,回则不转,乃失其机。"③总的来看,无论是易学中的概念,还是在医学上的使用,"机"都未与"危"联系起来使用。需要指出的是,在现代汉语中,"机"的使用日趋多元,如时机、机会、机遇等,人们对"危机"一词的认识也发生了潜移默化的变化。通过一系列的隐喻过程,"危机"这个词获得了一种比喻意义,即"危险和决定性的时刻",它能够被用在一件事、一个人、一个组织、一个民族或一个国家上。能够决定一桩事业的成败的关键性时刻,也被视为危机。④

从辩证唯物主义和历史唯物主义的世界观、方法论出发,危与机是辩证统一的关系。老子所谓"祸兮,福之所倚;福兮,祸之所伏",讲的正是福与祸(危与机)相互依存、相互转化的道理。正如习近平总书记所指出的:我们的判断是危和机并存、危中有机、危可转机,机遇更具有战略性、可塑性,挑战更具有复杂性、全局性,挑战前所未有,应对好了,机遇也就前所未有。⑤

立足于因果关系逻辑分析,风险为危机埋下种子,危机是风险的失控状态,危机管理必须从风险管理开始。

---

① 刘悦、古敬恒:《汉字中的生活百态》,齐鲁书社2018年版,第97页。
② 《易学百科全书》编辑委员会编:《易学百科全书》,上海辞书出版社2018年版,第780页。
③ 王庆其、陈晓主编:《实用内经词句辞典》,上海科学技术出版社2017年版,第161页。
④ 汪堂家:《现象学的展开:〈自我的觉悟〉及其他》,复旦大学出版社2019年版,第267页。
⑤ 习近平:《新发展阶段贯彻新发展理念必然要求构建新发展格局》,载《求是》2022年第17期。

三、灾害

"灾害"一词是从希腊语"κατα"（下）和"στροφή"（转）引申而来的，意味着颠倒或者表面意思上的"转过来"——一起事件或者一种情况注定破坏并永远改变现有结构（物质方面、社会方面，以及标准方面的结构）。"灾害"的古老概念展现出一个核心特征，也就是我们传统上认识灾害的方式——揭露。揭露指的是，灾害是对既有的隐形结构的一种曝光：作为关键节点，我们主角的命运得以显现，或者恶棍的邪恶意图更为清晰地展现给观众。[1]

在历史学家看来，灾害历史与人类历史一样久远。在对大量历史事实考察后，我国著名历史学家邓云特指出：所谓"灾荒"，乃由于自然界的破坏力对人类生活的打击超过了人类的抵抗力而引起的损害；而在阶级社会里，灾荒基本上是由于人和人的社会关系的失调而引起的人对于自然条件控制的失败所招致的社会物质生活上的损害和破坏。[2]

郑功成教授认为，作为一种非常态的自然—社会现象，灾害的发生具有周期性并表现出不同形态，人类生活方式的选择与经济增长方式合理与否以及对灾害问题的态度和所采取的措施，均对灾害问题的发展有着重大影响。他指出，灾害的确认，是以国家或社会财富的损失和人员的伤亡为客观标准的。这种确认方式表明，凡是能够造成国家或社会财富损失和人员伤亡的各种自然、社会现象，都可以称为灾害，它们都是相对于人类社会而言的异常现象。[3]尽管灾害有不同分类，但它们都可以根据一定的标准来进行经济上的量化，这一共同特征使得各种灾害有了一个可以通用的表达方式，即"灾害＝可以计量的经济损失"。

可见，经济因素是决定灾害问题的基本因素，也是解决一切灾害问题的

---

[1] ［丹］克里斯蒂安·赛德瓦尔·拉乌塔：《灾害法学研究》，徐航译，中国政法大学出版社2016年版，第16页。
[2] 邓云特：《中国救荒史》，商务印书馆2011年版，第5页。
[3] 郑功成：《灾害经济学》，商务印书馆2010年版，第2页。

基础。灾害问题的实质是经济问题。[①]

对于具体灾害而言，它的成灾是三方面基本因子相互作用而成的：一是致灾因子，包括灾种和致灾强度；二是承灾体，包括社会时空条件和承灾力；三是灾情，包括灾情和灾度。成灾过程就是致灾因子通过承灾体的中介产生灾情的过程。灾情的大小既取决于灾种、致灾强度的大小，也取决于承载体的社会时空条件和承灾力大小。[②]根据《联合国国际减灾战略减轻灾害风险术语》（2009年版），致灾因子是一种具有危险性的现象、物质、活动，可能造成人员伤亡，影响健康，导致财产损失、生活或服务设施丧失，社会和经济扰动、环境破坏。

E.佛瑞茨关于灾害的定义，可视为传统灾害定义的经典，也是现代灾害社会学研究起点。他认为，灾害是一种"个人及社会集团发挥作用的社会脉络遭到根本性破坏，或急剧偏离通常可预见的模式"的社会状态。在这一定义中，E.佛瑞茨提出了灾害的两个重要特性：一是具有威胁性的实际冲击；二是社会基本功能因这一冲击而遭到破坏。[③]

总体而言，灾害的概念研究经历了上帝与神性、自然与偶发意外性以及社会与脆弱性三个范式的转变，[④]人们对灾害的认识也逐渐有了一致性。如美国人类学家安东尼·奥利弗·史密斯（Anthony Oliver-Smith）认为，灾害应当被理解为由诸如社会结构、建筑环境、文化见解、个人能力等"灾害前条件"引起的一系列事件，且这些条件随即将决定某个社会如何能够或不能够应对这些危险。因此，"不论灾害发生前还是发生后'产生'脆弱性的过程，都是与人们抵抗、避免、适应这些过程的能力成反比的，也是与人们使用自

[①] 郑功成：《灾害经济学》，商务印书馆2010年版，第4—9页。
[②] 孙绍骋：《中国救灾制度研究》，商务印书馆2004年版，第12—13页。
[③] ［日］大矢根淳等编著：《灾害与社会1：灾害社会学导论》，蔡骐、翟四可译，商务印书馆2017年版，第13—17页。
[④] ［丹］克里斯蒂安·赛德瓦尔·拉乌塔：《灾害法学研究》，徐航译，中国政法大学出版社2016年版，第20—30页。

己的能力创造安全的能力成反比的"[1]。显然，对灾害概念的讨论，已经从致灾因子转移到脆弱性上来。

尽管不同研究领域关于"脆弱性"的概念存在认识分歧，但亦初步达成了以下共识：脆弱性客体具有多层次性；脆弱性总是针对特定的扰动而言；施加在脆弱性研究客体上的扰动具有多尺度性。目前，敏感性、应对能力、恢复力、适应能力等概念已成为脆弱性概念的要素。[2]社会脆弱性范式背后存在一个理论假设，即大自然本身是中立的，风险和危害来自社会薄弱环节，真正意义上的"自然灾害"是不存在的，一切灾害都有人为的因素和社会的影子。这一范式有两个基本研究命题，即"灾害风险不平等命题"与"社会分化命题"。前者指的是受灾原因不仅来自自然因素造成的实质损害，还来自阶级地位的差异、权利关系及社会建构的性别角色等社会因素；后者指的是如果重建资源无法有效且公平地分配，弱势群体的脆弱性将会相对提升。[3]毫不夸张地讲，社会脆弱性范式彻底改变了人们对灾害的认知。

从立法实践看，一些国家在应急法中对灾害概念及其范围给出了界定，比如日本《灾害对策基本法》规定，"灾害"是指由暴风、暴雨、暴雪、洪水、海潮、地震、海啸、火山喷发等异常自然现象或大规模的火灾或爆炸及其他在破坏程度上与上述情况类似的由政令规定的原因所造成的破坏。韩国《灾难及安全管理基本法》规定，"灾害"是指对国民的生命、身体、财产和国家造成损害或者可能造成损害的各种情况，包括自然灾害，如台风、洪水、暴雨、强风、大雪、干旱、地震、藻类爆发、潮水、火山活动、流星体等自然宇宙物体的坠落，其他相当于此的因自然现象发生的灾害；以及社会灾害，如因火灾、崩塌、爆炸、交通事故（包括航空事故及海上事故）、生化事故、

---

[1] ［丹］克里斯蒂安·赛德瓦尔·拉乌塔：《灾害法学研究》，徐航译，中国政法大学出版社2016年版，第39—40页。
[2] 李鹤、张平宇、程叶青：《脆弱性的概念及其评价方法》，载《地理科学进展》2008年第2期。
[3] 周利敏：《社会脆弱性：灾害社会学研究的新范式》，载《南京师大学报（社会科学版）》2012年第4期。

环境污染事故等发生的,由总统令规定规模以上的损害和国家核心基础的瘫痪,根据传染病预防以及管理相关的法律规定的传染病等引起的损害。①

四、突发事件

尽管由于不同国家不同的社会制度、不同的自然与社会状况,人们对突发事件的认识可能存在差别。但人们总体上倾向于认为,具有以下典型特征的事件可以称为"突发事件":(1)突发性。往往是在没有先兆的情况下突然爆发,常常令人猝不及防,并给社会造成震动或激变。(2)不确定性。虽然事件的发生需要一段时间的酝酿,有一定的潜伏期,但往往不易被人觉察,发生时间、发展过程、发展趋势都具有较大的不确定性或偶然性,给社会和公民带来的影响也常常超出想象。(3)公共性。一方面,具有社会危害性,无论是传染病疫情,还是自然灾害,一旦发生,往往波及整个区域甚至毗邻区,危及整个公共安全利益;另一方面,由于信息不对称等原因,事件常常在短期内迅速蔓延,容易引起社会公众恐慌与不安。(4)破坏性。其后果一般是严重的,人们难以承受的,而且往往是不可逆转的。如应对不当还会造成巨大的生命、财产损失,甚至可能造成社会的瓦解和严重的动荡。(5)复杂性。各种突发事件的成因是复杂的,有时一种突发事件可由几种因素促成,或是一种因素引起多种突发事件同时发生。如根据事故致因理论,生产安全事故涉及人、机、管、环、物等因素,包括人的不安全行为、物的不安全状态以及管理上的缺陷等。

上述关于突发事件的几个要件特征,也是我国进行应急法制度设计时的重要参考依据。2003年非典疫情发生后,为了将突发公共卫生事件应急处理工作纳入法治化轨道,国务院同年出台的《突发公共卫生事件应急条例》,从

---

① *Framework Act on the Management of Disasters and Safety*,https://faolex.fao.org/docs/pdf/kor107580.pdf,最后访问时间:2023年4月8日。

突发性、破坏性、不确定性等角度，对"突发公共卫生事件"作出界定。此外，2006年1月8日，国务院发布《国家突发公共事件总体应急预案》，对突发公共事件的概念、主要类别以及分级管理等重点问题进一步明确，将"突发公共事件"界定为"突然发生，造成或者可能造成重大人员伤亡、财产损失、生态环境破坏和严重社会危害，危及公共安全的紧急事件"。2007年，我国《突发事件应对法》颁布，并在总则中明确规定，突发事件，是指突然发生，造成或者可能造成严重社会危害，需要采取应急处置措施予以应对的自然灾害、事故灾难、公共卫生事件和社会安全事件。

在对突发事件进行概念界定的基础上，《突发事件应对法》同时以列举的形式，明确了突发事件的种类。总体而言，国家在应急法律制度设计时的重要考量，是防范和控制对国家和社会造成严重威胁或危害的现实危险。当时我国社会政治大局保持稳定，面临的重大风险或危险主要来自公共安全领域。一是重大自然灾害种类多、频率高、分布广、损失大。由于特有的地质构造和自然地理环境，我国是世界上遭受自然灾害最严重的国家之一。二是重特大事故多发，伤亡严重。三是公共卫生事件严重威胁着人民群众的生命和健康。四是影响国家安全和社会稳定的因素仍然存在。上述几类突发事件每年给我国造成的非正常死亡超过20万人，伤残超过200万人，经济损失超过6000亿元人民币。[①]

不同性质的突发事件，危急情形和造成的社会危害不同，政府和社会所要采取的应对措施也不尽相同，为了更有针对性地处理突发事件，非常有必要对其进行分类管理。突发事件类型化是非常复杂的理论问题，国内外不同学者对此有不同的认识。一般根据突发事件发生的原因，把突发事件分为"自然的危机"（俗称"天灾"）和"人为的危机"（俗称"人祸"）两大类。我国学者薛澜等人根据突发公共事件的发生过程、性质和机理，将其划分为自然

[①] 闪淳昌:《利在当代，功在千秋——国家突发公共事件应急预案体系建设回顾》，载《中国应急管理》2007年第1期。

灾害、事故灾难、突发公共卫生事件、突发社会安全事件以及经济危机五大类。[1]实践中，不同国家立法对突发事件的分类亦没有统一的标准，往往基于本国的国情进行规定。如英国2004年《民事突发事件法》将突发事件划分为三类：一是严重损害人类福利的事件或情况，包括疾病，对财产造成损害，食品、供水、通信、交通设施、医疗服务、能源或燃料等供给中断等方面造成的损害；二是对环境造成严重破坏的事件或情况，包括土地、水源或空气受到生物、化学或核辐射的污染，动植物死亡或生命遭受毁灭；三是对安全造成严重破坏的事件或情况，包括战争或恐怖主义事件。

根据突发事件的发生过程、性质和机理，我国《突发事件应对法》将突发事件分为以下四类。

第一，自然灾害。主要包括水旱灾害、气象灾害、地震灾害、地质灾害、海洋灾害、生物灾害和森林草原火灾等。我国是世界上自然灾害最为严重的国家之一，灾害种类多，分布地域广，发生频率高，造成损失重，这是一个基本国情。据学者考证，从公元前18世纪，到21世纪的今天，近四千年时间里，几乎无年不灾，也几乎无年不荒，西欧学者甚至称中国为"饥荒的国度"（The Land of Famine）。中国自远古时代就有许多灾害，《竹书纪年》载，一百年，地裂，帝陟。这是最初有关地震的传说。西周以后，有关水、旱、地震、蝗、疫、霜、雹的灾害，记录较多。就春秋三传、《国语·周语》、《史记·周本纪》、《汉书·五行志》及《竹书纪年》、《帝王世纪》、《广弘明集》等书，汇集所得，则两周约八百年间，最显著的灾害有八十九次。其中发生最多的是旱灾，达三十次；次为水灾，有十六次；再次为蝗螟蟊螣灾害，有十三次。此外，记载有地震九次；大歉致饥八次；霜雪七次；雹五次；疫一次。灾情有的极凶，如厉王二十一年至二十六年（公元前858年至公元前853年）连续六年大旱，据《诗·小雅·雨无正》所述：浩浩昊天，不骏其德，降丧饥馑，

---

[1] 薛澜、钟开斌：《突发公共事件分类、分级与分期：应急体制的管理基础》，载《中国行政管理》2005年第2期。

斩伐四国。①

中华人民共和国成立后,党中央、国务院虽高度重视减灾工作,但各类自然灾害多发频发的势头仍未得到有效遏制,"十一五"期间,南方冰雪灾害、汶川特大地震、玉树强烈地震、舟曲特大山洪泥石流灾害等接连发生,严重洪涝、干旱和地质灾害以及台风、风雹、高温热浪、海冰、雪灾、森林火灾等灾害多发并发,给经济社会的发展带来严重影响。例如,2008年1月下旬,我国南方大部分地区连续20多天的低温暴雪天气,造成交通中断、电力中断、通信中断。仅湖南一地因灾倒塌房屋5.4万间,240万人饮水困难,农作物受灾面积达200万公顷,直接经济损失超过100亿元。②

第二,事故灾难。主要包括工矿商贸等生产经营单位的各类生产安全事故,交通运输事故,公共设施和设备事故,核与辐射事故,环境污染和生态破坏事件等。我国是世界公认的化学品生产和使用大国,主要化学品产量和使用量都居世界前列,目前全球能够生产十几万种化学品,我国能生产各种化学品4万多种,2019年化工行业产能占到全球的40%。③与此同时,我国危险化学品企业安全管理水平参差不齐,在生产、贮存、使用、经营、运输、废弃处置等各个环节均积聚了大量风险。近年来,我国相继发生了四川宜宾"7·12"重大爆炸着火事故、天津港"8·12"特别重大火灾爆炸事故、北京交通大学"12·26"较大爆炸事故、山东青岛"11·22"中石化东黄输油管道泄漏爆炸特别重大事故、江苏响水天嘉宜化工有限公司"3·21"特别重大爆炸事故,给人民群众生命财产安全造成严重损害,也反映出危险化学品安全生产方面存在漏洞和不足。2013年11月22日10时25分,位于山东省青岛经济技术开发区的中国石油化工股份有限公司管道储运分公司东黄输油管道

---

① 邓云特:《中国救荒史》,商务印书馆2011年版,第9—13页。
② 聂茂、厉雷:《回家——2008南方冰雪纪实》,湖南人民出版社2009年版,第218页。
③ 《中共中央办公厅国务院办公厅关于全面加强危险化学品安全生产工作的意见学习读本》编写组编著:《中共中央办公厅国务院办公厅关于全面加强危险化学品安全生产工作的意见学习读本》,应急管理出版社2020年版,第15页。

泄漏原油进入市政排水暗渠，在形成密闭空间的暗渠内油气积聚遇火花发生爆炸，造成62人死亡、136人受伤，直接经济损失75172万元。事故的直接原因是，输油管道与排水暗渠交汇处管道腐蚀减薄，管道破裂，原油泄漏，流入排水暗渠及反冲到路面。原油泄漏后，现场处置人员使用液压破碎锤在暗渠盖板上打孔破碎，产生撞击火花，引发暗渠内油气爆炸。间接原因包括：中石化集团公司及下属企业安全生产主体责任不落实，隐患排查治理不彻底，现场应急处置措施不当；青岛市人民政府及开发区管委会贯彻落实国家安全生产法律法规不力；管道保护工作主管部门履行职责不力，安全隐患排查治理不深入。①

第三，公共卫生事件。主要包括传染病疫情，群体性不明原因疾病，食品安全和职业危害，动物疫情，以及其他严重影响公众健康和生命安全的事件。中华人民共和国成立以来，中国政府坚持"预防为主，防治结合"方针，不断加大传染病防治力度，通过开展预防接种和爱国卫生运动等防控措施，降低了传染病发病率，有效控制了传染病的流行和蔓延。自20世纪50年代起，基本控制了鼠疫、霍乱、黑热病、麻风病等疾病的流行。②当前，传染病防控面临的很多新形势，包括全球气候变化；人口流动全球化、城市化、老龄化；动物蛋白消费需求、畜禽存栏量持续增长，但畜禽生产方式仍粗放；新医疗技术不断引入、耐药情况日趋严重；病原体变异、新发传染病不断出现等，给传染病防控带来了新的挑战。③2002年11月16日，广东省佛山市暴发传染性非典型肺炎（SARS）疫情，并逐步扩散至东南亚乃至全球。截至2003年8月16日，中国内地累计报告非典临床诊断病例5327例，治愈出

---

① 国务院山东省青岛市"11·22"中石化东黄输油管道泄漏爆炸特别重大事故调查组：《山东省青岛市"11·22"中石化东黄输油管道泄漏爆炸特别重大事故调查报告》，载应急管理部网，https://www.mem.gov.cn/gk/sgcc/tbzdsgdcbg/2013/201306/t20130626_245228.shtml，最后访问时间：2023年3月29日。
② 《中国的医疗卫生事业》，载中国政府网，http://www.gov.cn/zhengce/2012-12/26/content_2618554.htm，最后访问时间：2023年3月29日。
③ 《传染病防控面临的新形势》，载网易网，https://www.163.com/dy/article/H7D5CHSV052180EQ.html，最后访问时间：2022年10月3日。

院4959例，死亡349例（另有19例死于其他疾病，未列入非典病例死亡人数中）。① 2003年7月5日，世界卫生组织宣布，全球范围内非典疫情基本结束。历史不会重演，但总是惊人相似。2019年，新型冠状病毒感染疫情迅速蔓延，全球二十多个国家相继宣布进入"紧急状态"，我国虽然没有宣布进入紧急状态，但多地启动了应急一级响应，一些地方以"战时"对待，以此表明防疫形势的严峻性。

第四，社会安全事件。主要包括恐怖袭击事件，经济安全事件和涉外突发事件等。当前，我国正处于改革发展的关键时期，空前的社会变革，在给发展进步带来巨大活力的同时，也带来一系列矛盾和问题。随着社会开放性、流动性、交融性特征逐步明显，不但人民内部矛盾凸显、刑事犯罪高发、对敌斗争复杂的基本态势没有改变，而且呈现出境内因素与境外因素相互交织、传统安全因素与非传统安全因素相互交织、虚拟社会与现实社会相互交织、敌我矛盾和人民内部矛盾相互交织等新特点。② 2008年6月28日16时至29日凌晨3时左右，贵州省黔南布依族苗族自治州瓮安县部分群众和中小学生，因对一名女中学生死因的鉴定结果从怀疑到对公安机关的不满，聚集到瓮安县公安局和县人民政府请愿，围观群众聚集达2万多人，极少数不法分子趁机鼓噪，甚至肆无忌惮地打砸抢烧，县公安局、县政府多间房屋被烧，县委办公大楼被烧毁，46台机动车被烧毁、9台机动车被砸坏，数十台办公电脑被抢走，大量党委、政府和公安机关公文、档案、办公用具被毁。③

---

① 《卫生部最后1次公布每日疫情：中国内地无非典病人》，载新浪网，https://news.sina.com.cn/c/2003-08-17/0859580515s.shtml，最后访问时间：2022年10月3日。

② 郑泽晖：《大数据背景下跨境警务执法合作面临的挑战与对策思考》，载《公安学刊（浙江警察学院学报）》2018年第3期。

③ 刘子富：《新群体事件观：贵州瓮安"6·28"事件的启示》，新华出版社2009年版，第1页。

导 论

第二节 风险管理与应急管理

一、风险管理

一般认为,风险管理起源于德国。德国研究企业风险源于"一战"后的德国恶性通胀,标志性著作为1915年莱特纳(Litner)的《企业风险论》。德国学者强调处理风险的手段是风险控制、分散、补偿、转移、防止、回避和风险抵消等。[1]风险管理作为一门学科出现,是在20世纪60年代中期。1963年梅尔和赫奇斯的《企业的风险管理》、1964年威廉姆斯和汉斯的《风险管理与保险》的出版标志着风险管理理论正式登上了历史舞台。他们认为风险管理不仅是一门技术、一种方法或是一种管理过程,还是一门新兴的管理科学,从此风险管理迅速发展,成为企业经营和管理中必不可少的重要组成部分。[2]由于风险无处不在,风险管理应用也越来越广泛,逐渐从一个企业管理术语,拓展到包括灾害管理在内的社会管理各领域。

风险管理的对象是"风险"。由于现阶段对风险认识的维度不同,人们对风险管理有着不同的理解,这导致风险管理在不同组织领域呈现理念目标、资源配置和措施行动等方面的差异。国际标准化组织(ISO)在《风险管理——原则和指导方针》(Risk Management—Principles and Guidelines)中赋予"风险"一词与以往不同的内涵,即"不确定性对目标的影响";基于此,风险管理就是组织识别、分析、评价风险及处理风险等过程和一系列协调活动。管理风险框架设计有七项内容,包括:理解组织及其环境、建立风险管理政策、职责、融入组织流程、资源、建立内部沟通与报告机制、建立外部沟通与报告机制。为保证风险管理的一致性和有效实施,我国在"风险管理"

---

[1] 殷孟波主编:《货币金融学》(第2版),中国金融出版社2014年版,第118页。
[2] 王东:《国外风险管理理论研究综述》,载《金融发展研究》2011年第2期。

的界定及实施方面,采取了与国际标准化组织相关术语接轨的做法,中国国家标准化管理委员会先后发布了风险管理的系列标准。按照《风险管理 术语》(GB/T 23694—2013),"风险"被定义为"不确定性对目标的影响",相应地,风险管理(Risk Management)是指在风险方面,指导和控制组织的协调活动。《风险管理 原则与实施指南》(GB/T 24353—2009)中明确了组织在实施风险管理时应遵循的八项原则:控制损失、融入组织管理过程、支持决策过程、应用系统的结构化的方法、以信息为基础、环境依赖、充分沟通、持续改进。明确环境信息、风险评估、风险应对、监督和检查环节,构成了风险管理的过程。其中,风险评估由风险识别、风险分析和风险评价三个步骤组成。目前,我国《食品安全法》《大气污染防治法》《水污染防治法》《医疗纠纷预防和处理条例》《城镇燃气管理条例》等多部应急法律、行政法规已将"风险管理"写入,《突发事件应对法》《安全生产法》《动物防疫法》等法律中还明确规定了"风险评估"的要求,使得风险管理从一般标准规定上升到法律强制性的要求。

之所以强调积极地管理风险而非等危机出现,是由于因组织的疏忽或错误造成的破坏代价巨大,无论是经济上、社会上还是心理上的。这已经为无数的案例所证实。从目标和内容上看,风险管理是危机管理的一部分,是危机管理活动的起始。罗伯特·希斯在《危机管理》一书中提出了危机管理"4R"模式,即缩减(reduction)、预备(readiness)、反应(response)、恢复(recovery)四个阶段。危机来临之前,对即将发生的危机进行风险评估并进行积极管理,能够极大地减少危机的成本与损失。[1]希斯指出,风险管理正渐渐被称为风险处理。风险处理过程包括确认可供选择的控制与管理手段,对其进行评价并选出最合适的手段,最后为所选择的控制或管理手段作计划并执行之。习惯上,有四种手段可供选择:排除、缩减、转移和接收。[2]

---

[1] [美]罗伯特·希斯:《危机管理》,王成、宋炳辉、金瑛译,中信出版社2001年版,第31—32页。
[2] [美]罗伯特·希斯:《危机管理》,王成、宋炳辉、金瑛译,中信出版社2001年版,第58页。

传统的危机管理是一种"应激—反应"式的,这种方式的特点是"对症下药",有利于应对存量危机,但由于不够理性和系统,很难保证资源配置的科学和最优,所以往往无法消除增量危机,而风险管理由于强调缓解与缩减,有利于从源头上化解危机。这也是风险管理的目标和最佳效果。正因如此,在应急管理工作中,我们越来越强调"关口前移"、"超前预防"以及"防患于未然",其目的就是努力实现从事后应对到事前防范的转变。

二、应急管理

"应急管理"是在"灾害管理"基础上发展而来的一个概念。国外应急管理源于早期对洪灾、森林火灾等各种自然灾害的应对。在"二战"结束后的"冷战"时期,应急管理主要是服从于"冷战"对抗的需要,民防成为重点。民防即民间防护(civil defense)的简称,包括两个部分:一是民间对战争空袭的防护;二是民间对自然灾害的防护和民间对人为灾害的防护。第一次世界大战期间,飞机作为进攻性武器广泛出现在战场上,给交战各国造成了巨大的人员伤亡和财产损失。为了遏制飞机空袭,尤其是对城市的狂轰滥炸所带来的后果,欧洲各国先后成立了战略防御的民防部门,作为国家防御的重要组成部分,继而发挥了良好的作用。"二战"后,各国将民防部门作为常备组织机构保存下来,并制定相应的法律,确定其合法性,成为立国之本的重要举措。[1]直至1991年苏联领导的华约组织瓦解,民防运动一直是西方国家政府的主要工作。华约组织瓦解之后,民防的概念也就不再受到重视。20世纪70年代末以来,国外应急管理经历了一个从民防到应急管理、从自然灾害到综合性应急管理的过程。[2]

由于灾害频发,中国历朝历代都把灾害管理作为安抚民心、稳定社会、

---

[1] 葛芝金主编:《国防教育概论》,华东师范大学出版社2001年版,第353页。
[2] 钟开斌:《中外政府应急管理比较》,国家行政学院出版社2012年版,第13页。

巩固政治统治、塑造开明统治形象的重要措施，以赈济、抚恤、治荒和救荒为基本内容的灾害管理逐步扩展为国家行政管理的一项基本职能。①试举一例，嘉靖八年，以连岁饥荒，条议纷纷，多献义仓社会法，惟广东佥事林希元，上《救荒丛言》，言救荒有二难，曰得人难，审户难；有三便，曰极贫之民便赈米，次贫之民便赈钱，稍贫之民便赈贷；有六急，曰垂死贫民急馆粥，病疾贫民急医药，病起贫民急汤米，既死贫民急葬瘗，遗弃小儿急收养，轻重系囚急宽恤；有三权，曰借官钱以粜籴，兴工作以助赈，贷牛种以通变；有六禁，曰禁侵渔，禁攘盗，禁遏籴，禁抑损，禁宰牛，禁度僧；有三戒，曰戒迟缓，戒拘文，戒遣使；其纲有六，其目二十有三，皆参酌古法，体悉民情。上嘉其言，然竟不行。大抵救荒无他法，惟在上官悉心经画。如甲午河南一赈，则少卿钟化民力居多，二贪令借赈自润，竟置重典，法始得行。②

在"应急管理"这一概念在我国得到普遍认识之前，我国的"应急管理"工作表现为自然灾害防灾减灾、安全生产管理、维稳工作、疫病预防和爱国卫生运动等。应当说，应急管理概念的出现有其必然性与偶然性。必然性表现为：一方面，随着经济社会的发展，人与自然的矛盾加剧，各种突发事件的频率提高和规模增大；另一方面，随着全球化和信息化的发展，自然灾害、事故灾难、公共卫生事件和社会安全事件的影响从以往的局部性向现今的全局性转变。从偶然性来看，2003年非典疫情的广泛影响触发了应急管理这一全新概念在中国的迅速传播与认同。③根据文献梳理，"应急管理"作为一个专门术语，是在核领域最先使用的。1993年8月4日国务院颁布的《核电厂核事故应急管理条例》中，第一次在立法中明确使用"应急管理"一词。非典疫情发生后，特别是2003年5月《突发公共卫生事件应急条例》颁布后，"应急管理"一词在实践中逐渐被广泛运用。在加强应急管理之初，我国政府将

---

① 李学举主编：《灾害应急管理》，中国社会出版社2005年版，第21页。
② （明）沈德符撰：《四库家藏——万历野获编（一）》，山东画报出版社2004年版，第252—253页。
③ 宋劲松：《突发事件应急指挥》，中国经济出版社2011年版，第7—8页。

"应急管理"主要界定为"一案三制"。2005年7月22日至23日,国务院召开全国应急管理工作会议。在这次会议上,时任中共中央政治局常委、国务院总理温家宝论述了加强应急管理工作的重要意义、目标方向以及内容路径,并强调建立健全以分类管理、分级负责、条块结合、属地管理为主的应急管理体制,健全公共安全管理机制,加快应急管理的法制建设,落实好专项预案。[①]这为应急管理勾画出以"一案三制"为内核的体系雏形。但正如学者所指出的,这是对特定历史时期重点工作的高度概括,有利于相关工作顺利推进;但这不是应急管理工作的全部内容。[②]2006年《国务院关于全面加强应急管理工作的意见》(国发〔2006〕24号),在肯定"一案三制"的同时,进一步明确应急管理涵盖预防预警、应急处置、恢复重建等流程。这一时期,无论是理论界还是政府体系,对"应急管理"的内涵界定与使用,有以下三个鲜明的特点。

一是将应急管理与"突发事件"应对活动紧密相连。这与"应急管理"的出发点首先是应对如非典这样的突发事件密切相关。对于"应",根据《辞海》的解释,"应"有应付、对待之意。据此,有学者认为,各种突发事件的应对活动(包括技术层面和认识层面的各种方法手段)都是"应急"。可以说,"应急"等同于"突发事件应对"。[③]闪淳昌、薛澜等认为,应急管理是一门专门以"突发事件"为对象,探寻事件发生、发展规律并系统防范和应对的科学。之所以选用应急管理这一术语,一方面,是因为"应急"本来就是管理部门应对突发或紧急事件的一个专门词汇;另一方面,应急管理的对象不仅包括常规性的突发事件,也囊括了重大的、影响生死存亡的事件或状态。虽然"应急管理"也注重理论的建构,也强调预防、缓解、响应和恢复等管理过程的每一个环节,但是这一概念更多的是在实务或操作层面上使用的。[④]这

[①] 《国务院召开全国应急管理工作会议》,载《人民日报》2005年7月25日,第1版。
[②] 李湖生:《安全与应急管理学科领域的概念视图及主要研究内容》,载《安全》2017年第10期。
[③] 李雪峰、佟瑞鹏主编:《应急管理概论》,应急管理出版社2021年版,第35页。
[④] 闪淳昌、薛澜主编:《应急管理概论——理论与实践》,高等教育出版社2012年版,第51页。

也是目前比较有代表性的观点。类似的观点还有，应急管理即紧急事件管理，它是针对特、重大事件灾害的危险处置提出的。危险是由意外事件、意外事件发生的可能性以及意外事件发生的危险情景构成的，包括人的危险、物的危险和责任危险。应急管理就是对意外事件的这些环节进行的管理。[1]

二是将应急管理等同于政府应急行为。比较有代表性的观点认为，应急管理就是指政府为了应对突发事件而进行的一系列有计划有组织的管理过程，主要任务是有效地预防和处置各种突发事件，最大限度地减少突发事件的负面影响。[2]类似的观点有，应急管理的责任主体是政府，政府起主导性作用。[3]

三是认为应急管理针对已然之"事"，未然之防患不在此列。如有观点指出，应急管理是面对突发灾难性事件，而且是在损失已经造成的情况下进行的管理，预警是应急管理的前奏，而不是应急管理的组成部分，应急管理面对的是一个可能无法挽回的损失或灾难事件，只能通过努力减少损失或者终止损失事件的蔓延，而无法在成本不增加的情况下使状态恢复到损失之前。[4]

三、应急管理与危机管理

总体而言，理论界对应急管理的认识尚不够统一，比如应急管理是全流程的管理，还是仅仅是事后的应对；应急管理是否仅为政府之事；等等。尤其是将应急管理与危机管理的概念相混淆。比如，认为"应急管理是危机管理的核心内容之一"[5]。危机管理与应急管理既有联系，又有区别。事实上，危机管理的概念和理论形成的时间较早，应急管理则是后期从中分化出来的另一概念。危机管理理论作为一门独立学科，最早出现在20世纪60年代，主

---

[1] 李学举主编：《灾害应急管理》，中国社会出版社2005年版，第254页。
[2] 中国行政管理学会课题组：《建设完整规范的政府应急管理框架》，载《中国行政管理》2004年第4期。
[3] 范从华：《突发公共卫生事件理论与实践》，云南科技出版社2020年版，第120页。
[4] 陈安、陈宁、倪慧荟等：《现代应急管理理论与方法》，科学出版社2009年版，第5页。
[5] 董传仪：《危机管理学》，中国传媒大学出版社2007年版，第135页。

要侧重于国家安全方面。20世纪70年代，美国"水门事件"、反越战运动等危机相继爆发，危机管理研究出现了第一次高潮。20世纪80年代以后，在国际经济的推动下，企业的竞争环境不确定性增加，一些学者开始将危机管理的研究范围扩大到企业管理上。1986年，史蒂芬·芬克（Steven Fink）在《危机管理：为不可预见的危机做计划》一书中，建立起较为系统的危机管理理论框架。20世纪80年代末90年代初，日本的学者及管理人员开始涉足危机管理领域，将重点放在自然灾害及环境污染引发的企业危机管理上。现在，"危机管理"一词更多地应用在企业管理方面，已经成为一个企业管理术语，EMBA、MBA等商管教育均将危机管理能力作为对管理者的一项重要要求。美国学者里昂纳德和休伊特认为，危机事件是包含在突发事件之内的。危机就是那些极端的突发事件，或者特别重大的突发事件。因此，应急管理（emergency management）的范畴大于危机管理（crisis management），它包含了对危机之前的更多细小突发事件的管理。[1]

与危机管理不同，应急管理从一开始就与政府紧密相连。在英文文献中，"emergency management"概念的使用主要在美国。美国联邦应急管理署（FEMA）的建立及其功能的扩展标志着"应急管理"作为描述美国各级政府非常态管理职能的核心概念的确立。1985年，美国公共管理领域最重要的期刊Public Administration Review出版了一期应急管理专刊。这期专刊的主要编者皮塔克认为，应急管理已经成为美国各级政府重要的职能，并定义应急管理为发展和执行包括减灾、备灾、响应和恢复等功能的政策的过程，因此"应急管理必须成为公共管理的主要活动"。2005年，卡特里娜飓风促使美国重新考虑应急管理的核心功能，应急管理开始从传统上被认为是各级政府的一项工作朝着更大范围内政府与私人部门广泛合作的方向扩展。[2] 联合国国际减灾战略署在《术语：灾害事故风险削减的基本词汇》中提出，应急管理是

---

[1] 陈焱、高立冬主编：《现代公共卫生》，科学技术文献出版社2017年版，第402页。
[2] 张欢：《应急管理与危机管理的概念辨析》，载《中国应急管理》2010年第6期。

"组织与管理应对紧急事务的资源与责任,特别是准备、响应与恢复。应急管理包括各种计划、组织与安排,它们确立的目的是将政府、志愿者与私人机构的正常工作以综合协调的方式整合起来,满足各种各样的紧急需求,包括预防、响应与恢复"。①

需要注意的是,应急管理、危机管理术语之间的差异,在学者之间也并没有形成共识。②但通过采取各种管理的措施,尽可能地控制事态,是二者共同的任务。我国最终没有采用"危机管理"而是使用了"应急管理"一词,这种选择可能有多种因素的考虑,但用以对应政府职能中非常态管理的完整部分而非仅作为危机响应机制可能是影响这种选择最重要的因素。③

党的十八大以来,特别是随着风险管理、国家治理理念的确立,党中央、国务院对应急管理的认识趋于深化,并赋予其新的时代内涵。在国家治理体系中,应急管理既是国家治理的重要场域,也是完善国家治理的内在需求。2016年《中共中央、国务院关于推进防灾减灾救灾体制机制改革的意见》提出:坚持以防为主、防抗救相结合,坚持常态减灾和非常态救灾相统一,努力实现从注重灾后救助向注重灾前预防转变,从应对单一灾种向综合减灾转变,从减少灾害损失向减轻灾害风险转变。防灾减灾救灾新理念的确立,为应急管理内涵升级提供了理论养分。党的十九届四中全会通过的《中共中央关于坚持和完善中国特色社会主义制度 推进国家治理体系和治理能力现代化若干重大问题的决定》在"健全公共安全体制机制"部分明确提出:"构建统一指挥、专常兼备、反应灵敏、上下联动的应急管理体制,优化国家应急管理能力体系建设,提高防灾减灾救灾能力。"2019年11月29日,习近平总书记在中央政治局第十九次集体学习时强调,"应急管理是国家治理体系和治理能力的重要组成部分,承担防范化解重大安全风险、及时应对处置各类灾害

---

① 王宏伟:《新时代应急管理通论》,应急管理出版社2019年版,第58页。
② 刘志欣:《风险规制视域下我国政府应急管理回应模式研究》,上海交通大学出版社2018年版,第19页。
③ 张欢:《应急管理与危机管理的概念辨析》,载《中国应急管理》2010年第6期。

事故的重要职责，担负保护人民群众生命财产安全和维护社会稳定的重要使命"[1]。这些都表明我们党对应急管理的认识在不断深化，实践探索在不断推进。国家治理内含系统治理、依法治理、综合治理和源头治理。

本书认为，从坚持"四个治理"的角度出发，应急管理不应被狭隘地理解为政府应对突发事件的活动，其是一个涵盖灾害全生命周期以及相应的全过程管理体系，既包括风险识别、预防和准备，也包括临事预警、事中处置和事后恢复。在社会变迁尺度上，应急管理的结构表现为应急处置、公共危机治理、社会风险治理三者的关系。突发事件根源于社会风险，社会风险导致公共危机，突发事件使得社会风险与公共危机之间潜在的因果关系显性化；因此，针对突发事件的应急处置只能控制事态，减轻突发事件的后果，并不能从根本上减少突发事件；从根本上减少突发事件，有赖于社会风险治理，需要在政治、经济、社会、文化四个维度减少社会风险；公共危机可视为突发事件的政治后果，是对政府合法性的损害，公共危机问责和政府对政治责任的回应，能够推动应急处置过渡到社会风险治理。[2]

---

[1]《习近平：充分发挥我国应急管理体系特色和优势 积极推进我国应急管理体系和能力现代化》，载《人民日报》2019年12月1日，第1版。

[2] 童星：《中国社会治理》，中国人民大学出版社2018年版，第31页。

第一章

应急法是什么

第一节　应急法的概念与特征

从国内外理论与实践看，对应急法尚未形成统一的认识，曾有"减灾法""灾害法""紧急状态法""危机管理法""行政应急法""应急管理法""应急法"等诸多名称。从名称的使用上可以反映出这一法律部门在不同阶段的任务，以及人们对其的不同期望。"灾害法""减灾法""紧急状态法"的名称，显得范围较窄；"行政应急法""应急管理法"容易使人联想到应急管理部门的职权；"应急法"名称虽然较为模糊，但含义最为广泛，故本书采"应急法"的称谓。

一、应急法的概念

应急法是随着灾害管理实践发展起来的法律部门，中华人民共和国成立后，国家开始注重建立灾害管理体系，并在法律中作了规定。2003年非典疫情发生后，我国推进了以"一案三制"为核心的应急管理体系建设，即编制突发事件应急预案，建立健全应急管理体制、机制和法制。很长一段时间，理论界都是从"一案三制"出发，去理解和把握"应急法"。如有观点认为，应急法制是应急预案的"升格"，也是应急管理体制建构、机制运行的制度化，是巩固和发展应急预案、应急管理体制机制的根本保障。[①]还有观点认为应急法有广义和狭义之分。狭义的应急管理法制指应急管理法律、法规和

[①] 高小平：《"一案三制"对政府应急管理决策和组织理论的重大创新》，载《湖南社会科学》2010年第5期。

规章，广义的应急管理法制还包括各种具体制度。[1]上述论断，混淆了法的本质与法律形式之间的关系。法的本质，是相对于法的现象而言的，它是指法的内部联系，是法区别于其他事物的根本属性。法律形式则是指规范人们权利和义务关系的法律的各种具体构成形式或来源形式，又称法律渊源。传统法学理论认为，法是由国家制定或认可，并由国家强制力保证实施的具有普遍约束力的行为规范的总和，其目的在于维护、巩固和发展一定的社会关系和社会秩序。通俗地讲，法是调整人们行为的一种社会规范。据此，我国法学界习惯用法律规范和社会关系两个限定词给应急法下定义，认为它是"一个国家和地区针对如何应对突发事件及其引起的紧急情况而制定的，处理国家权力之间、国家权力与公民权利之间、公民权利之间等复杂社会关系的法律原则和规范的总和"[2]。类似的定义还有，"应急法是调整因突发事件而展开的应急管理过程中各种社会关系，包括国家机关间、国家与公民间、不同公民间关系的法律规范和法律原则的总和"[3]。总体而言，上述定义的结构参考了民法、刑法等的定义模式，加上了调整领域的限定内容，归纳较为周全。

二、应急法的特征

除了具备与民法、刑法、行政法、诉讼法等一般法律相同的特征，如强制性、规范性、普遍性等基本特征，应急法还有其自身的特征。

（一）调整对象的特殊性

法律调整就是根据一定社会生活的需要，运用一系列法律手段，对社会关

---

[1] 钟开斌：《"一案三制"：中国应急管理体系建设的基本框架》，载《南京社会科学》2009年第11期。
[2] 韩大元、莫于川主编：《应急法制论：突发事件应对机制的法律问题研究》，法律出版社2005年版，第27页。
[3] 林鸿潮：《应急法概论》，应急管理出版社2020年版，第2页。

系施加有结果的规范组织作用。凯尔森认为，所有的法律都是对人的行为的调整，法律规范涉及的唯一社会现实是人们之间的关系。从通常意义上来看，法律的调整对象一般是指其所调整的社会关系。根据法律调整在同一过程的不同层次来划分，法律调整的对象是社会关系、人民的利益关系或人们的意志行为。[1]应急法当然也是对社会关系的调整，但其独特性表现在它是对跨越常态社会秩序与非常态社会秩序下社会关系的调整，这种社会关系的形成以突发事件应对为前提。也可以说，应急法的调整对象是应急社会关系。应急法不是调整孤立的、不与其他人有关的单个人的意志行为，而是调整国家、社会组织和公民在突发事件应对过程中，开展的计划、组织、沟通、控制及恢复等活动所形成的权利义务关系。与其他社会关系相比较，应急社会关系具有其基本属性，这种基本属性决定了应急法产生的必要性和合理性。有学者总结了以下五方面特点：（1）权力优先性。这是指在非常规状态下，与立法、司法等其他国家权力相比，与法定的公民权利相比，行政紧急权力具有某种优先性和更大的权威性，例如可以限制或暂停某些宪定或法定公民权利的行使。（2）紧急处置性。这是指在非常规状态下，即便没有针对某种特殊情况的具体法律规定，行政机关也可进行紧急处置，以防止公共利益和公民权利受到更大损失。（3）程序特殊性。这是指在非常规状态下，行政紧急权力在行使过程中遵循一些特殊的行为程序（要求更高或更低），例如可通过非常规程序紧急出台某些政令和措施，或者对某些政令和措施的出台设置更高的事中或事后审查门槛。（4）社会配合性。这是指在非常规状态下，有关组织和个人有义务配合行政紧急权力的行使，并提供各种必要帮助。（5）救济有限性。这是指在非常规状态下，依法行使行政紧急权力造成行政相对人合法权益的损害后，如果损害是普遍而巨大的，政府可只提供有限的救济，如相当补偿、适当补偿等（当然也不得违背公平负担的原则）。[2]

---

[1] 公丕祥主编：《法理学》，复旦大学出版社2016年版，第91页。
[2] 莫于川：《建议在我国行政程序法典中设立紧急程序条款》，载《政治与法律》2003年第6期。

（二）调整范围的广泛性

从广义上讲，应急法调整范围涵盖战争状态、紧急状态以及常规的危机状态，即使是狭义的应急法，其所调整的突发事件（或灾害）范围也极其广泛。如我国《突发事件应对法》既调整水旱、气象、地震地质等自然灾害，工矿安全事故、环境污染和生态破坏事件等事故灾难，也调整类似新冠病毒感染疫情、动物疫情等公共卫生事件以及社会安全事件。美国《罗伯特·T.斯坦福救灾和紧急援助法》调整的"重大灾难"，包括美国发生的任何自然灾害（包括飓风、龙卷风、风暴、高水位、风浪、海浪、海啸、地震、火山喷发、山崩、泥石流、暴风雪或者干旱），或无论何种原因导致的火灾、洪水或爆炸。调整范围的广泛性也决定了应急法律规范的丰富性，以及应急管理内容的宽泛性。从各国应急法体系看，其中既包括规范特定灾种如地震、洪水等立法，也包括针对应急管理某一个阶段或环节的立法，如灾后救助立法、灾害保险立法，有的国家还制定了综合性减灾法律，如日本1961年《灾害对策基本法》。

（三）调整手段的系统性

突发事件的发生、演变都有一个过程。以自然灾害为例。灾害是地球表面孕灾环境、致灾因子、承灾体综合作用的产物。成灾过程就是致灾因子通过承灾体产生灾情的过程。[1]近年来，自然灾害群发性特征突出、连锁效应显著。比如，天气、气候状况是许多自然灾害发生、发展的环境条件和触发机制，某些气象灾害往往对其他灾害有引发、加重或抑制作用，造成连锁效应。因干旱造成地下水超采，而地下水过度开采又会产生大面积地下漏斗，进而引发地面下沉、沿海地区海水入侵等灾害。暴雨可以引发洪水，并导致泥石流、山体滑坡等灾害，但暴雨带来的大量降水也会缓解旱情。尽管如此，成

---

[1] 孙绍骋：《中国救灾制度研究》，商务印书馆2004年版，第12—13页。

灾过程从本质上看是可控的，只要措施得力、应对有方，预防和减少突发事件发生，减轻和消除突发事件引起的严重社会危害，是完全有可能的。这也是应急法立法的重要目的之一。尽管不同国家的应急法律规范有所差异，但基本上都遵循危机生命周期特点设计相应的管理环节，如我国按照"预防与应急准备、监测与预警、应急处置与救援、事后恢复与重建"的流程来建构应急法，实际上是以一种"生命周期意义"上的视角将突发事件视为一个从发生到死亡的整个过程的生命有机体，相应地，就需要对行政机关在突发事件的"预防与应急准备、监测与预警、应急处置与救援、事后恢复与重建"等各个环节的合法性问题作出评价，并提供全过程的保障，而不能偏废其中任何一个环节。[1]

第二节　应急法的功能与地位

一、应急法的功能

法的功能（Functions of Laws），是指法作为一种特殊的社会规范本身所固有的性能和功用。法的功能是基于法的属性、内部诸要素及其结构所决定的某些潜在的能力。[2]法的功能与法的本质和目的紧密相连。一般认为，法律是社会关系的调整器，但法律的稳定性是相对的。法律会随自己反映的社会生活的内容的变化而变化，这决定了法的功能不是孤立、静态的。同样，应急法的功能也因时代而异，因国家或地区而异，反映着当时的社会经济文化状态和法律价值理念。但毋庸置疑的是，应急法的功能并不是单一的，而是呈现出多元化的趋向。一般而言，应急法的功能主要表现在以下四个方面。

---

[1] 戚建刚:《应急行政的兴起与行政应急法之建构》，载《法学研究》2012年第4期。
[2] 信春鹰主编:《法律辞典》，法律出版社2003年版，第269页。

（一）维护社会秩序，保障社会公共利益

尽管各国立法中对应急法的功能有不同表达，但维护社会秩序和公共利益，成为立法共同的价值追求。随着经济、社会、科技、文化等不断发展，越来越多的社会问题不断涌现，生态环境破坏、社会治安混乱、传染病疫情等，严重威胁人类安全与健康，破坏经济社会发展，对社会公共利益造成破坏。转型期的中国正处于各类常规突发事件与非常规突发事件多发、交织的历史阶段，影响社会公共安全的因素增多，预示着风险社会的来临。以事故灾难为例。我国安全生产形势虽总体平稳，但依然处于脆弱期、爬坡期、过坎期。一方面，矿山、危险化学品、交通运输、建筑施工等高危行业领域安全隐患集中，"老问题"尚未得到有效解决；另一方面，随着经济社会结构调整，尤其是城市化的快速推进，城市桥梁、管线、设备设施等积聚了大量安全隐患，与城市快速发展的新产业、新业态滋生的"新风险"相互交织，叠加效应愈加突出，极易引发连锁反应。

法作为一种特殊的社会规范，既是社会管理的基础，又是重要依凭。否则，社会管理就会失序，公共安全利益就难以维护。在应急法发展过程中，重大灾害推动立法，是各国应急法制建设的一个共同特征。世界上有代表性的应急立法，以及应急法中的许多制度设计，都是重特大灾害应对经验甚至是教训的总结，其中凝结着人类的智慧，务实、管用成为立法的重要考量。一个典型的例子是，2005年8月7日，广东省兴宁市煤矿发生透水事故，最终导致123人遇难。事故处理后，国务院责成原国务院法制办和原国家安监总局半个月内制定出"预防煤矿安全生产事故的特别规定"，8月31日实行。这个"特别规定"严格了对事故的责任追究和行政处罚。[1]比如，对存在重大隐患的煤矿停产整顿、大幅提高罚金至200万元等条款，直指煤矿安全薄

---

[1] 李毅中：《我在国家安监总局的第一年》，载人民政协网，https://www.rmzxb.com.cn/c/2019-09-24/2431318.shtml，最后访问时间：2022年5月2日。

弱环节，成为遏制事故的重要"撒手锏"。总而言之，通过应急法确立的规范，有效约束社会主体的行为，促使其积极履行法律赋予的义务，建立和维护社会秩序，保障公共利益。

（二）规制行政应急权的行使，防止权力滥用

应急管理是政府履行社会管理职能的基本领域，集中体现了政府在国家社会生活中的整体作用和行政管理的主要内容。正如恩格斯所指出的，"政治统治到处都是以执行某种社会职能为基础，而且政治统治只有在它执行了它的这种社会职能时才能持续下去"[1]。资本主义经济发展到垄断时期，出现了诸如环境、交通、失业、罢工等许多市场本身无力解决的社会问题。这使得以前仅限于国防、外交、税收等纯行政事务的行政权，开始介入贸易、金融、交通、运输、环境、劳资关系以及失业保险、养老保险、工伤事故等领域。[2]随着行政职能的增加，行政组织的规模不断膨胀，行政权的扩张成为必然。社会契约论告诉我们，国家权力源自人们自由权利的让渡，"人类由于社会契约所丧失的，乃是他的天然的自由以及对于他所期盼的所能够得到的一切东西的那种无限的权利"[3]。国家权力的目的和行使的正当性在于保障自由，如果国家权力超越了保护自由这一需要，其就失去了正当性的基础。正如贝卡里亚所指出的："没有一个人为了公共利益将自己的那份自由毫无代价地捐赠出来，这只是浪漫的空想。"[4]在常态社会秩序下，行政关系已逐渐"渗透"到社会各方面；在应急状态下，行政权与公民、法人与其他社会组织的权利间的关系将更加密切，公民、法人及社会组织在应急管理中的许多权利的取得与失去、义务的增加与减免，都与行政权紧密相关。由于行政权客观上具有易腐性、扩张性，特别是在应急状态下体现的对个人权利的优越性，使得对应

---

[1] 《马克思恩格斯选集》（第3卷），人民出版社1995年版，第5223页。
[2] 胡小岩、赵立权主编：《思想者论丛》，吉林人民出版社2003年版，第20页。
[3] ［法］卢梭：《社会契约论》，何兆武译，商务印书馆2003年版，第26页。
[4] ［意］贝卡里亚：《论犯罪与刑罚》，黄风译，中国大百科全书出版社1993年版，第8页。

急权的约束成为应急立法的一个重要考虑。应急法的核心之一，就是对行政应急权的来源及范围、行使方式及法律责任等作出规范，以达到有效监督行政权的目的，防止权力滥用。

（三）规范应急管理各环节工作，做到有法可依

法治是国家实现长治久安的基础，是人类社会共同的价值追求。法治作为与人治相对的治国方式，强调国家事务的规范管理，不因领导人的改变而改变，不因领导人意志的改变而改变，它意味着法律的统治而非人的统治。应急法是在总结历史经验的基础上探索发展起来的，既要体现灾害管理的规律特点，又要符合法治的一般精神。在目前的社会现状下，由于信息庞杂和利益关系冲突，任何一个组织随时都有面临危机考验的可能。社会管理无论是在正常时期，还是在特殊时期，都必须依靠法律进行，才能使社会处于有序状态。这种有序状态实质上是一种法律秩序，即便在危机应对的特殊时刻，不受法律调整的社会秩序也是不可想象的。2013年4月20日8时2分，四川省雅安市芦山县发生7.0级地震。由于社会力量迅速动员，社会组织以及群众迅速前往灾区，各路救援力量向雅安地震灾区汇集，导致灾区救援的公路"生命线"出现大量拥堵现象，造成"伤员出不来，资源进不去"。暴露出社会力量在救灾运作行为中存在规制缺乏、救灾效果不彰等问题。[1] 应急管理涉及面广，因此必须从法律上明确操作程序，对事前、事发、事中和事后各个环节作出明确规定，特别是对应急管理机构、组织、人员的相关权利义务作出规定，以保证应急管理工作在规范的基础上开展。应急法通过确立基本原则、建立行为规范尤其是规定法律后果，明确告诉人们哪些行为可以做，哪些行为不能做，哪些行为应当做，为人们提供可预测的行为模式，从而实现应急法立法的目的。

---

[1] 薛澜、陶鹏：《从自发无序到协调规制：应急管理体系中的社会动员问题——芦山抗震救灾案例研究》，载《行政管理改革》2013年第6期。

（四）保护公民、法人或其他组织的合法权益

法律以其特有的属性——规范性和国家强制性，在保障突发事件应对顺利开展、有序恢复社会秩序的过程中，起着不可替代的特殊作用。保护公民、法人或其他组织的合法权益是其中不可忽视的重要方面，主要体现在：一方面，国家普遍建立了一整套法律制度，包括信息公开制度、征收征用制度、救助制度等，保障公民、法人或其他组织的合法权益；另一方面，公民、法人或其他组织合法权益的维护，还需要各主体自觉守法，这有赖于法律责任的严密。只有当法律能及时保障上述主体的合法权益不受侵害时，社会秩序的正常运行才能实现。也就是说，法律通过及时制止、制裁侵犯他人、国家和社会公共利益的违法行为，客观上保障了公民、法人或其他组织的合法权益。比如，为依法惩治妨害新型冠状病毒感染疫情防控违法犯罪行为，保障人民群众生命安全和身体健康，2020年年初，最高人民法院、最高人民检察院、公安部、司法部四部门联合出台了《关于依法惩治妨害新型冠状病毒感染肺炎疫情防控违法犯罪的意见》，规定"对于故意传播新型冠状病毒感染肺炎病原体，比如新型冠状病毒感染肺炎疑似病人拒绝隔离治疗或者隔离期未满擅自脱离隔离治疗，并进入公共场所或者公共交通工具，造成新型冠状病毒传播等危害公共安全的行为，依照刑法第114条、第115条第1款的规定，以危险方法危害公共安全罪定罪处罚"。这个规定，就是国家机关对破坏传染病疫情防控秩序的行为进行规制的典型。

此外，现代国家还通过控制行政权的扩展，最大限度避免对公民、法人或其他组织合法权益造成不当侵害。诚如上文所述，由于行政权天然具有扩张性，对政府权力的法律控制成为现代国家法治建设的一项重要任务。在常态社会模式下，行政权的扩张与权利自由在不断演变的社会现实中达成了一定程度的平衡。当国家安全、社会秩序面临紧急危机，非正常体制能处置、解决或应对时，为了长远和更高的人们的整体利益，必须限制个人自由权，

以度过危机。[1]可见，紧急危机情势下，必然带有公权力扩张与私人权利限缩的双重属性，特别是随着自由权利理念在世界范围内不断崛起，国家的强制干预权与免予国家强制干预的自由权处于一种紧张状态，形成了当下应急管理的一对基本矛盾。要求行政主体实施应急行为、方式及手段应当兼顾公共利益目标的实现和对行政相对人权益的保护，即所谓的"比例原则"，从规范应急权运行程序的角度为公民、法人和社会组织提供了权益保障机制。

二、应急法的法律地位

关于应急法的法律地位问题，目前有以下三种观点。

（一）第一种观点：应急法是宪法或行政法的组成部分

从现有的文献看，大部分公法学者认为应急法属于行政法的范畴。如林鸿潮认为，应急法主要属于公法，在公法中又主要属于行政法。[2]莫于川等人在梳理我国政府法制建设三十年的经验时指出，应急法是近些年来我国行政法发展迅速的一个领域。尤其是2007年颁布的《突发事件应对法》，可视为行政法逐步确立起核心的法治观念、人权观念的重要标志。[3]另有学者在研究行政法分类的基础上，指出按照行政权行使的背景、调整对象和调整方法不同，行政法可分为应急行政法[4]和常态行政法。由于《突发事件应对法》是主要调整突发事件预警、准备、应对和恢复过程中行政关系的法律规范，因而其主要内容属于行政应急法的范畴。[5]与西方发达国家以风险行政作为调整对

---

[1] 莫纪宏、徐高：《紧急状态法学》，中国人民公安大学出版社1992年版，第214页。
[2] 林鸿潮：《应急法概论》，应急管理出版社2020年版，第19页。
[3] 莫于川、高文英、李蕊佚等：《政府法制建设三十年研究报告》，载《宪政与行政法治评论》2009年第4期。
[4] 有人称为行政应急法，本书在此不作区分。
[5] 解瑞卿：《应急行政法初论——概念、特点、基础、体系、地位》，载周佑勇编：《东南法学》（第4辑），东南大学出版社2012年版，第96—98页。

象不同，我国的行政应急法以应急行政作为调整对象，为政府防范和应对突发事件的活动提供依据。更重要的是，应急行政已经超越传统意义上的对突发事件发生之后的处置与救援环节，而延伸到突发事件发生之前的预防与应急准备阶段，以及处置完毕之后的恢复与重建阶段。可以认为，行政应急法是一种针对我国实际行政管理需求，不同于西方发达国家风险行政法的新的行政法体系。①

需要指出的是，应急法是一项正在发展的法律制度，传统的行政法很少提到这一部分。德国行政法奠基人奥托·迈耶在定义行政法上的行政时就认为，"为在特定情况下，国家利益的更高要求而打破现有法律秩序的行为，也不是行政。以前的学说流传下来有国家紧急状态法的概念。也不能排除这种无形权力规则存在的可能性。……由于紧急规范法在特定情况下打破了现有的法律秩序，它不属于实施细则和警察法规命令，也不属于行政。但它暂时依据宪法代替法律，并将补充性地获得法律的全部价值。因此，它属于宪法的范畴"②。迈耶阐明了紧急状态下，国家行政权的存在及其运行的依据。理论界普遍认同，紧急状态下，为了维护国家安全与社会秩序，公权力将会处于一种扩张状态，甚至突破现有法律的限制。与此同时，必然伴随着私权利的限缩。紧急状态的核心是权利克减制度，后者本质上归属于宪法范畴。③类似的观点认为，公共危机管理关系是一种宪法法律关系。这种关系是基于公共危机管理的相关法律法规（如紧急状态法、公共危机管理法等）对危机状态下国家权力与公民权利关系的调整而形成的特定的权力责任、权利义务法律关系。相应地，以公共危机管理关系为调整对象的法律实际上是规范国家权力和公民权利、公民权利与公民权利以及国家权力相互之间关系的法律，其法律部门归属应该是宪法性法律。④

---

① 戚建刚：《应急行政的兴起与行政应急法之建构》，载《法学研究》2012年第4期。
② ［德］奥托·迈耶：《德国行政法》，刘飞译，商务印书馆2021年版，第12页。
③ 刘小冰：《紧急状态下公民权利克减的逻辑证成》，载《法学》2021年第7期。
④ 杨临宏等：《行政法学新领域问题研究》，云南大学出版社2006年版，第76页。

（二）第二种观点：应急法是我国法律体系中的一个独立部门

莫纪宏、徐高认为，紧急状态法是一门独立的法学学科，其独立的性质是由紧急状态法学研究对象自身作为一个独立的法律部门的属性所决定的。[①]还有学者主张，防灾减灾法治实践迫切需要建立一门法律分支学科——灾害法学。并认为基于现代法律科学逐渐分化与综合并存的现象，灾害法学发展至今已成为一门相对独立的法律分支学科。[②]

（三）第三种观点：不存在应急法这一法律部门

有观点指出，危机管理法不是一个新的法律部门，而是综合运用各法律部门，尤其是国家法、行政法、经济法、社会保障法等既有的调整方式对危机管理予以法治化、规范化调整的法律制度。[③]

应急与政治、文化、经济等诸多问题有很大关联。研究应急法律问题，需要借助经济学、社会学、管理学、工程技术学等其他学科的知识，在此基础上发展出具有法规属性的概念、原则、制度和体系。从这一角度看，应急法无疑是一门交叉学科。以疫情防控为例，疫情引发的法律问题是多元化、多维度的，疫情防控几乎涉及宪法、民商法、行政法、刑法、经济法、社会法、国际法等所有的法律部门，传统的部门法学已经不能满足法律治理的需求。对此，有学者另辟蹊径，主张引入领域法学的思维方式，对于后者，可形象地称之为特定领域的"诸法合一"，即通过"疫情防控领域法规范体系"乃至"公共卫生领域法规范体系"的建构，建立和发展"应急型"领域法学。[④]的确，应急法表面上融合了宪法、行政法、民商法、刑法、诉讼法等

[①] 莫纪宏、徐高：《紧急状态法学》，中国人民公安大学出版社1992年版，第5页。
[②] 方印：《灾害法学基本问题思考》，载《法治研究》2014年第1期。
[③] 袁达松：《危机管理的法治化——兼论危机管理法学的建构与应用》，载《政治与法律》2007年第2期。
[④] 石荣广：《国家治理现代化导向下疫情防控法律规范体系化建构研究——以"领域法"为思维工具》，载《法律方法》2020年第2期。

诸多部门法的元素，但如果仅从"诸法合一"的表征出发，就得出隶属于领域法的观点似乎有些草率，也容易造成法学研究的泛领域化。正如有学者指出的，领域法学体现的是以问题为导向的法律思维，但其本身并不排斥法部门或者基于法部门、法体系的部门法学，本质上是立基于法部门和法体系的"实践求解"方法论。①

出于法学研究和立法的便利，法律被划分为不同的法律部门。这些法律部门划分的依据一般是法律的调整对象和调整方式。由于应急法跨越紧急状态与一般的行政应急管理，紧急状态与行政应急管理的划分以宪法为界限，紧急状态制度是对宪法规定的平常国家决策体制和公民基本权利的替代。在传统宪法的框架内，紧急状态法的主要规范是关于宣布进入和结束紧急状态的程序制度，目的是保障法律状态的合法转型。行政应急管理属于行政法的范畴，它以保持平常宪法制度为前提，它所改变的是平常行政法上的权利义务。②

第三节　应急法的立法模式

关于立法模式概念，目前学界尚未形成统一的认识。一般认为，立法模式指的是一国或地区立法所采取的方法、结构、体例及其表现形态，又称为立法体例、立法形式。立法模式关系到法律体系是否严密协调，法律规范设置是否科学合理。立法模式的选择对立法活动具有重要理论及现实意义。就应急法的立法模式看，有学者依据不同的分类标准，将其划分为不同的立法模式。如按照法律的效力等级来看，有宪法保留模式和法律保留模式之分；从立法技术来看，有按照突发事件的类型——一事一法的模式，也有按照应

---

① 王桦宇：《领域法学研究的三个核心问题》，载《法学论坛》2018年第4期。
② 于安：《制定〈突发事件应对法〉的理论框架》，载《法学杂志》2006年第4期。

对突发事件的步骤——一阶段一法的模式；从国家的结构形式来看，还可以分为联邦制的立法模式和单一制的立法模式；从立法本身的特点来看，有集权型的立法模式和自治型的立法模式等。[1] 上述分类的差异主要在于学者所依据的标准不同。从法律规定的基本内容及立法技术看，大体可以分为应急基本法模式和应急单行法模式。

一、应急基本法模式

基本法（Basic Law）一词具有多种含义，从立法角度来看，基本法包含三种不同的法律类型：宪法性的法律，国家和社会生活中重要领域带有基本性和全面性的法律，某一特定领域综合性的最高层次立法。[2] 据此，本书对应急基本法的界定是一国或地区关于应急的综合性立法，其规定调整和规范应急的基本原则、基本制度和基本权利义务等基本法律规范，在应急法律领域中居于基础性、综合性、核心性的地位，发挥着类似于应急"总法"或"母法"的功能。目前，中国、俄罗斯、英国、日本等国均制定了应急基本法，如我国《突发事件应对法》对自然灾害、事故灾难、公共卫生事件和社会安全事件四类突发事件应对中面临的共同问题作出规定，规范了预防与应急准备、监测与预警、应急处置与救援、事后恢复与重建等应对活动，它的出台被视为我国应急法制建设走向统一的标志。

从理论上讲，应急基本法应当可以涵盖紧急状态法律规范。但是，由于紧急状态法的制定、修改和废除以及监督的程序要求非常严格，并且大多数国家都由宪法规定。因此，紧急状态法律规范通常被视作宪法规范。[3] 从这一角度看，紧急状态法似乎游离于应急基本法之外。从发展趋势看，紧急状

---

[1] 韩大元、莫于川主编：《应急法制论：突发事件应对机制的法律问题研究》，法律出版社2005年版，第27页。
[2] 李挚萍：《环境基本法比较研究》，中国政法大学出版社2013年版，第1—2页。
[3] 莫纪宏、徐高：《紧急状态法学》，中国人民公安大学出版社1992年版，第13—14页。

态法的适用范围已经从早期的战争、严重破坏社会秩序的动乱，扩展到自然灾害、突发公共卫生事件和重大事故灾难等领域。我国尚未制定紧急状态法，从国外实践看，紧急状态主要有以下三种立法模式。①

一是在宪法中规定紧急状态制度，明确政府在紧急状态时期的基本权限，使政府在紧急状态时期行使紧急权力的行为严格限制在宪法允许的范围内，以此维护以宪法为核心的法治原则。根据宪法关于紧急状态的规定，再制定应对不同突发事件的单行法律。印度、德国、日本、法国等国家早期的紧急状态立法均采取这种模式。例如，日本根据宪法关于紧急状态的规定，制定了灾难救助法、灾害对策基本法、大规模地震对策特别措施法、活动火山对策特别措施法等。

二是制定统一的紧急状态法，对各种突发事件引起的紧急状态下政府的行政紧急权力和公民权利保护作统一规定。例如，美国（1976年）、加拿大（1988年）、南非（1997年）、俄罗斯（2001年）等一些国家先后制定了统一的紧急状态法，美国、加拿大、澳大利亚等联邦制国家的一些州也制定了有关紧急状态的法律。在制定了统一的紧急状态法的国家中，英国、加拿大、南非、土耳其、芬兰、孟加拉国、澳大利亚紧急状态法的调整对象既包括突发事件的应对，也包括紧急状态的宣布和实施。俄罗斯紧急状态法则仅适用于严格意义上的紧急状态的实施。美国紧急状态法未明确指出调整范围，仅规定了紧急状态的宣布、实施程序等有关问题。

三是宪法规定紧急状态的宣布程序与期限，而其他有关问题则明确由紧急状态法进行规定。例如，土耳其宪法第119条和第120条对紧急状态的宣布程序和期限作了明确规定，而第121条则规定由专门的紧急状态法对其他应对突发事件的共性问题作出规定；南非1996年宪法第37条规定只能以议会通过的法律宣布紧急状态，南非议会根据这一规定于1997年制定了紧急状态法。

---

① 汪永清主编：《中华人民共和国突发事件应对法解读》，中国法制出版社2007年版，第189—190页。

需要指出的是，在统一的应急基本法模式下，并不排除同时制定某些特别单行法律、法规，规定某一特定领域或特定事项的更为具体的内容；更不排除特别应急法律、法规在规定行政实体问题的同时，规定相应的具体行政程序。

二、应急单行法模式

应急单行法模式，是指一国或地区立法机关没有制定一部比较全面、综合的法律作为应急基本法，应急组织体系、权利义务等内容分别规定在不同单行法律中，一般一部单行法律只规定应急的某一领域或某些方面的制度。据此，又可以具体细分为一事一法模式与一阶段一法模式。所谓一事一法模式，是指分别针对不同类型的突发事件专门立法，一种类型立一个法，从而构成突发事件应急法律体系。这种立法模式可以根据对突发事件的不同分类而有不同的形式，一般来说，人们习惯根据导致突发事件产生的原因将其分为自然性的突发事件和社会性的突发事件两类。一阶段一法模式则是针对突发事件的不同处理阶段的特点来分别立法，突发事件的类型虽然繁多，性质也各异，但从人类处理突发事件的过程来看，基本可以分为监测、预警、预防、控制，应急处理以及评估、恢复四个阶段。[①]

一事一法的基础是不同种类的突发事件在性质、特点及应对方式上存在重大差异。从应急法发展历程看，早期立法主要围绕解决特定灾害的应对问题，以一事一法居多。由于分属不同领域，一事一法客观存在立法资源分散，法律体系协调性弱等弊端。一阶段一法，则是在弥补一事一法模式不足的基础上发展起来的，是国家希望通过整合立法资源，针对突发事件应对的某一阶段建立起综合性的管理体系。

---

① 韩大元、莫于川主编：《应急法制论：突发事件应对机制的法律问题研究》，法律出版社2005年版，第84—85页。

我国应急单行立法主要采取一事一立法的思路，针对地震、洪水、火灾等灾害，我国分别制定了《防震减灾法》《防洪法》《消防法》等单行法律。应当说，上述两种立法模式并非截然对立的，许多国家在应急立法中将一事一法模式和一阶段一法模式相结合，如日本在《灾害对策基本法》的指引下，还制定了针对地震、火灾、洪水、暴雪等特定灾种的"事"的立法，以及规范应急管理特定流程的"阶段"立法，典型的如1947年《救灾法》。

第四节 应急法与应急法学

一、应急法学的概念

法学（Law Science）是实施关于法、法的现象以及与法相关问题教育的学科，是哲学社会科学的一门基本学科。概言之，一切以法为研究对象之学问均可称为法学。应急法亦不例外。随着应急法的产生与发展，研究应急法的人日益增多，逐步出现和形成了以研究应急立法、应急法体系、应急法律原则和制度等为中心内容的应急法学。应急法学是研究应急法、应急法律规范、法律现象及其内在发展规律的一门社会科学，是关于应急法律问题的知识和理论体系。

根据马克思主义关于经济基础和上层建筑相互关系的原理，法和法学都属于上层建筑的范畴。法属于上层建筑中的政治法律制度部分，而法学则属于上层建筑中的思想文化部分。应急法和应急法学两个概念紧密联系，但又有显著区别，具体来说，体现在以下三个方面。

第一，应急法是我国法律体系中的一个重要组成部分，从形式上看，应急法也存在广义和狭义之分。广义的应急法是调整因突发事件而展开的应急管理过程中各种社会关系法律规范的总称。狭义的应急法仅指由立法机关制定的应急法律。而应急法学则是我国法学体系中一个新兴法律科学，是一门介于社会科学和自然科学的交叉学科。从性质归属看，应急法学属于宪法与行政法学的子体系。

第二，应急法的调整对象与应急法学的研究对象是不同的。应急法的调整对象是人们在应急管理过程中产生的各种社会关系。而应急法学则以应急法的理论与实践及其发展规律作为研究对象，通过归纳和总结有关应急法学思想和学说，进而确立和阐明应急法的基本原则和制度。

第三，应急法学是以应急法的理论与实践及其发展规律为研究对象的法学学科。随着应急法律法规的完善，以此为核心的应急法学研究也将发展和变化。因此，应急法与应急法学在性质上是有区别的。应急法属于法律范畴，具有法律所应有的确定性、规范性和强制性，而应急法学则属于法学的范畴，具有法学所应有的系统性、理论性和指导性。

二、应急法学的研究对象

我国应急法学的研究对象十分广泛，除了研究应急法的基础理论知识、我国现行的各种应急法律制度、法律规范以外，还要研究我国应急法的产生和历史发展，应急法在实施中的情况以及存在的突出问题，国外应急立法的经验及启示等。具体包括以下三个方面。

第一，应急法的制度规范。包括应急法的相关概念，如风险、突发事件、紧急状态、应急管理以及危机管理等法律术语；应急预案、应急准备、信息预警、应急处置等法律制度；应急管理中的权利义务及法律责任，比如应急权的启动、运行及规制，应急权与公民权利的关系等内容。

第二，与应急法有关的法的现象。法是法的现象与本质的统一。法的现象是社会运动的一种特殊形态，是一定的社会关系在国家规范领域中的外部特征和联系。如前所述，应急法是一系列应急法律规范的总称，而应急法学并不仅是对这些规范的分类、整理和解释进行研究，还要对应急法治实践进行研究，当然也涉及应急法产生、发展、实施和完善的有关法律现象。比如应急法的产生及历史沿革，应急法的立法模式，应急法实施中遇到的问题。进入新时代，诸如新型冠状病毒感染疫情等重大突发事件正深刻改变着人类生产和生活方式乃至思维方式，改变着应急法的内容。因而，当前和今后一个时期，应急法学应重点探讨生命健康权的保障、个人权利与公共安全秩序之间的紧张关系与调适、应急管理面临的困境及法治化路径等内容，回应实践热点和难点问题。

第三，应急法的基础理论问题。应急法学不但要从本质、内容和形式上研究应急法的制度规范，而且要研究和探讨应急法的基本原理，包括应急法的本质、特征及作用，应急法的调整对象、基本原则及体系构成，以及应急法与相关法的关系等。同时，总结各国应急法的理论与实践，吸收借鉴国外有益经验，为我国应急法学的研究和应急法治建设服务。

三、应急法学的研究方法

应急法是一门理论性与实践性都很强的学科，有必要循着科学的研究路径进行研究。应急法学研究，一般采取以下几种研究方法。

（一）价值分析方法

价值（value），从字面意思而言，指的是一种事物或现象（包括法律现象）由于具有一定属性，对主体所具有的积极、肯定的意义。法作为调整社会生活的规范体系，它的存在本身并不是目的，其只是实现一定价值的手段。也就是说，社会中所有的立法和司法活动都是一种进行价值选择的活动。在马克思主义的实践哲学看来，在社会科学中完全排除价值因素是不可能的。对于法学来说尤其如此。[1]价值分析方法，就是通过对法律规范与法律现象进行价值评价与价值筛选，从中获得合乎理性的法律结论的方法。风险社会下，

---

[1] 张文显主编：《法的一般理论》，辽宁大学出版社1988年版，第42页。

突发事件的发生越来越具有偶然性、复杂性、不可预测性。为了在危机状态下保障公民合法权益,迅速恢复社会秩序,国家必须采取一切可能的应急措施。危机状态下,公权力的扩张与公民权利的克减变为常态,成为一对难以克服的矛盾。正如有专家指出的,应急法同时肩负着保障人权与维护秩序的双重价值,协调起来颇有难度。[1]在研究时,国内外的制度规范,都要经过这种双重价值的考量和检验,考察其合理性和现实性。另外,也要对这些制度的运作现状加以分析,以检视到底是制度规范出了问题,还是指导的价值出了问题,或是现实运作自身出了问题。[2]正因为应急法与价值之间有着这种不可分割的联系,价值分析应当作为应急法研究的重要方法之一。

(二)实证分析方法

所谓法律实证分析,是指按照一定程序规范对一切可进行标准化处理的法律信息进行经验研究、量化分析的研究方法。也可以说,法律实证分析就是其他学科中实证分析方法向法律研究的移植,是借助实证分析方法改造法学传统研究模式的一种方式。[3]实证分析大体可以分为经验分析与逻辑分析两类,其特点就是以可验证的经验事实和可操作的逻辑推理来检验任何一项命题。应急法作为一项实践性很强的法律制度,其中很多问题需要从实践中寻求解决方案,即通过统计分析、案例研究等实证分析方法来实现。比较典型的是运用统计学知识对各种应急管理调查数据进行量化分析。在实际工作中,基于各类访谈等的实地调研亦属于此类。一般采取下发调查问卷、座谈交流等方式进行。其好处在于,通过直接或间接接触,全面掌握第一手资料,阐明建立健全相关法律规范的必要性与可行性。开展立法前或立法后评

---

[1] 韩大元、莫于川主编:《应急法制论:突发事件应对机制的法律问题研究》,法律出版社2005年版,第22页。

[2] 韩大元、莫于川主编:《应急法制论:突发事件应对机制的法律问题研究》,法律出版社2005年版,第22页。

[3] 白建军:《论法律实证分析》,载《中国法学》2000年第4期。

估工作时，经常采取上述形式。案例分析是实证分析的另一种常见形式。在应急法发展过程中，事故（灾害）推动立法的特征非常明显。通过研究实际生活中发生的突发事件，如各类灾害事件、生产安全事故等，尤其是深入剖析事故背后的管理和制度短板，对于发现真正的问题，进而推动立法进步意义重大。

（三）规范分析方法

应急法作为法律规范的重要组成部分，必然需要满足法律规范性要素的基本要求。那么，规范分析的进路便不可或缺。一般认为，规范分析法是指对法律问题从实在法的结构、文义与实践而非社会价值的视角进行分析的方法，它仅仅是对"法律是什么"进行客观的事实上的分析而完全抛开人的主观认知与价值判断。[1]如果说实证分析力在揭示法律的实然状态，那么规范分析则通过对现存法律规范体系、现行的法律制度与法律的实际运行进行比较，以验证某一理论命题或修正某个结论，特别是针对一定数量的个案样本分析，可以找出法律规范的不足并提出解决问题的应然方案。从这一角度看，应急法的"应然状态"便是分析评价的标准。具体而言，通过逻辑分析和语义分析，对应急法的基本概念、基本规范、基本形式从逻辑和形式上论证其合理性。因为应急法是由不同法律部门、不同法律渊源和不同法律位阶的法律规范组成的，所以在应急法学方法论中，规范分析的对象呈现出体系化的特征。

（四）历史研究方法

与社会学、人类学、政治学、经济学等领域一样，法学研究正越来越多地使用历史研究方法。正如我们看到的那样，历史研究与比较研究背后的中心思想是当我们与其他时间和地点进行比较时，可以加深对社会过程的理解。透过历史之眼，更容易看到社会关系的真容。应急法律规范是历

---

[1] 李龙主编：《法理学》，武汉大学出版社2011年版，第51页。

史经验的宝贵积淀，有些甚至是血淋淋的历史教训。从历史唯物主义出发，综合分析应急法的产生、发展的历史条件以及各类应急制度创立、运行的历史背景，可以为正确理解应急法的价值、发展趋势以及判断相关应急制度的运行绩效奠定重要基础。

（五）比较研究方法

他山之石，可以攻玉。没有比较的法学是狭隘的。应急法在发展过程中相互影响、相互借鉴的趋势比较明显，我国就特别重视法律的移植。以事故灾害立法为例，英国1974年《工作场所职业安全与健康法》确立的目标设定型立法，影响了欧洲大陆许多国家。研究中外应急法异同，以及国外不同国家应急法的经验与教训，对我国完善应急法律体系，意义非凡。

第二章

应急法的基本问题

第一节　应急法的基本原则

一、法律原则概述

"原则"一词在现代汉语中的基本含义是指观察问题、处理问题的准绳。在拉丁文中原则的对应词为"principium",在普通英语中原则的对应词为"principle",有开始、基础、原理、要素、起源等意思。[①]与规则不同,法律原则并非以要么有效要么无效的方式适用,可视为比较具体的原则或规则的评价标准。[②]大多数学者认为,法律原则是法律规则的基础或本源的综合性、稳定性的原理和准则。其表面内涵是一种被现实"法律"化的道德规范和道德准则,而本质内涵则是某一形态社会的一般价值标准及准则。[③]在德沃金看来,原则是指这样的一些准则,"它应该得到遵守,并不是因为它将促进或保证被认为合乎需要的经济、政治或者社会形势,而是因为它是公平、正义的要求,或者是其他道德层面的要求"。也就是说,法律原则的存在是与公平、正义和一些道德要求相联系的,从某种意义上说,法律原则就是公平、正义和一些道德标准在法律上的体现。[④]按照不同的标准,可以将法律原则分为基本原则与具体原则、公理性原则与政策性原则、实体性原则与程序性原则。

[①]　董玉庭:《论法律原则》,载《法制与社会发展》1999年第6期。
[②]　[美]贝勒斯:《法律的原则——一个规范的分析》,张文显等译,中国大百科全书出版社1996年版,第12—13页。
[③]　姚辉:《论民事法律渊源的扩张》,载《北方法学》2008年第1期。
[④]　张帆:《德沃金法律原则推理理论中的两个难题》,载《法律方法》2010年第1期。

二、应急法基本原则的确立及其意义

应急法是规范突发事件应急管理活动，明确相关主体在应急管理活动中的权利、义务以及法律责任的法律。应急法的基本原则就是应急相关主体在管理突发事件活动中应当遵循的基本原则。应急法基本原则是应急法价值的具体体现，同时又是构造应急法规范体系的支柱性规则。确立应急法基本原则，有两方面典型意义。

一方面，有利于形成统一的应急管理价值取向，促进相应的应急法规范体系的构建。应急法客观记录了人类这一脆弱的有机体对危机的认知历程，它是在融合经济学、管理学、社会学、生态学等思想上发展起来的，是对国家强制权与公民自由权紧张关系反思的结果，注重衡平国家、社会、个人等不同利益关系，引导人们更加理性地处理公平、正义、自由和效率价值。应急法基本原则正是这种思想的体现。从内部构造看，应急法规范由大量内容各异的法律规则组成，体系纷繁复杂。要确保法律规则和谐统一、步调一致，遵循共同的基本原则成为必要。正是基本原则的存在使得应急法规范在多样性中贯串着统一性。与规则相比，应急法原则更明确、集中地承载了应急法的立法目的，表达了应急法的基本价值追求。应急法的价值理念正因为有了应急法基本原则的承载，才得以深入具体的法律规范和实践。从外部关系看，应急管理跨越经济学、管理学、社会学、生态学等不同领域，学科专业跨度大、技术性强。因此，应急法基本原则还肩负着打通专业领域壁垒，将各学科的客观规律转换成对应急法理论和实践具有直接指导意义的法律语言，进而为应急法理论的构建和应急法律制度与规范的确立提供科学的指导。

另一方面，有助于填补制定法的漏洞和空白，满足应急管理实践发展的需要。法律原则的特点是，它不预先设定确定的、具体的事实状态，没有规定具体的权利和义务，更没有规定确定的法律后果。但是，它指导和协调着全部社会关系或某一领域的社会关系的法律调整机制。由于突发事件发生原因、过程及结果各异，且越来越具有耦合性、复杂性及不确定性，现有的应急法规范不可能对每一种社会关系都作出相应的调整。比如，行程码作为出行轨迹的记录凭证，是新型冠状病毒感染疫情防控的一个重要手段。但行程码管理毕竟是新型防控手段，法律规范层面尚未有明确规定，且实践中情形复杂，大数据记录和抓取存在误差，存在行程记录与实际行程不一致，行程码中甚至出现了没去过的地方等情形。在法律规范不明确的情况下，确保疫情防控在合法的轨道上推进，坚持以基本原则为指导就显得尤为必要。可以说，应急法基本原则既给执法者、司法者自由裁量以合理合法的依据，同时又给出必要的限制。正因如此，许多国家在相关立法中都明确了应急管理应当遵循的基本原则。

三、应急法的基本原则

（一）关于应急法基本原则的不同认识

关于应急法的基本原则，理论界尚未形成统一的认识。多数学者倾向于从两个层次来认识应急法的法律原则，如莫纪宏、徐高指出，紧急状态法的法律原则包括两个层次：一是同其他立法共有的原则，主要是作为法律规范所应有的法制原则；二是基于紧急状态法的特点而产生的一些原则，如恢复秩序原则、紧急处置原则和最小损失原则等。[1]韩大元、莫于川等人认为，突发事件应急法制的原则，包括基本原则和具体原则。基本原则包括：（1）法治原则；（2）应急性原则；（3）基本权利保障原则。具体原则包括：（1）目的上的公益原则；（2）手段上的比例原则；（3）手段上的科学与效率原则；（4）后果上的积极责任原则；（5）预防与抗救相结合的原则；（6）分级管理原则。[2]与之类似的观点还有危机管理法律原则，其包括一般原则和具体原则。一般原则包括：

---

[1] 莫纪宏、徐高：《紧急状态法学》，中国人民公安大学出版社1992年版，第20—30页。
[2] 韩大元、莫于川主编：《应急法制论：突发事件应对机制的法律问题研究》，法律出版社2005年版，第51—62页。

（1）法治原则；（2）应急性原则；（3）基本人权保障原则；（4）法律保留原则；（5）权力制约原则。具体原则包括：（1）策略上的预防与应对相结合的原则；（2）权限上的分工原则；（3）手段上的科学高效原则；（4）目标上的比例原则；（5）程序上的特殊程序原则；（6）后果上的救济原则。①

有学者立足紧急状态立法问题，认为在制定紧急状态法时，应把握以下基本原则：（1）比例原则；（2）政府平时管理与应急处理协调发展原则；（3）法治原则；（4）人权保障原则。除此之外，还包括最小代价原则、预防为主原则、平等保护原则以及公民支持义务原则等。②也有学者从应急法作为特殊的行政法的角度，理解应急法的基本原则，认为其至少包括：（1）法治原则；（2）权力优先原则；（3）人权保障原则；（4）比例原则；（5）信息公开原则。③

由于立足点不同，学者们对应急法基本原则的认识各有侧重，即便从相同的角度出发，得出的结论也不尽一致。传统的行政法视角，虽然有助于阐明应急法与一般意义上行政法的联系与区别，但区分的标准并不十分清晰。应急法的基本原则除了应具有法律原则所要求的价值宣示、法律规范整合、弥补法律漏洞以及法律冲突协调等基本功能外，还应当是应急法特有的法律原则，不是应急法和其他法律部门所共同遵循的原则或者照搬其他法律部门的原则规范，否则就无法体现应急法的独特性，从而难以构建真正意义上的应急法规范体系。譬如公开、公正原则以及分工原则、特殊程序原则等，就不能准确反映应急法的公权扩张、私权收缩以及基本权利保障等内在特性，也无法在相关法律制度适用方面发挥指导作用，因而不宜作为应急法规范及其体系构建的基础。此外，作为贯彻应急法始终的法律原则，是人类在对应急管理规律认识深化的基础上形成的，既是认识论也是方法论，亦是现有知识体系在立法上的反映。需要注意的是，由于各国政治、经济、文化以及体制等不同，法律原则在各国应急法中会表现出一定的差异性。

---

① 王晓君：《政府危机管理法律问题研究》，山东人民出版社2008年版，第142—149页。
② 于安：《制定紧急状态法的基本问题》（上），载《法学杂志》2004年第4期。
③ 林鸿潮：《应急法概论》，应急管理出版社2020年版，第18—24页。

（二）我国应急法的基本原则

结合我国国情以及立法实践，应急法基本原则可以概括为：法治原则、治理原则、人权保障原则、预防原则以及比例原则。

1. 法治原则

"法治"一词，对应于英语中的"rule of law"，德语中的"Rechtsstaat"，从字面意思而言，即法的统治或法律的统治，是与"人治"相对立的一种治国理论、方略和制度。古希腊哲学家亚里士多德在《政治学》中，对法治作了经典的描述，即法治应该包含两重含义：已成立的法律获得普遍的服从，而大家所服从的法律又应该是本身制定得良好的法律。[①]尽管历史上不同法学家对法治的理解有所差异，但在西方语境下，法治常常与正义、民主、自由等词语紧密联系。法律要实现正义，就须具备的内在品质，富勒称之为合法性原则或法治原则。他归纳了八条：（1）法律的一般性；（2）法律的公开性；（3）法律的可预测性（不溯及既往）；（4）法律的明晰性；（5）法律的一致性；（6）法律的可行性；（7）法律的稳定性；（8）官方行动与法律的一致性。[②]

根据目前学术界多数人的理解，"合法性原则"实际上被当作行政法治原则的近义或从属义来理解。也就是多数学者所谓的"行政权力的存在、运用必须依据法律、符合法律，而不是与法律相抵触"。这正是行政法治的基本要求。马克斯·韦伯指出，政府的管辖范围必须具有合法的基础，现代政府是以行使合法管辖权来执行其功能的。所谓法治，意味着政府是根据宪法授权来行使权力的。[③]不难发现，人们所论述的行政合法性原则，通常不外乎三个方面：行政权力设定的合法、行政行为的合法、行政违法的依

[①] [古希腊]亚里士多德：《政治学》，吴寿彭译，商务印书馆1965年版，第199页。
[②] [美]富勒：《法律的道德性》，郑戈译，商务印书馆2009年版，第49—109页。
[③] [德]马克斯·韦伯：《论经济与社会中的法律》，张乃根译，中国大百科全书出版社1998年版，第42页。

法追究和救济。①

应急社会秩序包括常态社会秩序与非常态社会秩序。常态社会秩序下，法治原则的理念已经深入人心，但在危机状态下，有无法治、是否脱离法治尚存在不少疑问。历史上，对于紧急状态与法治之间的关系，国内外已有不少研究。经常被提及的是德国著名法学家卡尔·施密特的紧急状态脱离法治论，施密特相信，法律秩序完全由实定法的一般规范（general norms of positive law）和公共权威的特别决策（particular decisions of public authorities）组成。一般规范是无法预见国家在紧急情况下面临的各种事实的，也无法预见处理紧急情况的必要措施。所以，当主权者在行使紧急权进行决策的时候，不受宪法的制约。施密特的格言是：在例外状态下，"国家留存，法律撤出"（the state remains, whereas law recedes）。②紧急状态脱离法治论，有潜在的划入紧急状态专制的倾向，显然为现代法治国家所不容。

这里不得不提"应急性原则"，也称"行政应急性原则"（principal of administrative contingency），是指在某些特殊的紧急情况下，出于国家安全、社会秩序或公共利益的需要，行政机关可以采取没有法律依据的或与法律相抵触的措施。国家和社会在运转过程中不可避免地会发生一些紧急情况，如战争、分裂活动、动乱、暴力犯罪失控、瘟疫横行、自然灾害等。这些情况的发生可能会威胁国家的安全和独立，破坏社会秩序，严重损害公共利益。在正常的法律体制难以运转的情况下，行政机关可以采取必要的应急措施，即使该措施没有法律依据或者与法律相抵触，也应被视为有效。应急性原则作为合法性原则的例外是必要的，但适用这种例外本身也应通过法律实现。例如对于防止流行病扩散而临时隔离群众的行为应通过有权机关宣告其效力。由此可见，"紧急措施"虽然在一定意义上限制了合法性原则，但从更广泛的意义上说，它也反证着合法性原则的必要和意义。③一般而言，行政应急权力

---

① 孙笑侠：《法律对行政的控制》，光明日报出版社2018年版，第159页。
② 沈岿：《紧急法治的细节与整体》，载《行政法论丛》（第27卷），法律出版社2021年版，第3页。
③ 罗豪才主编：《行政法学》，中国政法大学出版社1989年版，第41页。

的行使应符合以下四个条件:(1)存在明确无误的紧急危险;(2)非法定机关行使了紧急权力,事后应由有权机关予以确认;(3)行政机关作出的应急行为应受有权机关的监督;(4)行政应急权力的行使应当适当,应将负面损害控制在最小的程度和范围内。从广义上讲,应急性原则是合法性原则的非常原则,并非排斥任何法律的控制。①

2.治理原则

"治理"(governance)在古希腊语中意为"掌舵"。治理理论的主要创始人之一罗森瑙(J.N.Rosenau)在其代表作《没有政府的治理》和《21世纪的治理》等论著中将"治理"定义为一系列活动领域中的管理机制,它们虽未得到正式授权,却能发挥作用。②对于治理内涵的理解,一直众说纷纭。《维基百科》中"治理"一词的意思跟"统辖""管辖""统治"略近。在政治学领域,治理通常指国家治理,即政府如何运用治权,来管理国家、人民和领土,以达到延续国祚和让国家发展的目的。在商业领域,又延伸到公司治理(corporate governance),指公司等组织中的管理方式和制度等。联合国全球治理委员会(Commission on Global Governance)在《我们的全球伙伴关系》(*Our Global Neighborhood*)这一研究报告中对"治理"作出了如下界定:治理是各种公共机构或个人管理其共同事务的诸多方式的总和,它是使相互冲突或不同的利益得以调和并且采取联合行动的持续过程,既包括有权迫使人们服从的正式制度和规则,也包括各种人们同意或以为符合其利益的非正式的制度安排,它有四个特征:治理不是一整套规则,也不是一种活动,而是一个过程;治理的过程不是控制,而是协调;治理既涉及公共部门,也涉及私人部门;治理不是一种正式的制度,而是持续的互动。③

回溯人类社会治理史,治理结构的历史路向大致是由统治型结构—授权

---

① 信春鹰主编:《法律辞典》,法律出版社2003年版,第1684页。
② 马海龙:《京津冀区域治理:协调机制与模式》,东南大学出版社2014年版,第14页。
③ 莫纪宏:《法治中国的宪法基础》,社会科学文献出版社2014年版,第47页。

型结构—管理型结构—共治型结构递进发展的。[1]作为治理的重要领域，应急管理发展亦不例外。党的十八大以来，党中央对国家治理和应急管理工作高度重视，党的十九届四中全会对推进国家治理体系和治理能力现代化作出全面部署，强调系统治理、依法治理、综合治理、源头治理。同时将应急管理提升到维护国家安全的高度，要求"构建统一指挥、专常兼备、反应灵敏、上下联动的应急管理体制，优化国家应急管理能力体系建设，提高防灾减灾救灾能力"。党的二十大强调完善国家应急管理体系，提高公共安全治理水平，坚持安全第一、预防为主，完善公共安全体系，提高防灾减灾救灾和重大突发公共事件处置保障能力。古人云："凡将立国，制度不可不察也。"制度是定国安邦的根本，具有全局性、稳定性和长期性。正如习近平总书记指出的，一个国家选择什么样的国家制度和国家治理体系，是由这个国家的历史文化、社会性质、经济发展水平决定的。中国特色社会主义制度和国家治理体系不是从天上掉下来的，而是在中国的社会土壤中生长起来的，是经过革命、建设、改革长期实践形成的，是马克思主义基本原理同中国具体实际相结合的产物，是理论创新、实践创新、制度创新相统一的成果，凝结着党和人民的智慧，具有深刻的历史逻辑、理论逻辑、实践逻辑。[2]进入新时代以来，"国家治理"和"社会治理"日益成为我国治国理政实践的两个重要概念。社会治理及其现代化的基础性、复杂性、区域差异性等特征，决定了其在国家治理体系中的特殊地位和意义，其治理模式和治理路径也有别于其他治理领域。[3]社会治理是具有中国特色的概念，西方社会中使用的social government、social governance或是social regulation、social management，都难以充分而准确地表达出中国语境下社会治理的内涵与实质。[4]但无论是结构功能

---

[1] 黄显中、何音：《公共治理结构：变迁方向与动力——社会治理结构的历史路向探析》，载《太平洋学报》2010年第9期。
[2] 《习近平谈治国理政》（第三卷），外文出版社2020年版，第119页。
[3] 张文显：《新时代中国社会治理的理论、制度和实践创新》，载《法商研究》2020年第2期。
[4] 吴超：《中国社会治理演变研究》，华中科技大学出版社2019年版，第22页。

主义的社会治理模式所主张的社会秩序可以通过多元主体、互动、沟通形成，即强调对话沟通、鼓励多主体参与；[①]还是在社会构成意义上，社会治理是在各参与主体相互配合中完成的，任何单一角色都不具有现实可行性，[②]社会治理本质上是组织权利的转移和在不同主体间进行的重新分配，在地位平等的主体和其自愿的基础上的一种有效合作，即党的十九大和二十大报告强调的社会治理的基本格局在于"共建共治共享"。共建强调合力合资，共治强调合智合作，共享强调共益共赢，重心在于一个"共"字，凸显了社会治理的公共性、多元性、跨界协商性和共生性。[③]从应急"社会管理"到公共安全"社会治理"，是应急管理贯彻新发展理念的具体体现，意味着应急法研究与实践的理论范式转变。

2019年11月29日，习近平总书记在主持中央政治局第十九次集体学习时特别强调，应急管理是国家治理体系和治理能力的重要组成部分，要发挥我国应急管理体系的特色和优势，借鉴国外应急管理有益做法，积极推进我国应急管理体系和能力现代化。要实施精准治理，预警发布要精准，抢险救援要精准，恢复重建要精准，监管执法要精准。[④]习近平总书记的重要论述，深入分析了应急管理与国家治理的辩证关系，明确指出推进应急管理体系和能力现代化的路径和要求，为当前和今后一个时期应急管理特别是立法、执法、司法和守法活动提供了总的根本遵循。将应急法置于国家治理、社会治理的总体布局中谋划推进，既是对应急管理发展规律和特点的理性判断，也是新时期构造我国应急法规范的价值牵引，必将为应急法的创新发展提供理论源泉和科学方法论。

需要指出的是，虽然学者们普遍认同应急法主要调整公的关系，在性质

[①] 陈恩：《基层社会治理的参与动员》，中国经济出版社2020年版，第6页。
[②] 参见张康之：《启蒙，再启蒙》，江苏人民出版社2020年版，第239—242页。
[③] 王名、董俊林：《关于新时代社会治理的系统观点及其理论思考》，载《行政管理改革》2018年第3期。
[④] 《习近平：充分发挥我国应急管理体系特色和优势 积极推进我国应急管理体系和能力现代化》，载《人民日报》2019年12月1日，第1版。

上属于公法。但不可否认，随着私人组织如各类志愿者组织在应急中扮演着重要角色，以及中介服务、商业保险等市场机制的广泛运用，应急法逐步超越传统行政法的范畴，从而具有社会本位法的某些属性。因此，应急法在对权利义务进行结构设计和具体安排时，一方面，既需要对国家机关进行应急"赋权"，确保公权力处置各类突发事件方面统一、规范、高效，同时又需兼顾国家、集体和个人利益，防止公权力扩张对公民基本权利造成不当僭越；另一方面，要建立常态化合作机制，通过政府与私人组织、市场部门通力合作，尤其是发挥市场机制作用，培养、引导和规范志愿组织以及应急产业发展。总之，保持社会整体秩序和公平目标实现与国家干预之间的平衡，正是应急法的价值目标和功能任务所在。社会治理作为应急法基本原则的合理性就在于，社会治理所秉持的多元主体参与、平衡利益关系，以及合作协商以促进公益的理念，高度体现了应急法的价值目标和功能任务，为建构应急社会关系中权利义务关系及具体行为模式提供了基本准则。

3.人权保障原则

谈及人权，人们往往是从人性的本质出发，认为人权在某种意义上是绝对的，也是与生俱来的，是作为"人"应该享有的权利。人权的主体是"人"，首先是指自然意义上的人。就人权最原始的意义而言，它在本质上首先属于应有权利、道德权利。其次由于人存在于社会关系之中，是具体的社会中的人，因此人权受到客观社会历史条件的制约。马克思认为，人权在宏观上指具有"人类的内容"而排斥"动物的形式"的权利。人是社会的存在物，因而从根本上说人权首先是社会性的权利。马克思指出，作为这种社会成员的人权就是"脱离了人的本质和共同体的利己主义的人的权利"。除了这种狭义的人权外，还有广义的人权，即还包括公民权，但公民权属于派生形态的人权。[①]

关于人权的讨论，法国人权学者、联合国教科文组织前法律顾问卡雷

---

① 吕世伦：《法理念探索》，黑龙江美术出版社2018年版，第213页。

尔·瓦萨克（Karel Vasak）首倡的三代人权理论颇受瞩目。在瓦萨克看来，世界自近代以来经历了三次大的革命运动，从中产生了三代人权。第一代人权诞生于1789年的法国大革命，重点在于从法律形式上维护个人自由，反映了17—18世纪盛行的个人自由主义思想，这为公民权利和政治权利的出现奠定了基础。第二代人权是在20世纪初俄国十月革命之后产生的，重点是要求国家提供基本的社会与经济条件以促进个人自由之实现，这主要是对19世纪以来社会主义思想和西方"福利国家"概念的反映，人权的内容侧重于经济、社会和文化权利。第三代人权伴随着20世纪50年代殖民地和被压迫人民的解放运动产生，着力于争取国家和民族的自决与发展，反映了战后第三世界国家重新分配全球资源的要求，以及面对危及人类生存重大问题时的选择。三代人权理论在国际层面得到充分体现和支持，具体体现为构成完整意义上现代人权概念的三份世界性人权文件：1966年的《公民权利和政治权利国际公约》和《经济、社会、文化权利国际公约》以及1986年的《发展权利宣言》。[1]

生命权、健康权是典型的第一代人权，发展权是第二代人权，但无疑都是基本权利的重要内涵。现代社会，国家在设计法律制度时，都是建立在公民基本权利基础上的。保障和实现人权，维护人的尊严和价值，是人类社会发展的历史趋势。法律制度是特定历史、政治、经济和文化发展的产物，确认和保障基本权利，是现代法治的基本精神，也是应急法的终极目标所在。随着经济社会的发展，公共权利意识普遍增强，确认和保障人权成为各国应急法建设的重要任务。突发事件具有偶然性、后果严重性等特征，往往对公共利益造成严重冲击，有必要行使较平时更多、更广泛和更具强制性的权力，这种权力的行使，对于有效组织和运用社会资源，及时采取强有力的应急措施，尽快消除危险、度过危机的作用无疑是巨大的。但是，这种权力也可能对社会公众的基本人权、法治构成威胁，因而有必要通过立法对紧急权的内容、启动条件以及范围等进行规制，同时应加强对紧急权行使的监督。

---

[1] 齐延平等：《人权观念的演进》，山东大学出版社2015年版，第64—65页。

在面临各种风险和突发事件的情况下，政府能否坚持法治，公权力在应急管理中能否尊重和保障基本人权，已经成为评判一个国家法治水平高低的标准。以自然灾害为例，国家对生命权的保障主要体现在发生自然灾害时，采取一切必要措施全力营救遇险人员；对发展权的保障主要体现在，及时评估灾害损失，及时恢复灾区群众的基本生活条件和公共服务设施，逐步恢复生态环境。"5·12"汶川特大地震发生后，中央专门研究部署汶川地震灾后恢复重建对口支援工作；震后27天，国务院颁布《汶川地震灾后恢复重建条例》；震后30天，国务院办公厅印发《汶川地震灾后恢复重建对口支援方案》……三年内"重建"了汶川，灾后恢复重建发展取得历史性成就。[1]

4.预防原则

预防是公共卫生领域的一种古老武器。1854年，约翰·斯诺博士（Dr. John Snow）在没有识别微生物的情况下，呼吁停止使用布罗德大街的水泵，从而遏制了霍乱在英国的流行。尽管是在暴露因素和结局已经明确的情况下采取的措施，但也算是一种预防性行为。1957年，美国国会将《德莱尼条款》（The Delaney Clause）纳入美国联邦《食品、药品和化妆品法案》（The Food, Drug and Cosmetics Act），禁止了人类食物链中的动物源性致癌物，这也是一种预防性行为。[2]

预防原则（Precautionary Principle，PP）[3]并未被明确定义。一般认为，预防原则起源于德国的谨慎原则（Vorsorgeprinzip），可译为关注或预见人类行动的可能后果。预防原则在20世纪80年代中期出现于公共讨论，欧洲决策者开始

---

[1] 郭洪兴、陈曦、高红霞：《中国为什么能在三年内重建"汶川"？》，载人民网，http://politics.people.com.cn/n1/2019/0925/c429373-31371591.html，最后访问时间：2022年3月11日。

[2] 美国儿科学会环境健康委员会主编：《环境与儿童健康》（第3版），上海世界图书出版公司2017年版，第910页。

[3] 该原则有多种提法，包括："风险预防原则"（precautionary principle），参见于文轩：《生物多样性政策与立法研究》，知识产权出版社2013年版，第32页；"谨慎预防原则"，参见孙娟娟：《食品安全比较研究——从美、欧、中的食品安全规制到全球协调》，华东理工大学出版社2017年版，第156页；"谨慎原则"，参见王小军、刘中华：《现代生物技术对环境法的挑战：生物安全法律问题研究》，陕西人民出版社2007年版，第37页。

援用这一原则来界定有意义的监管框架，以及控制新科技和新产品的引进。此后，预防原则逐渐获得国际社会的广泛认可。[①]1982年，联合国《世界自然宪章》首次吸收了预防原则。尽管该宪章本身并没有明确使用"预防原则"的表述，但原则11包含的两点内容依然构成了预防原则的基础：（1）应避免那些可能对大自然造成不可挽回的损害的活动。（2）在进行可能对大自然构成重大危险的活动之前应先彻底调查；这种活动的倡议者必须证明预期的益处超过大自然可能受到的损害；如果不能完全了解可能造成的不利影响，活动即不得进行。[②]

预防原则在内容上有四个表征：（1）作为预防观念出发点的危险因子（潜在担忧、预防诱因）；（2）可作出明确风险评估的知识因素之缺失或不确定性；（3）取决于相关政策评估之处置因素；（4）对于处置的义务因素。

在对预防原则的论述中，经常区别两种基本形式：风险预防和资源预防。

风险预防意味着承担不确定的损害担忧。在环境和健康保护方面，这个原则不是指等到原因结果关系明确、发生可能性被证实以及损害种类和范围已熟知，而是在尚不确定损害是否可能或将要发生时，预先采取行动。在环境法中，这个原则是对在法律规范上已经确立的，将风险预防（Risikoprävention）与确定的科学知识和明确的因果关系联系起来的"保护原则"（损害避免和危害防卫原则）的补充。

资源预防意味着为了保持对将来的能力储备（发展空间预防），及应对增长和积累问题（Summations-und Akkumulations problemen），不应用尽物质的负载界限以及资源利用容量。在增长和积累问题上，资源预防是一种回答危害防卫的计算边界、损害避免的工具。[③]

---

① ［美］克劳斯·博塞尔曼等主编：《可持续发展的法律和政治》，王曦、卢锟等译，上海交通大学出版社2017年版，第407页。
② 王惠：《改性活生物体越境转移国际法问题研究：以事先知情协议程序为视角》，中国政法大学出版社2016年版，第85页。
③ ［德］Wolfgang Köck：《法律上预防原则的发展——可持续经济创新之障碍？》，沈百鑫译，载《生态安全与环境风险防范法治建设——2011年全国环境资源法学研讨会（年会）论文集（第一册）》。

作为一项法律原则，预防原则虽然较早在环境领域应用，但目前已拓展成应急管理领域的重要原则。以法国为例，法国于1995年2月实施的《环境法典》，被认为是"危机管理预防原则"确立的标志，其中有这样一段表述："现实生活中的许多事物，在目前的科研水平下，我们无法确知其结果对人类的影响——有可能给我们带来灾难性的影响，也有可能给我们带来巨大的经济利益，还有可能对我们毫无影响。但是在我们不能确知其影响的情况下，政府必须采取相应的措施，并颁布相应的法律，来阻止意外的发生。"1998年7月颁布的《公共健康监督与产品安全性控制法》中规定：政府在公共安全事务中不仅要承担监督职责，更要起到警诫和预防的作用。从那以后，"预防原则"成为法国处理危机事务的基本准则。[1]

应急法坚持预防原则，其理论依据在于：

第一，预防原则体现了应急法的价值目标。应急法通过预防原则的确定，主要维护两大价值目标：一是社会秩序维护。秩序对应急法而言，无疑是基本价值。危机状态实际上是政府、公民和社会的特殊关系的展现，预防原则通过相应的法律制度，比如风险评估和监测预警制度，将突发事件对社会可能造成的危害降到最低，维护公共利益，保障社会秩序的总体稳定。二是公平正义维护。应急法追求的秩序价值，以维护人权、符合常理为目标。预防原则对社会利益的维护，是将公民个体自由的保护作为出发点和归宿，暗含了对自由这一基本价值的确认。另外，预防原则虽不直接对应急管理过程中的权利义务进行分配，但通过规范应急管理的流程，间接对行政应急权的行使产生监督和制约，实质上是对公民基本权利的保障。

第二，预防原则契合了风险社会的要求。如贝克所言，现代社会已变成一个"风险社会"，不明的和无法预料的后果正成为历史和社会的主宰力量。[2]风险社会带来的不仅是灾害和人类健康的问题，同时伴随着理念和法律制度

---

[1] 刘奕：《公共危机系统管理》，上海人民出版社2012年版，第85页。

[2] ［德］乌尔里希·贝克：《风险社会：新的现代性之路》，张文杰、何博闻译，译林出版社2018年版，第8页。

的变革。预防原则作为反对未知或不确定的风险，一开始就是以保护社会的面目出现的。预防原则的引入及确立，意味着围绕风险预防重新搭建应急法的框架，是对风险社会语境下应急理论体系的系统重构。

第三，预防原则符合应急发展规律。传统的应急侧重于事的应对，往往等到危机发生后，才开始被动地反应，是一种典型的"头痛医头、脚痛医脚"，不仅无法从根本上解决问题，而且代价巨大。理论和实践证明，虽然各类突发事件在时间和空间中表现出意外性、偶然性和可变性，但一般遵循产生、发展和演化的发展规律，预防原则强调"居安思危""防患于未然"，就是要在危机孕育和萌芽的时期，就通过风险评估和隐患排查，及早做好各种防范的准备，防微杜渐，当危机真正来临时不至于手忙脚乱。

预防原则不是一句口号。贯彻应急管理的预防原则，一方面，需要统筹安全与发展的关系，将预防原则贯穿于经济社会发展全过程。反思以往事故教训，一些突发事件的发生固然有偶然因素，但管理上的缺陷亦不容忽视。有的事故甚至在发展规划阶段就埋下祸端。2013年11月22日10时25分，位于山东省青岛经济技术开发区的中国石油化工股份有限公司管道储运分公司东黄输油管道泄漏原油进入市政排水暗渠，在形成密闭空间的暗渠内油气积聚遇火花发生爆炸，造成62人死亡、136人受伤，直接经济损失75172万元。事故调查组查明，事故发生地段规划建设混乱是事故发生的一个重要原因。管道与排水暗渠交叉工程设计不合理，造成严重安全隐患。[①]因此，突发事件预防工作，除了综合施策，做好顶层设计，加强宏观规划，推进合理布局等亦是关键。

另一方面，需要同时建立配套的预防性法律制度，即在法治的框架内采取制度化的方式对可能出现的法益侵害所进行的预防性处置措施的总称，[②]包括风险评估制度、安全准入制度、应急预案制度、"三同时"制度、监测预警

---

① 参见《国务院安委会通报"11·22"中石化东黄输油管道泄漏爆炸特别重大事故》，载国家能源局网，http://www.nea.gov.cn/2014-01/27/c_133077741.htm，最后访问时间：2023年3月31日。

② 刘军：《预防性法律制度的理论阐释与体系构建》，载《法学论坛》2021年第6期。

制度等。以风险评估制度为例。一般意义上说，私营企业、学者甚至个人都可以进行从金融风险、人类健康风险到生态风险的评估。然而，在具有公共政策背景的使用中，风险评估已发展成一个技术性很强的过程，用于定性和定量分析某种突发事件发生的可能性与后果严重性。目前，绝大多数国家都依法建立了突发事件风险评估制度。如我国《突发事件应对法》第5条规定，突发事件应对工作实行预防为主、预防与应急相结合的原则。国家建立重大突发事件风险评估体系，对可能发生的突发事件进行综合性评估，减少重大突发事件的发生，最大限度地减轻重大突发事件的影响。

5. 比例原则

比例原则，也称禁止过度原则、行政适度原则、均衡原则等，是指行政机关在采取某项措施时，必须权衡公共利益目标的实现和个人或组织合法权益的保障，若为了实现公共利益目标而可能采取对个人或组织权益不利的措施时，应当将不利影响限制在尽可能小的范围和限度之内，而且要保持二者之间适度的比例。[1]奥托·迈耶曾将比例原则誉为行政法中的"皇冠原则"。我国台湾地区学者陈新民教授认为，比例原则是拘束行政权力违法最有效的原则，其在行政法中的角色如同"诚信原则"在民法中的角色一样，二者均可称为相应部门法中的"帝王条款"。[2]比例原则最早在德国警察法领域适用。1958年，德国联邦宪法法院在"药店判决"（Apotheken-Urteil）中全面确立了比例原则，并使之从行政法原则上升为宪法原则。目前，比例原则已成为许多国家立法或司法实践中的一项重要基本原则。[3]如我国《行政处罚法》第5条第2款规定："设定和实施行政处罚必须以事实为依据，与违法行为的事实、性质、情节以及社会危害程度相当。"

作为对公民权利限制最严的应急领域，比例原则的确立及实施意义尤为重大。通说认为，比例原则由三个具体原则（或要求）构成，包括适当性原则、

---

[1] 罗豪才、湛中乐主编：《行政法学》（第四版），北京大学出版社2016年版，第34页。
[2] 参见陈新民：《行政法学总论》，台北三民书局1997年版，第3页。
[3] 于文豪：《基本权利》，江苏人民出版社2016年版，第141—142页。

必要性原则以及狭义的比例原则。①衡量一项应急措施是否符合比例原则，必须基于以下考量：其一，行政机关对行政相对人采取的应急措施，必须能够实现或有助于实现保障公共利益的总体目的；其二，若是存在可选择的几个应急措施，行政机关拟采取的措施，应是对行政相对人合法权益造成损害最小的实施方案；其三，行政机关采取的应急措施与维护公共利益的目的是呈比例关系的，总体上应当相称。这里，有两个问题需要注意。

一是坚持比例原则并不意味着其可以凌驾于公民基本权利保护之上。众所周知，在突发事件发生比如公共传染病疫情大流行形势下，出于维护公共利益的现实需要，对个人权利进行限制或削减成为必需。权利克减与权利保护反向而行。坚持比例原则表面上似乎构成对权利保护的冲击，但并不意味着适用比例原则可以与基本人权保障的现代价值取向背道而驰。正如有学者指出的，公权机关可基于正当理由对公民的基本权予以限制，但任何对基本权利的限制都必须遵循一定的原则，符合一定的限度，这一原则即使是在紧急状态之下也同样需要恪守，否则对个体权利的限制最终就会演变为对权利的彻底掏空和排除。②为此，相关国际法为权利克减画出了"红线"。根据联合国《公民权利和政治权利国际公约》第4条第2款，有五项不得予以克减的人权：生命权，免予酷刑、免受奴役的权利；免予因无力履行约定义务而被监禁的权利；免受刑事溯及追诉的权利；被承认在法律面前的人格的权利以及思想、良心和宗教自由的权利。这意味着即便在紧急状态下，对基本人权也不能随意克减。欧盟法院将比例原则作为判断限制基本权利合理性的基本工具。《欧盟基本权利宪章》第52条第1款将比例原则提升到了欧盟宪制秩序的高度。③在"比例原则在疫情防控中的人权保障作用"国际研讨会上，美国哈佛大学法学院皮特里-弗洛姆健康法政策、生物技术和生物伦理中心主任格兰·科恩（Glenn Cohen）指出，西方国家当前推动或提议的"免疫通行证"

---

① 罗豪才、湛中乐主编：《行政法学》（第四版），北京大学出版社2016年版，第34页。
② 赵宏：《疫情防控下个人的权利限缩与边界》，载《比较法研究》2020年第2期。
③ 范继增：《欧洲人权法院适用比例原则的功能与逻辑》，载《欧洲研究》2015年第5期。

及"健康证"存在侵犯人权的危险。问题的核心在于当前的法律和政策规制措施是否能够在疫情防控和人权保护之间确定适当的平衡，这部分取决于民众对法律的信任程度。①

二是坚持比例原则的核心是最小损害。从比例原则内容看，必要性原则以及狭义的比例原则，均指向最小损害。在这个意义上，比例原则又称为"最小损害原则"。对此，我国《突发事件应对法》第11条第1款规定："有关人民政府及其部门采取的应对突发事件的措施，应当与突发事件可能造成的社会危害的性质、程度和范围相适应；有多种措施可供选择的，应当选择有利于最大程度地保护公民、法人和其他组织权益的措施。"这意味着，虽然政府应急权的行使基于损害较小利益保全更大利益的立法考量而具有合法性，但是也不能越权、恣意限制与剥夺公民权利。②在有多种手段、方法或途径可供选择时，应选择对行政相对人损害最小的手段、方法或途径。否则，将导致公权力的肆意滥用，并存在侵犯人权的危险。

第二节 应急法的渊源

法的渊源，字面意思是指法的来源或根据，有时也叫法律形式，它侧重于从法律外在的形式意义来把握法律的各种表现形式。③一般将法的渊源分成正式渊源和非正式渊源两大类。所谓正式渊源，意指那些权威性法律文件。这种正式渊源主要有：宪法和法律、行政命令、行政法规、条例、自主或半自主机构和组织的章程与规章、条约与某些其他协议，以及司法先例。非正

---

① 郭晓明：《比例原则在疫情防控中的人权保障作用——"全球疫情防控与人权保障"系列国际研讨会第六场会议学术综述》，载《人权》2020年第4期。
② 姚小林：《论我国应急法制的比例原则》，载《法学杂志》2008年第4期。
③ 刘作翔：《"法源"的误用——关于法律渊源的理性思考》，载《法律科学（西北政法大学学报）》2019年第3期。

式渊源，包括正义标准、推理和思考事物本质的原则、衡平法、公共政策、道德信念、社会倾向和习惯法。[①]正式法律渊源，主要表现为有效力的法律形式。虽然不同法系国家的正式法律渊源有所不同，但两大法系法律渊源在国际领域内有互相接近的趋势，表现为大陆法系中"判例法"的出现和普通法系中成文法的增多。[②]本书主要介绍多数国家应急法的共同正式渊源。

一、宪法条款及相关法

宪法以法律的形式，规定了国家制度的基本原则。就其基本价值而言，宪法的取向在于人权保障。应急法旨在调整国家权力之间、国家权力与公民权利之间，以及公民权利之间的各种社会关系，这种关系主要表现为一种宪法关系。因而，宪法构成了应急法的基本渊源，也是应急立法的主要依据。在宪法史上，率先规定紧急情况问题的应为普鲁士邦国1851年公布的《围城法》（戒严法）。此后，著名的《魏玛宪法》对紧急时期的授权作了清楚的规定。《魏玛宪法》第48条第2项规定："当国家的治安与秩序受到严重侵害之时，总统可实行一切必要之措施，以恢复公共秩序与安全；在必要时，得动用武力为之。为达到此目的，总统得暂时剥夺或限制人民依本法第114条（人身自由）、第115条（住所不可侵犯之自由）、第117条（通信自由）、第118条（意见表达自由）、第123条（集会自由）、第124条（结社自由）、第153条（财产权）所保障之权利。"同条第3项规定："依前项之规定，总统颁布必要措施后，应即刻告知众议院，众议院得决议撤销此措施。"同条第5项规定："关于本条之规定，其细节由联邦法律定之。"[③]从世界各国宪法条款来看，大部分都在宪法中就调整应急法律关系作了规定。如《俄罗斯联邦宪法》在第二章"人

---

① ［美］博登海默：《法理学：法律哲学与法律方法》，邓正来译，中国政法大学出版社2004年版，第429—430页。
② 潘华仿等：《当代西方两大法系主要法律渊源比较研究》，载《比较法研究》1987年第3期。
③ 陈新民：《公法学札记》，法律出版社2010年版，第99—100页。

和公民的权利与自由"中规定，在为保证公民安全和捍卫宪法制度、根据联邦宪法性法律实行紧急状态的情况下，可以在指明限度及其有效期限的同时对权利和自由规定某些限制。在具备理由并遵循联邦宪法性法律所规定的程序的情况下，可以在俄罗斯联邦全境或其部分地方实行紧急状态。南非在本国宪法中对应急管理主要机构——联合执政和传统事务部以及国家灾难管理中心的职责进行了规定，并明确在地方政府无法履行应急义务时中央政府可以干预原则。

需要注意的是，一般宪法学者都认为除宪法规定的事项外，广义的宪法，还应包括宪法惯例，宪法性法律，有关宪法的解释、判决和判例等。凡宪法授权立法机关以法律规定的事项，即为宪法性法律，包括有关国家机关组织和职权方面的法律，以及保护人身自由措施的法律等。[①]需要指出的是，宪法性法律（constitutional law 或 the law of the constitution）所包含的那些分配并限制政府权力的规则，都属于我们在习惯上称为"法律"但实际上却是组织规则而非正当行为规则的那些规则。人们通常把这些规则视作"最高级"的法律类型，享有一种特殊的尊崇。宪法性法律作为上层架构，也被视作应急法的重要法律渊源。例如，俄罗斯为实施宪法，于2001年制定《俄罗斯联邦紧急状态法》，对紧急状态的情形、启动程序、紧急权力等内容作出具体规定。此外，美国、加拿大、南非等国，也制定了紧急状态法。

紧急状态也是我国宪法及其相关法律规定的法律制度。我国现行宪法原来规定了三类非常法律状态：战争、动员和戒严。十届全国人大二次会议通过的宪法修正案，用紧急状态取代了戒严，紧急状态包括戒严但不限于戒严。这样，宪法规定的非常法律状态仍然保持为三类，紧急状态、战争、动员。战争和动员问题依据宪法和国防法、国防动员法等有关法律处理，与戒严有关的紧急状态，由戒严法调整。我国《宪法》第80条规定："中华人民共和国主席根据全国人民代表大会的决定和全国人民代表大会常务委员会的决定，

[①] 龚祥瑞：《比较宪法与行政法》，法律出版社2003年版，第2—3页。

公布法律，任免国务院总理、副总理、国务委员、各部部长、各委员会主任、审计长、秘书长，授予国家的勋章和荣誉称号，发布特赦令，宣布进入紧急状态，宣布战争状态，发布动员令。"《戒严法》第2条规定："在发生严重危及国家的统一、安全或者社会公共安全的动乱、暴乱或者严重骚乱，不采取非常措施不足以维护社会秩序、保护人民的生命和财产安全的紧急状态时，国家可以决定实行戒严。"

通过上述规定可知，应急法在宪法中具有重要地位。宪法及其相关法的规定对应急法律关系的调整具有重要的指导意义，在应急法律规范的体系中起统领作用。

二、法律

法律是应急法最重要的表现形式。从世界各国的立法趋势看，很多国家都制定了一部或多部应急法律，为应对各类突发事件提供了相对完整的制度框架，包括以下三个层次。

一是应急综合法或基础法。如我国全国人大常委会2007年颁布的《突发事件应对法》，对应急管理体制、预防与应急准备、监测与预警、应急处置与救援等内容作出了全面、系统的规定，是适用于各类突发事件的综合性法律，也为各类突发事件立法提供了基础规范。类似的法律，例如美国1988年颁布的《罗伯特·T.斯坦福救灾和紧急援助法》，英国2004年颁布的《民事突发事件法》，俄罗斯1994年颁布的《保护居民和领土免遭自然与人为灾害法》，日本1961年颁布的《灾害对策基本法》，以及韩国2004年颁布的《灾难及安全管理基本法》，等等。

二是应急单行法。这部分法律调整对象广泛，数量众多，具体包括三类：第一类是为应对某一突发事件制定的法律，也称"一事一法"，我国应急单行法主要是"一事一法"，如2002年颁布的《安全生产法》，主要规范事故灾难，2008年颁布的《防震减灾法》，主要适用于地震灾害应急。从国外看，日本

1995年制定的《地震防灾对策特别措施法》，属于"一事一法"。第二类是适用于应急管理某一阶段的法律，也称"一阶段一法"，如俄罗斯1995年颁布的《俄罗斯联邦应急救援部门与救援人员地位法》。第三类是适用于某一突发事件应对某一阶段的法律，也称"一事一阶段一法"，如美国1968年制定的《全国洪水保险法》。

三是应急相关法。应急法体系庞大，除了专门法律外，在其他法律规范中还存在规范应急行为的相关法律制度，这些法律制度可能是法律的某个章节，也可能是某个具体的条款，同样对应急管理发挥着至关重要的规制作用，构成了应急法的法律渊源。我国《民法典》《刑法》《行政处罚法》等法律中均涉及应急相关规定，比如《刑法》规定的编造、故意传播虚假恐怖信息罪和编造、故意传播虚假信息罪等，即属于此类。

三、行政机关制定的行政规范

行政机关制定行政规范的活动也称行政立法活动，是指行政机关为了更好地实施法律规定，依照行政立法权和立法程序规定，就有关行政管理的事项制定和发布规范性文件的统称，是有关机关履行行政管理活动的主要依据。行政立法是从立法权的行使上发展起来的。在资产阶级革命初期，立法权是作为第一个反封建专制的革命目标被提出来的。资产阶级革命胜利后，就确立了由民选的代表机关专有立法权的制度，这是资产阶级民主政治的基本要求。随着社会经济的发展，公共事务的增多，行政管理的范围日益扩大而复杂多变。代表机关独占立法权的方式已难以适应变化多端的社会实际，因此，代表机关逐步将某些立法的职能委托或授权给行政机关，由行政机关制定实施规范。由此，行政立法逐步产生发展起来。在委任立法[①]方面，各国分别根据本国情况采取

---

① 委任立法，又称授权立法或委托立法，通常是指一个立法主体依法将其一部分法定立法权限授予另一个无立法权的团体或个人，被授权主体根据所授予的立法权限进行的立法活动。参见黄文艺、杨亚非主编：《立法学》，吉林大学出版社2002年版，第192页。

了不同措施。如美国、奥地利、西班牙、瑞士、德国等国分别颁布了行政程序法，规定委任立法的制定程序，或因委任立法造成侵害的救济措施。[①]美国在1946年制定了《联邦行政程序法》。根据此程序法的规定，行政机关的委任立法的名称一般称为规章（Rule），按照不同标准，可以有不同分类，但一般分为实体性规章、程序性规章和解释性规章。《联邦行政程序法》对行政委任立法的程序作了严格的规定，并且规定了作为委任立法表现形式的规章要发生效力必须符合的条件。[②]

根据我国《立法法》等的相关规定，行政机关制定的行政规范主要包括行政法规以及行政规章两部分。行政法规的法律位阶仅次于宪法和法律，其名称一般为"条例"，也可以为"规定""办法"等，主要规定三类事项：一是为执行法律的规定需要制定行政法规的事项；二是国务院行政管理职权的事项；三是制定法律尚未成熟的事项。行政规章，根据制定主体的不同可以分为部门规章和地方政府规章两类。部门规章是指国务院各部委、中国人民银行、审计署和具有行政管理职能的直属机构以及法律规定的机构，根据法律和国务院的行政法规、决定、命令，在本部门的权限范围内制定的规范性文件。地方政府规章是指省、自治区、直辖市和设区的市、自治州的人民政府，根据法律、行政法规和本省、自治区、直辖市的地方性法规制定的规范性文件。我国《规章制定程序条例》对规章的立项、起草、审查、决定、公布、解释等进行了具体规定，有利于促进行政规章制定程序的规范化。

在我国应急法的正式渊源中，与应急直接相关的行政法规主要有：《防汛条例》《抗旱条例》《地质灾害防治条例》《重大动物疫情应急条例》《国务院关于预防煤矿生产安全事故的特别规定》《生产安全事故报告和调查处理条例》等。与应急直接相关的行政规章主要有：《生产安全事故应急预案管理办法》《高速铁路安全防护管理办法》《船舶污染海洋环境应急防备和应急处置

---

① 田穗生、罗斌主编：《地方政府知识大全》，中国档案出版社1994年版，第444页。
② 李龙主编：《依法治国方略实施问题研究》，武汉大学出版社2002年版，第268页。

管理规定》《国境口岸突发公共卫生事件出入境检验检疫应急处理规定》等。

从世界其他国家立法来看，英国的《民事突发事件法（应急计划）条例》、澳大利亚的《工作健康与安全条例》、加拿大的《职业健康与安全条例》等，相当于我国的应急行政法规；美国联邦职业安全与健康监察局依据1970年的《联邦职业安全与健康法》，于2009年制定的《美国职业安全健康监察局现场行动手册》，相当于我国的应急行政规章。

四、地方性法规

由于各国体制不同，在中央与地方立法权限划分的模式选择上，主要有中央集权、集权分权以及分权集权三种模式。集权分权模式下，立法权主要由中央行使，在一些限度和条件下由地方适当行使某些立法权。单一制国家多采用此种模式来划分中央与地方的立法权限。分权集权模式下，立法权主要由地方行使或者由地方和中央共同行使，有的事项以地方为主，有的事项则以中央为主。从实践来看，联邦制国家如美、英、德、法等国多采用此种模式。[1]

在我国，涉及应急的地方性法规包括综合性及专项地方性法规，综合性地方性法规主要是各地依据《突发事件应对法》等上位法，制定出台的应急条例，如《河北省突发事件应对条例》《天津市实施〈中华人民共和国突发事件应对法〉办法》《山东省突发事件应急保障条例》等；专项地方性法规，如《广东省防汛防旱防风条例》《上海市安全生产条例》《青海省消防条例》《辽宁省公共卫生应急管理条例》等。此外，自治条例和单行条例与地方性法规规定的行政事项类似，但具有鲜明的民族特色，而且可以对法律、行政法规所规定的内容进行适当变更。如《新疆维吾尔自治区消防条例》《西藏自治区建设工程安全生产管理条例》等。

---

[1] 李龙主编：《依法治国方略实施问题研究》，武汉大学出版社2002年版，第265页。

与我国情况不同，国外一些实行联邦制的国家，联邦立法与地方立法并行，根据管辖区域有各自的适用范围，但联邦立法必须经过地方批准后才可在地方实施，且地方立法普遍严于联邦立法，如澳大利亚维多利亚州2004年制定的《职业安全与健康法》、加拿大安大略省1990年修订的《职业健康与安全法》等，即属此类。

五、法律解释

法律解释是指对法律的字义和目的所作的说明，通常有广义和狭义两种。广义的法律解释，是指国家机关、组织或公民个人，为遵守适用法律规范，根据有关法律规定、法学理论或自己的理解，对现行法律规范或法律条文的内容、含义以及所使用的概念、术语等的理解和所作的各种说明，包括法定解释和学理解释。狭义的法律解释特指有权的国家机关依照一定的标准和原则，根据法定权限和程序，对法律的字义和目的所进行的阐述，即法定解释。[①]这与西方法学关于法律解释的观念区别较大。西方法学中一般认为所谓的法律解释是指司法解释，并且主要是法官对个案的解释。[②]

根据1981年6月10日第五届全国人民代表大会常务委员会第十九次会议通过的《全国人民代表大会常务委员会关于加强法律解释工作的决议》，有权进行法律解释的机关为全国人大常委会、最高人民法院、最高人民检察院、国务院及主管部门等；省、自治区、直辖市人民代表大会常务委员会和省、自治区、直辖市人民政府主管部门有权对地方性法规条文进行解释。《立法法》第53条规定："全国人民代表大会常务委员会的法律解释同法律具有同等效力。"因此，有权机关的法律解释应当视为我国应急法的渊源之一。《最高人民法院、最高人民检察院关于办理妨害预防、控制突发传染病疫情等灾害的

---

① 时显群主编：《法理学》，中国政法大学出版社2013年版，第238页。
② 余继田：《实质法律推理研究》，中国政法大学出版社2013年版，第185页。

刑事案件具体应用法律若干问题的解释》(法释〔2003〕8号)、《最高人民法院、最高人民检察院关于办理危害生产安全刑事案件适用法律若干问题的解释》(法释〔2015〕22号)以及《最高人民法院、最高人民检察院、公安部、司法部印发〈关于依法惩治妨害新型冠状病毒感染肺炎疫情防控违法犯罪的意见〉的通知》(法发〔2020〕7号)等,即属于此类。

六、国际条约

国际条约是国家间、国家与国际组织间或国际组织相互之间缔结的以国际法为准的国际书面协定。[①]我国《宪法》虽未就国际条约是否属于我国法律体系组成部分的问题予以明确,但已有部分单行法律、行政法规对国际条约的适用性作出了规定。如《数据安全法》第36条规定,"中华人民共和国主管机关根据有关法律和中华人民共和国缔结或者参加的国际条约、协定,或者按照平等互惠原则,处理外国司法或者执法机构关于提供数据的请求"。这说明在规范数据处理方面,国际条约已经成为我国直接适用的依据。有的单行法律还确立了国际条约优先适用的规则,如《海洋环境保护法》第96条规定,"中华人民共和国缔结或者参加的与海洋环境保护有关的国际条约与本法有不同规定的,适用国际条约的规定;但是,中华人民共和国声明保留的条款除外"。我国参加、缔结或承认的应急相关国际条约包括:《公民权利和政治权利国际公约》《联合国海洋法公约》《生物多样性公约》《防止倾倒废物及其他物质污染海洋的公约》《职业安全和卫生及工作环境公约》《作业场所安全使用化学品公约》《核事故或辐射紧急情况援助公约》等。作为签约国之一,我国应当履行国际条约中的有关义务。

[①] 何志鹏等:《国际法原理》,高等教育出版社2017年版,第50页。

第三节　我国应急法的规范体系

一、应急法的规范体系概述

由于各国法律历史和法律文化存在差异，因此对法律体系（legal system）这一概念的理解存在广义与狭义之分。广义的法律体系，是指某些有着共同特征的不同国家的法律组成的法律家族。例如，受英国法律文化传统影响的国家的法律构成的英美法律体系，所有社会主义国家的法律构成的社会主义法律体系。有的学者称这种广义上的法律体系为"法的类型""法系""法族"等。狭义的法律体系，指的是由一国现行的各部门法构成的，具有内在统一性的有机联系的整体。狭义的法律体系常被称为部门法体系。法学中，法律体系通常指狭义的法律体系。[①]

《立法法》对我国法律体系作了比较明确的范围规定。这也是我国法理学形成的基本共识，即法律体系是从成文法的角度来考虑的，是由现行有效的各个法律部门组成的结构体系。按照这一特点，习惯、政策等规范类型都不能纳入法律体系的概念中。为弥补法律体系概念的局限性，有学者提出规范体系的概念，对当代中国现存的规范类型进行了结构性安排。[②]他们认为，我国目前有四大规范体系：一是法律规范体系；二是国家政策体系；三是政党规范体系及政策；四是社会规范体系。其中，法律规范体系可以概括为两大层次八大结构：第一个层次是国家立法层面，包括宪法、法律（法律、立法解释、司法解释和行政解释）、行政法规、部门规章；第二个层次是地方立法层面，包括地方性法规、地方政府规章、自治条例和单行条例。[③]

[①] 吕世伦、公丕祥主编：《现代理论法学原理》，西安交通大学出版社2016年版，第271—272页。
[②] 刘作翔：《"法源"的误用——关于法律渊源的理性思考》，载《法律科学（西北政法大学学报）》2019年第3期。
[③] 支振锋：《规范体系：法治中国的概念创新——"法治中国下的规范体系及结构"学术研讨会综述》，载《环球法律评论》2016年第1期。

本书介绍的应急法规范体系，主要指狭义的应急法律规范体系。应急法律规范体系，是指一国调整应急社会关系的全部法律规范按照其内在联系分类组合在一起的统一整体。它不同于现行应急法律规范的简单排列，而是按照一定的理念、原则和逻辑关系进行的系统排列与组合，并与其他法律部门相协调，因而具有整体性与协调性，并能够实现逻辑自洽。完整的应急法规范体系，应当是由相互联系与配合的不同级别、层次的具有内容、功能的应急法律规范组成的整体。另外，应急法的体系不是僵化的，而是随着法治建设特别是立、改、废等活动，不断调整和变动的。实践中，是否具有较完善的应急法规范体系，是衡量一个国家应急法治建设的重要标志之一。对于应急法的体系，可以从不同的角度进行分类。

二、我国应急法的规范体系

（一）我国应急法的纵向体系

从纵向上看，应急法的体系主要表现为效力层级体系。应急法的效力层级与应急法的渊源是基本一致的。按照效力层级划分，宪法在一国具有最高的法律效力，其他各种法律法规必须以宪法为依据，形成一个等级严密、上下一致的统一体。在我国，经过四十余年的努力，已经形成以宪法为依据，以应急基本法为基础，以各应急单行法为主体，以相关部门法为补充的应急法规范体系。我国现行的应急法律规范纵向体系如图2-1所示。

（二）我国应急法的横向体系

单纯从纵向角度，对相对复杂的应急法体系进行划分无疑相对粗陋，也不利于我们认清应急法体系的全貌。因此还需要从横向角度切入。应急法的横向体系，是指按所调整的社会关系的性质、构成要素或类型的不同，划分形成的应急法调整的横向结构。由于国情不同、制度各异，人们对应急法内

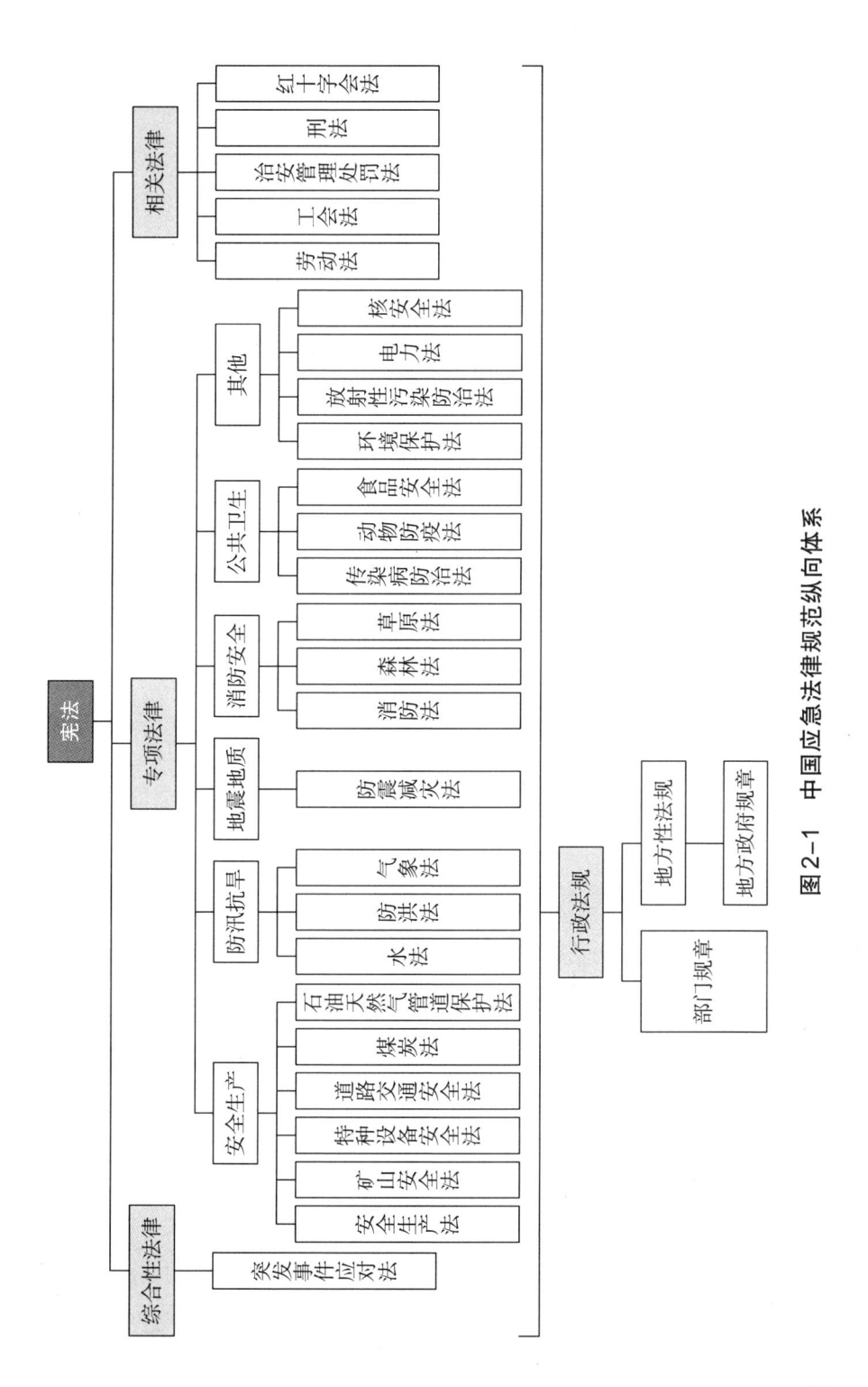

图 2-1 中国应急法律规范纵向体系

部和外部各种关系及其构成要素有不同认识，使得各国应急法体系横向结构的表现形式亦不同。

第一，按照总分的逻辑结构，我国应急法可以分为应急基本法、应急单行法以及应急专项法，比如我国《突发事件应对法》扮演着应急基本法的角色，主要发挥明确指向、统一原则、规定通用性制度等功能，在整个应急法体系中起着"龙头"和统领作用。

第二，按照类型化的思路，可以将应急法的逻辑结构分为若干类型法体系。比较流行的观点，是将应急法区分为紧急状态法和一般行政应急法两个大的方面。我国尚未制定紧急状态法，现行《突发事件应对法》将突发事件划分为四大类，并分别建立了调整这四大类突发事件的法律规范，形成了应急单行法体系。相应地，我国应急法在横向上可进一步细分为自然灾害法律体系、事故灾难法律体系、公共卫生法律体系和公共安全法律体系。

第三，应急行业法体系。如煤炭法、建筑法、电力法、港口法、铁路法、旅游法等，这种体系是将应急管理蕴含于整个行业管理之内，应急与行业管理一同规划、一同部署、一同落实、一同监督。以煤炭行业为例，我国形成了以《煤炭法》为统领，以《国务院关于预防煤矿生产安全事故的特别规定》等法规为基础，以《国家煤炭应急储备管理暂行办法》等规章和规范性文件为支撑，涵盖煤炭应急预案体系、煤炭监测预警体系、煤炭应急储备体系等内容的煤炭行业应急法。

三、我国应急法规范体系的反思

如前文所述，经过多年的发展，我国已初步建立应急法规范体系。在这一体系中，既有《突发事件应对法》这样的综合法，也包括《安全生产法》《防洪法》《防震减灾法》《消防法》《传染病防治法》等单行法。但现行法律体系内部不协调，系统性、兼容性较差，且存在严重的立法缺位问题。新型冠状病毒感染疫情防控期间，一些地方和部门应对不及时，防控措施失当，与我国现行应急法律体系存在缺陷有密切关系。

（一）突发事件应对法律体系协调性不足

《突发事件应对法》立法之时，我国正处于单灾种分散应急向多灾种综合应对转变的历史时期。在该法制定之前，我国已经颁布了《安全生产法》《防洪法》《防震减灾法》《消防法》《传染病防治法》等一系列调整单灾种的突发事件应对单行法，但缺少一部跨灾种的综合性立法，2003年非典疫情的发生，使得综合性立法工作被提上重要日程。由单灾种"一事一法"向跨灾种的综合性立法转变，首先面临的难题就是，如何在尊重单灾种"个性"的基础上实现"跨界"应急的问题。以自然灾害和事故灾难为例，我国是世界上自然灾害最严重的国家之一，除了现代火山活动外，地球上几乎所有的自然灾害类型在我国都发生过。近年来，随着全球气候变暖，我国极端天气气候事件多发频发，地质灾害风险也越来越高。[1]自然灾害发生成因与灾情大小，主要取决于一定的自然环境（气候、地形、水文、地质构造等），同时受人类活动及当地社会经济发展现状影响，是自然环境中的灾害力源与人类社会相互作用的结果。[2]事故灾难包括生产安全事故和环境污染事故。就生产安全事故而言，大多由人的不安全行为、物的不安全状态或者管理上的缺陷所引发，2019年发生的江苏响水"3·21"特别重大爆炸事故，直接原因就是事故企业长期违法贮存危险废物导致自燃进而引发爆炸。[3]由于灾害发生机理不同，决定了各灾种立法在制度设计方面有不同侧重。如在生产安全事故灾难预防和管理各个环节中，各类生产经营单位承担着主体责任，政府仅扮演监督检查

---

[1] 《国新办举行新时代应急管理事业改革发展情况发布会》，载国务院新闻办公室网站，http://www.scio.gov.cn/xwfbh/xwfbfh/wqfbh/39595/41735/index.htm，最后访问时间：2022年8月2日。
[2] 吕学军、董立峰编著：《自然灾害学概论》，吉林大学出版社2010年版，第3页。
[3] 参见国务院事故调查组：《江苏响水天嘉宜化工有限公司"3·21"特别重大爆炸事故调查报告》，载应急管理部网，https://www.mem.gov.cn/gk/sgcc/tbzdsgdcbg/2019tbzdsgcc/201911/P020191115565111829069.pdf，最后访问时间：2023年3月30日。

生产经营单位依法开展生产经营活动的角色。相比之下，在自然灾害应对工作中，政府居于绝对的主导地位，发挥组织领导、统筹协调、提供保障等主力军作用。此外，虽然各灾种都强调全过程管理，但重点亦有所不同，事故灾难管理更重视日常的隐患排查治理、重大危险源监控等，且更加侧重于通过严格事前安全准入和事中的行政执法等手段，以实现事故预防的目的。鉴于人类目前的认知水平和技术手段有限，有些自然灾害还无法做到有效预防，虽然我们倡导常态减灾和非常态救灾相结合，但其实更加侧重事中和事后阶段的统一指挥、信息共享和协调联动。

综上，由于每一类突发事件特点和立法各异，作为综合法的《突发事件应对法》，是在提取自然灾害、事故灾难、公共卫生事件和社会安全事件四大类突发事件应对制度最大公约数的基础上形成的，由于调整范围过宽过大，以"综合法"身份出现的《突发事件应对法》没有能力做到统筹兼顾，导致这部法律先天规定过于原则、可操作性不强、实践中适用率较低，这与其立法伊始即定位不清、没能厘清与"左邻右舍"之间的界限有很大关系，使其徒有"综合法"之名，却无法发挥统领其他单行法的"龙头法"作用。

（二）综合法与单行法之间存在立法冲突

综合法与单行法之间关于体制和机制的规定不完全相同，不同立法之间存在一定冲突，以至于在突发事件预警和应对过程中，地方政府对应当适用哪一部法律，存在认识分歧，有的觉得无所适从。

第一，突发事件应对体制规定冲突。我国突发事件应对单行法规定的"以条为主"的工作体制，与综合法规定的"以块为主"的突发事件应对体制，存在明显冲突。如《传染病防治法》第6条规定的"县级以上地方人民政府卫生行政部门"负责传染病防治及监管体制，与《突发事件应对法》第7条确立的"县级人民政府"对突发事件的应对工作负责不同。在各自体制下统领的具体制度，则存在进一步差异。如对于突发事件预警，《突发事件应对法》规定县级政府就可以发布突发事件预警信息，而依据《传染病防治法》，国务院卫生行政部门和省级政府才有权发布传染病预警信息。

第二，分类分级相互不协调。我国《传染病防治法》按照甲、乙、丙三类传染病，分别进行预防和控制措施，存在两方面的问题：一方面，《传染病防治法》并未明确，针对某类传染病是否可采取防控级别更高的传染病对应的防控措施，无法回应实践需要；另一方面，《传染病防治法》规定的三类预防控制措施，与我国《突发事件应对法》确立的特别重大、重大、较大和一般四级应急机制不协调。

第三，监督检查主体和条件不同。我国《突发事件应对法》规定主要由所在地履行统一领导职责的人民政府决定实施应急处置措施，这与单行法规定的主要由所在地人民政府有关部门决定实施不同。此外，对于未按规定采取预防、控制措施的行为，我国《突发事件应对法》第64条规定必须"导致发生严重突发事件"，才可以进行处罚，而依据《传染病防治法》则可直接进行处罚，且两者规定的处罚幅度亦不一致。《传染病防治法》制定在前，《突发事件应对法》制定在后，属于新的一般规定与旧的特别规定的冲突问题，按照《立法法》的规定，需要提请全国人大裁决。

（三）基础性法律存在结构性缺失

我国《宪法》规定了紧急状态制度，并实行突发事件与紧急状态分级应对处理模式，即一般突发事件，由《突发事件应对法》调整处理，在发生特别重大突发事件、对社会秩序造成严重冲击的情况下，由全国人大常委会或者国务院依照宪法和其他有关法律规定的权限和程序决定是否进入紧急状态。我国尚未制定紧急状态法，紧急状态的宣布条件、决定程序以及采取的相应措施等均不明确，存在紧急权的立法空白。

由于行政权天然具有扩张的本性，对政府权力的法律控制成为现代国家法治建设的一项重要任务。在常态社会模式下，行政权的扩张与权利自由在不断演变的社会现实中达成了一定程度的平衡。当国家安全、社会秩序面临紧急危机，为了长远和更高的人们的整体利益，必须限制个人自由权，以度过危机。①可见，紧急危机情势下，必然带有公权力扩张与私人权利限缩的双重属性，特别是随着自由权利理念在世界范围内不断崛起，国家的强制干预权与免予国家强制干预的自由权始终处于一种紧张关系中，形成了当下应急管理的一对基本矛盾。

四、我国应急法规范体系的优化方向

历史表明，凡是在人类建立了政治或社会组织单位的地方，他们都曾力图防止出现不可控制的混乱现象，并倾向于建立法律控制制度。②在总体国家安全观视域下，应系统反思现行应急法规范体系面临的不足及挑战，从分散立法、"碎片化"朝体系建构方向发展，推进应急管理体系和能力现代化。

（一）立足系统思维，全面修改《突发事件应对法》

习近平总书记在中央政治局第十九次集体学习时明确指出："运用法治思维和法治方式提高应急管理的法治化、规范化水平，系统梳理和修订应急管理相关法律法规，抓紧研究制定应急管理、自然灾害防治、应急救援组织、国家消防救援人员、危险化学品安全等方面的法律法规。"③目前，全国人大正组织对《突发事件应对法》进行修改，成为当前完善我国应急管理法律体系的一项重要任务。

在《突发事件应对法》修改过程中，关于该法的名称曾引起争议，大体有两种不同的观点：一种观点主张继续沿用现有的名称；另一种观点主张将名称改为"应急管理法"，这也是本书的观点。理由有以下几点。

---

① 莫纪宏、徐高：《紧急状态法学》，中国人民公安大学出版社1992年版，第214页。
② [美]博登海默：《法理学：法律哲学与法律方法》，邓正来译，中国政法大学出版社2004年版，第228—234页。
③ 《习近平在中央政治局第十九次集体学习时强调 充分发挥我国应急管理体系特色和优势 积极推进我国应急管理体系和能力现代化》，载中国共产党新闻网，http://jhsjk.people.cn/article/31483202，最后访问时间：2023年3月16日。

一是法的名称应与法的性质一致，并能够反映立法的基本目的。《突发事件应对法》是我国应急管理领域综合性、基础性法律，在应急法体系中居于"总法"或"基本法"的地位。单纯从名称上分析，现行《突发事件应对法》主要立足于"事"的应对，从应急管理流程看，其偏重于事中和事后，与风险社会源头治理的理念不相符，亦无法体现应急管理流程的全貌，不利于从源头上防范化解风险。近年来，我国应急领域立法进程加快，《防震减灾法》《传染病防治法》《防洪法》《消防法》《安全生产法》等应急单行法相继修改，由于互不隶属，彼此之间衔接性较差，随着《国家安全法》的颁布实施，亟须一部应急"基本法"，既与《国家安全法》对接，又对应急单行法发挥牵头把总的作用，目前的《突发事件应对法》的立法定位，显然无法满足当下对应急"基本法"的立法需求。

二是法的名称应与国际经验接轨，并满足实践需要。应急管理（Emergency Management）涵盖从风险管控、监测预警到现场处置的全过程，体现了全流程、全链条、全要素的管理，这也是国际上应急管理及其相关立法惯常采用的一种规范表述。英文文献中，Emergency Management 概念的使用源于美国。美国联邦应急管理署的建立及其功能的扩展标志着"应急管理"作为描述美国政府非常态管理职能的核心概念的确立，2006年《后卡特里娜应急管理改革法》（The Post-Katrina Emergency Management Reform Act of 2006），从立法上确立了联邦、州之间应急管理的协助框架。

此外，在立法过程中，还应处理好应急管理基本法与各应急管理单行法的关系。从立法上划清各自的调整界限，是修改《突发事件应对法》首先需要解决的重大问题。现行《突发事件应对法》与各类应急管理单行法是一般法与特别法的关系，该法第64条第2款规定"前款规定的行为，其他法律、行政法规规定由人民政府有关部门依法决定处罚的，从其规定"，实际上遵从了特别法优于一般法的立法思路。修改后的《应急管理法》宜定位为我国应急管理领域的"基本法律"或"基础性法律"，其在应急管理法体系中居于"母法"地位。

首先,《应急管理法》与各应急管理单行法在调整范围上既各有侧重,又相互衔接。《应急管理法》调整的是应急管理各领域、各方面普遍存在的共性问题、基本问题,包括:应急管理基本原则,应急管理指挥协调机制、工作职责及运行程序,常态减灾与非常态救灾的关系及其转换机制等,党、政、军的协调与联动机制,政府与市场、社会的协同机制,维护国家安全与应急管理国际合作机制,风险管理制度、应急预案制度、应急储备制度、现场处理制度等基础法律制度。应急管理单行法则侧重于解决应急管理中观、微观的法律问题,同时在"基本法律"确定的制度框架内,对相关内容如预案制度等,结合单行领域实际作出进一步细化,既保持制度的衔接又尽可能避免或减少交叉和不必要的重复。

其次,《应急管理法》既是"基本法",也是"协调法"。现行《突发事件应对法》未发挥应有作用,源于其调整范围过宽,而每一类突发事件都有具体的单行法来规范,后者无论是发生机理、工作机制,还是归责原则均有所不同,这就需要一个更高层面的法律机制来协调各单行法的关系。此外,在经济全球化加速发展的今天,伴随着更广泛的人类社会活动,各种风险在类型上、时间上、空间上连锁联动、耦合叠加,[①]风险的扩散性、跨界性及相互渗透性特征越发明显,立足于应对单一灾害的各应急单行法,采取的是一事一立法的思路,仅关注某一类突发事件应对规定,[②]显然无法调整这种跨界的多灾种风险。因此,《应急管理法》综合性协调法的定位,显然更契合经济全球化背景下风险时代的规律特征。

最后,应急管理基本法与单行法相互配合,在适用应急管理基本法的同时,并不排斥适用各类应急管理单行法。但是,定位于我国应急管理领域"基本法律"的《应急管理法》,其效力应高于各类单行法,否则无法发挥其对各单项应急法律的"龙头"统领作用。当二者发生冲突时,应当优先适用作为

---

① 钟开斌:《重大风险防范化解能力:一个过程性框架》,载《中国行政管理》2019年第12期。
② 王万华:《略论我国社会预警和应急管理法律体系的现状及其完善》,载《行政法学研究》2009年第2期。

基本法的《应急管理法》。当然，要想从根本上解决上述冲突，需要从两个层面作出立法协调。一方面，按照应急管理"基本法律"的立法定位，在修改《突发事件应对法》时，应当删除第64条第2款的规定，同时增加规定"本法规定的行政处罚，由负有应急管理职责的部门按照职责分工决定"。另一方面，鉴于《传染病防治法》《防震减灾法》《防洪法》等各应急管理单行法目前亦正进行密集修改，在修法过程中，应在遵从"基本法律"所确立的基本原则和制度框架的前提下，将单行法规定的应急体制、分类分级、监测预警以及行政处罚等各项制度向"基本法律"全面"看齐"，从源头上避免法律冲突的产生。

（二）弥补法律缺位，研究制定紧急状态法

在系统修订《突发事件应对法》的同时，建议制定一部严格意义上的紧急状态法，以解决我国紧急状态立法缺位的问题。从法律性质上看，紧急状态法属于宪法性法律，《突发事件应对法》属于行政法。根据两者之间的关系，目前世界上有两种不同的立法模式：一种是紧急状态法与突发事件应对法分别立法模式。如美国、俄罗斯、土耳其等。另一种是紧急状态法与突发事件应对法合并立法模式。如日本、澳大利亚等。[①] 我国实际上采取的是后一种模式，在"立法资源的配置必须着眼于当前最急迫的社会需求"的思路下，紧急状态立法因适用率低被现行《突发事件应对法》取代，[②] 但《突发事件应对法》第69条关于特别重大突发事件上升为紧急状态的条款，为开展紧急状态立法留下制度空间。制定一部严格意义上的紧急状态法，解决对公民宪法权利造成直接威胁、正常的社会秩序被破坏的极端危机问题，成为完善我国应急管理法律体系的急迫任务之一。关于紧急状态法的立法架构，可以借鉴《俄罗斯紧急状态法》等立法经验，明确总则包括立法目的和紧急状态的含义、基本原则，进入

---

① 赵颖:《突发事件应对法治研究》，中国政法大学2006年博士学位论文。
② 于安:《制定〈突发事件应对法〉的理论框架》，载《法学杂志》2006年第4期。

紧急状态的具体情形，紧急状态的决定和宣布，紧急状态采取的特别措施，紧急状态下的公民义务以及权利保障等内容，对特别严重突发事件引发紧急状态情形下政府的行政紧急权力和公民权利作统一规定。

（三）加强重点领域立法，完善应急法规范体系

党的二十大报告对完善以宪法为核心的中国特色社会主义法律体系作出重要部署，明确要求加强重点领域立法，以良法促进发展、保障善治。在应急法规范体系优化方面，既要加快推进应急基本法建设，又要考虑我国应急单行法的现状，强化重点领域专门立法。习近平总书记在中央政治局第十九次集体学习时的讲话，为我们统筹推进当前和今后一个时期应急法建设提供了明确指向。在对法律法规全面梳理的基础上，应急管理部提出了"1+5"的应急管理法律体系骨干框架。在这个框架中，包括自然灾害防治、安全生产等子体系。[①]

1. 关于自然灾害防治立法问题

我国自然灾害防治立法主要采取一事一立法的思路，针对地震、洪水、火灾、干旱等灾害，我国分别制定了《防震减灾法》《防洪法》《消防法》《抗旱条例》等单行法律、行政法规。一事一立法的突出优势是具有针对性，立法的精细化和可操作性均较强，但也暴露出重复备灾，各管一段，职责交叉，彼此之间不够衔接等问题。近年来，受全球气候变化等自然和经济社会因素耦合影响，发生系统性风险的概率增大，灾害的衍生性、跨界性、复合型特性越来越明显。2008年南方冰雪灾害表明：由极端天气导致的灾害，早已超出传统的一个灾种对应一个部门的单灾种管理模式。背后暴露出防灾减灾救灾体制机制与经济社会发展不完全适应，应对自然灾害的综合性立法滞后等深层次问题。随着"两个坚持、三个转变"防灾减灾救灾理念的确立，尤其

---

① 《应急管理部：全力推动"1+5"法律框架体系构建》，载应急管理部网，https://www.mem.gov.cn/xw/xwfbh/2021n5y18rxwfbh_4155/fbyd_4100/202106/t20210611_388359.shtml，最后访问时间：2022年10月31日。

是"从应对单一灾种向综合减灾转变"的提出,需要我们从体制、机制、法制方面作出回应。2016年通过的《国家综合防灾减灾规划(2016—2020年)》明确提出了"加强综合立法研究"的要求,特别是随着大应急体制框架的逐步确立,制定综合性的自然灾害防治法的任务被提上议事日程。总体而言,自然灾害防治综合立法的关键在"综合",难点也在"综合"。"综合"的内容,既包括灾种的"综合",也包括过程的"综合"。从国内外立法经验来看,灾种的"综合"包括两种情况:一种是适用于各类灾种"大综合",比如日本《灾害对策基本法》、韩国《灾害及安全管理基本法》,均适用于各类自然灾害;另一种是适用于特定灾种的"小综合",比如我国浙江省2007年颁布的全国第一部防汛防台抗旱"三位一体"的《浙江省防汛防台抗旱条例》,仅调整防汛、防台风和抗旱三类灾种,广东省于2019年颁布的《广东省防汛防旱防风条例》同样仅调整三类灾种。

如果说灾种的"综合"主要取决于灾害防治的重点和实际需要,某种程度仅是在做加减取舍,那么过程的"综合"要处理的问题显然更棘手。原因在于:我国既有涵盖四大类突发事件的更具综合性的法律——《突发事件应对法》,又有集中调整某一个特定灾种的各种应急单行法。从调整方式来看,现有的防灾减灾领域的法律规范,大都采取过程规制,即通过法律制度规范自然灾害防治全过程的法律关系和行为,包括规划、预防、监测、工程设施管理、应急救援等各环节。[1]在这种情况下,留给自然灾害防治综合立法施展的空间其实并不多。需要说明的是,实施全过程的灾害风险管理,是国际社会在优化升级综合灾害风险防范模式方面的基本经验之一,也是我们开展自然灾害综合防治立法必须坚持的一项原则。为厘清自然灾害综合防治立法与"上下左右"法律之间的关系,有学者提出通过差异化立法定位来解决内容的重合问题,概言之:《突发事件应对法》调整的是"多灾种未经综合的全

---

[1] 李一行、邢爱芬:《总体国家安全观视域下自然灾害综合防治立法研究》,载《北方法学》2021年第5期。

过程";单行立法调整的是"单灾种的全过程";《自然灾害防治法》调整的是"多灾种经过综合的关键过程"。[①]虽然我们可以从理论上对此作出界分,但关键还是要回答好多灾种需要综合的关键问题到底是什么。从近年来我国自然灾害防治工作实践来看,短板和问题主要表现在:风险防控、预警发布、抢险救援、调查评估等基本制度不健全,各级各有关部门的综合协同与联动机制不完善,信息共享和防灾减灾救灾资源统筹不足等。特别是在河南郑州"7·20"特大暴雨灾害中暴露出的应急管理体系和能力薄弱、预警与响应联动机制不健全等主要问题,亟须在法律制度层面加以解决。

在推进自然灾害防治统一立法的同时,亦应针对各灾种法制发展不平衡的现状,积极推动重要领域单行立法工作。从当前防灾减灾救灾的实际需要出发,应当加强防汛抗旱、地震地质、消防等立法工作。目前,《防洪法》《蓄滞洪区运用补偿暂行办法》《防汛条例》《抗旱条例》等防汛抗旱法律法规都亟待修改。以《防汛条例》为例,虽历经2005年和2011年两次修订,但修订幅度不大,难以满足防汛工作实践需要。尤其是2018年机构改革后,防汛抗旱统与分、防与救发生深刻变化,2022年通过的《国家防汛抗旱应急预案》在总结近年来防汛抗旱经验的基础上,对防汛抗旱职责分工和工作机制等进行了重新调整优化,一些新规定和新要求需要及时上升到法规层面予以落实,以利于法律体系的协调统一。

2.关于安全生产立法问题

在突发事件应对实践中,安全生产无疑是重中之重。应急管理部组建后,始终把安全生产作为应急管理的基本盘、基本面,足见安全生产地位之重要。从世界经验来看,安全生产依法治理历来是国家治理的重点领域。在党中央、国务院坚强领导下,我国基本建成了以《安全生产法》为统领的安全生产法律体系,但危险化学品、矿山、道路交通、建筑施工等高危行业领域立法任务依然繁重,涉及关键环节的综合立法仍较为滞后,以致现行法律规范不适

[①] 林鸿潮:《应急法概论》,应急管理出版社2020年版,第49页。

应当前依法治理的现实需要。

（1）危险化学品安全立法

近年来，我国各级政府及其有关部门坚持总体国家安全观，积极推动危险化学品安全生产工作，通过深入分析近年来发生的危险化学品重特大事故发现，我国危险化学品安全与发展不平衡的矛盾十分突出。类似天津港"8·12"瑞海公司危险品仓库特别重大火灾爆炸事故不是由单一方面原因造成的，而是源于系统脆弱性，或称结构性风险。其中，危险化学品企业安全生产主体责任不落实是一大"软肋"。除此之外，危险化学品安全涉及部门多，涉及法规多，监管交叉和监管盲区等问题亦同时存在。现行法律、行政法规从不同角度、不同环节、不同行业领域对危险化学品安全提出了不同要求，造成有关行业领域危险化学品安全管理要求和标准不够协调统一，有关部门工作协调不够、衔接不紧等问题，亟须一部位阶较高的法律来统领。

目前，有关部门正在积极推进《危险化学品安全法》的制定工作，并基本确定了将《危险化学品安全管理条例》修改完善并上升为法律的立法路径。具体而言：一是坚持人民至上，生命至上，保护人民生命安全和身体健康，强化全生命周期、全过程安全管理，将本法作为我国危险化学品安全领域的基础法，统摄现行有关法律和行政法规；二是强化危险化学品单位的主体责任，特别是生产、贮存、经营、使用、废弃处置等重点环节、重点单位的安全生产责任，加大对违法行为的责任追究力度；三是按照"管行业必须管安全、管业务必须管安全、管生产经营必须管安全"和"谁主管谁负责、谁审批谁监管、谁建设谁负责"的原则，严格落实相关部门危险化学品各环节安全监管责任；四是立足安全风险的源头管控，规范危险化学品鉴定和登记，以及化工园区规划布局和有关企业安全准入管理，从源头上预防事故发生。[1]

---

[1] 参见《关于中华人民共和国危险化学品安全法（征求意见稿）的说明》，载应急管理部网，https://www.mem.gov.cn/gk/tzgg/tz/202010/t20201002_368140.shtml，最后访问时间：2022年2月27日。

（2）矿山安全立法

我国矿山安全体制经历了煤矿和非煤矿山分别监管再到改革统一的历史进程，矿山安全立法也从无到有，带有明显的时代特征。从优化矿山安全法律规范的体系性考量，当前立法应突出重点，抓住关键。概括来讲，就是抓好"一法一条例"的立法工作："一法"指的是《矿山安全法》修订，"一条例"指的是《煤矿安全条例》（拟定，下同）制定。关于"一法一条例"的立法安排及先后次序，立法过程中争议较多，主要担忧集中于：《安全生产法》适用于包括矿山在内的所有领域，在这种情况下修订《矿山安全法》的必要性和意义到底何在？如果决定修订《矿山安全法》，还有无必要再单独制定一部《煤矿安全条例》？对此，本书一直主张《矿山安全法》的修订与《煤矿安全条例》的制定可以"齐头并进"。主要理由如下。

制定于1992年的《矿山安全法》实施已逾30年。现如今，我国采矿业的发展状况、安全生产的整体形势，以及政府监管的体制机制等，均已发生了深刻的变化，《矿山安全法》的诸多规定不适应现实的需要，滞后性越来越明显。因而，无论是基于解决我国矿山安全突出问题的现实需求，还是从健全我国安全生产法律体系的整体性考量，修订《矿山安全法》都不容置疑。在现行法律体系背景下，修订《矿山安全法》，首先要回答好该法的定位问题，尤其是处理好与《安全生产法》可能产生的制度重叠。众所周知，《安全生产法》与《矿山安全法》是一般法与特别法的关系，《矿山安全法》有权对矿山安全作出特别规定。现实情况是，我国矿山点多面广复杂，既有煤矿又有非煤矿山以及大量尾矿库，作为传统的高危行业，对于矿山非常有必要采取更加严格的安全管理措施，而仅适用《安全生产法》经常会面临"不够用"的矛盾，这也是2005年国务院紧急出台《国务院关于预防煤矿生产安全事故的特别规定》的重要原因之一。显而易见，通过《矿山安全法》这一特别法的形式对矿山安全加以规制非常必要。正在推进的《煤矿安全条例》立法，其主要依据是《安全生产法》，某种程度可视为《安全生产法》在煤矿领域的"实施条例"。从法律位阶上看，《矿山安全法》是全国人大常委会制定的法律，而《煤矿安全条例》是国务院制定的行政法规。二者处于不同的法律位阶，所规制的内容不同，不能简单地认为，将《矿山安全法》进行大幅度修改，就能解决矿山安全领域的所有问题，就不需要行政法规层面的规定。于2000年颁布实施的《煤矿安全监察条例》，确立了国家监察、地方监管、企业负责的工作体制机制，标志着我国煤矿安全生产工作进入新阶段。为遏制煤矿事故频发的势头，进一步落实企业主体责任，国务院于2005年颁布实施了《国务院关于预防煤矿生产安全事故的特别规定》。从立法定位和内容上看，《煤矿安全监察条例》和《国务院关于预防煤矿生产安全事故的特别规定》将《煤炭法》《矿山安全法》等上位法中的一些原则要求，结合煤矿实际进行了细化，以便于操作，在整个煤矿安全法律体系中起着承上启下的重要作用，已经成为加强煤矿安全生产的主要依据和抓手。但是，随着经济社会发展，两部法规的立法背景、所要解决的问题都发生了深刻变化，诸多规定难以满足现实需求，有必要通过制定《煤矿安全条例》，依法明确国家监察、地方监管和企业负责的体制机制，理顺煤矿事故调查处理程序，进一步推动落实煤矿企业主体责任。

处理好《矿山安全法》与《安全生产法》、《煤矿安全条例》之间的关系，一个可行的方案是避开后者基于生产经营单位、从业人员、政府及相关部门安全生产权责分配的立法框架结构，考虑以勘探、建设、生产、关闭等矿山的全生命周期为主线，抽象煤矿与非煤矿山、尾矿库等安全生产共性问题，对一些关键环节、过程进行规制，比如矿山安全监管与监察关系、事故调查权限划分以及行政处罚等问题。

（3）综合性安全立法

安全生产立法既要突出重点，又要统筹兼顾，尤其是安全生产综合性立法因调整范围广、适用率高，占据重要基础性地位。从统筹安全生产法体系的整体考量，应通过法治手段把好"两关"：一关是安全生产事前预防关；另一关是事后处理关。目前分别由《安全生产许可证条例》《生产安全事故报告和调查处理条例》这两部行政法规予以规制。

《安全生产许可证条例》是我国在事故高发的特定历史时期，创造性地制定的一部行政法规，规定的高危行业实行安全生产许可制度，发挥了历史性作用，但在安全生产改革发展尤其是"放管服"背景下，需要对该制度进行重新评估，尤其应理顺安全生产许可证与建设项目安全设施"三同时"之间的关系，对其进行系统修订势在必行。

　　《生产安全事故报告和调查处理条例》是国务院以1989年《特别重大事故调查程序暂行规定》、1991年《企业职工伤亡事故报告和处理规定》以及2001年《国务院关于特大安全事故行政责任追究的规定》三部行政法规立法经验为基础，通过"制度保留＋提取公约数"的形式整理而成的。自2007年颁布实施以来，《生产安全事故报告和调查处理条例》在规范事故报告和调查处理程序、落实事故责任追究、维护社会和谐稳定方面功不可没。尤其是事故调查秉持的"四不放过"理念，及其构建的"政府统一领导、分级负责"工作原则已经深入人心，极大地改变了安全生产工作的面貌。但随着经济社会的发展，我国事故调查处理制度的滞后性逐步显现，尤其是因责任追究把握失当引发的负面效应愈加突出，国务院安委办于2020年组织开展了对2015年至2019年发生的12起特别重大、120起重大事故整改措施落实情况"回头看"，结果显示：事故调查报告中明确要求整改但尚未落实的问题突出，事故调查处理工作方向和目标有待改进。①目前，《生产安全事故报告和调查处理条例》的修订工作已经启动，因其调整内容的特殊性备受各方关注。其中，既涉及事故分级、事故报告内容等实体问题，又涉及事故调查报告审批等程序问题，因而不能满足于小修小补，应在"人民至上、生命至上"理念的指导下，依法构建学习型的事故调查处理模式，并通过分离技术调查与司法调查，加上必要的正当程序控制实现。解决事故单位屡罚屡犯问题，还需要引入合规管理手段，进一步完善法律责任。需要说明的是，学习型的事故调查

---

① 《近5年重特大事故整改措施落实"回头看"情况新闻发布会》，载国务院新闻办公室网站，http://www.scio.gov.cn/xwfbh/xwbfbh/wqfbh/44687/44848/index.htm#1，最后访问时间：2007年9月13日。

处理模式并不是对现行事故调查处理机制的简单否定，而是在平衡整改与问责关系的基础上，建立的一种基于查明事故原因，全面客观揭示事故规律特点的调查模式，调查结论主要用于汲取事故经验教训，进而预防和减少事故发生。

第三章

突发事件应对的准备与行动

第一节　未雨绸缪：应急预案

"凡事预则立，不预则废"，语出《礼记·中庸》。这句话告诉我们，做任何事情，只有提前做好各项准备，才能在危机到来时应付自如。如果事先不做好规划、准备，在危机来临时就容易乱了阵脚，无所适从。所谓未雨绸缪，就是这个道理。应急准备是应急管理过程的第一个阶段，也是最重要的阶段。习近平总书记提出的"两个坚持、三个转变"防灾减灾救灾理念，其中一个转变就是"从注重灾后救助向注重灾前预防转变"。党的二十大报告强调坚持安全第一、预防为主，推动公共安全治理模式向事前预防转型。由此可见事前预防工作的重要性。应急预案伴随2003年非典疫情为人们所熟知，随着"一案三制"应急管理体系的确立，应急预案已经成为在事前预防阶段普遍运用的政策工具，并呈现法律效力的取向。建立与风险评估相匹配的应急准备，正成为应急预案的核心目标。[①]由于我国应急预案制度起步较晚，在体系建设中暴露出不少问题，其概念及性质的厘清关系应急预案未来发展的方向，需要在提升应急管理体系和能力现代化的时代背景下，对其进行全面检视，有针对性地加以完善。

一、应急预案的概念与特征

对于"应急预案"，从应急管理的角度不难给出定义。一般认为，预案即预先制定的行动方案，应急预案又称应急计划，是针对可能发生的重大事故（件）或灾害，为保证迅速、有序、有效地开展应急与救援行动、降低事故损

[①] 参见陈红旗、张小趁等：《突发地质灾害应急防治概论》，地质出版社2018年版，第55页。

失而预先制定的有关计划或方案。① 目前，学界主要从预防和应对两个环节，来理解和把握应急预案的内涵，认为应急预案同时肩负常态下突发事件预防与突发事件发生后有效应对的双重职责，其核心是解决突发事件的事前、事中、事后谁来做、怎样做、做什么、何时做、用什么资源做等问题。② 归纳来看，应急预案具有以下典型特征。

一是体系性。应急预案不是一项单一制度，而是涵盖突发事件事前、事中、事后应急处置全过程的一整套制度体系。具体而言：在突发事件发生前，通过危险辨识、风险评估和应急资源评估，确定总体目标、实施方案并做好演练；突发事件一旦发生，按照预先设计的步骤和流程，调集各类资源和力量，有条不紊地应对，最大限度减少突发事件可能造成的冲击或破坏；突发事件应对结束后，及时评估，发现问题、改进不足，进一步增强预案的针对性、可操作性。

二是预测性。应急预案是在总结以往突发事件起因、经过及应对经验，对未来容易发生的类似突发事件进行危险因素识别、预测分析的基础上形成的，从技术角度讲是一种情景展现与应对模拟。突发事件往往具有不确定性、复杂性、异常性等特征，这就意味着现在所做的所有应急准备都是基于对未来发生的某种可能性的预测。但到目前为止，我们所讨论的危机识别，都假定有某种天眼通的超级洞察力，而那是不现实的。我们不可能预知所有的威胁，然而往往是这些未被预料到的威胁酿成了最大的损失。③ 正如有学者指出的，应急预案本身无法消除突发事件发展本身的不确定性，只能在确定性的应对过程中尽可能地把突发危机的事件转化为可以控制的常规事件，把危机管理转换为常规管理。④

---

① 詹承豫、顾林生：《转危为安：应急预案的作用逻辑》，载《中国行政管理》2007年第5期。
② 闪淳昌、薛澜主编：《应急管理概论——理论与实践》，高等教育出版社2012年版，第381页。
③ 哈佛商学院出版公司编：《危机管理——掌握抵御灾难的技巧》，蒲红梅译，商务印书馆2007年版，第49页。
④ 詹承豫、顾林生：《转危为安：应急预案的作用逻辑》，载《中国行政管理》2007年第5期。

三是执行性。应急预案应在辨识和评估潜在重大危险、事故类型、发生的可能性及发生过程、事故后果及影响严重程度的基础上，对应急机构职责、人员、技术、装备、设施、物资、救援行动及指挥与协调等方面预先作出具体安排，明确突发事件发生之前、发生过程中以及结束之后，谁负责做什么、何时做、怎么做，以及相应的策略和资源准备等，使各相关方尽快熟悉各自角色和任务，确保步调一致开展行动。

二、应急预案的性质与功能

（一）关于应急预案法律性质的争论

对于应急预案的性质是什么，理论界尚未形成共识。归纳来看，有以下三种主要观点。

一是法律效力说。这种观点认为，应急预案是根据国家和各级政府的相关法律法规制定的，预案本身是具有法规效力的文件。[1]《突发事件应对法》通过第17条、第18条、第44条的规定，也间接承认了应急预案的法律效力。[2]

二是行政规则说。这种观点认为，应急预案不是法律规范，只能归入不具备外部效果的行政规则中。理由在于，应急预案与法律规范在以下两个重要方面存在本质差别：第一，应急预案在内容上并不创设新的权利义务，不能够成为法律规范，而是已有法律规范的实施方案；第二，应急预案的约束力并不是刚性的。[3]

三是折中说。有学者统计分析了43份政府应急预案的文本，指出从文本内容及制定程序等形式要素来看，应急预案具有法律规范的外部特征，因此应当具有法律效力；但从实际运行的角度来看，应急预案与具有强制性的法

---

[1] 闪淳昌、薛澜主编：《应急管理概论——理论与实践》，高等教育出版社2012年版，第381页。
[2] 王旭坤：《论紧急状态的宣布时刻——以我国突发事件的预警响应为分析对象》，载姜明安主编：《行政法论丛》（第11卷），法律出版社2008年版。
[3] 林鸿潮：《应急法概论》，应急管理出版社2020年版，第131—133页。

律规范明显不同，仅具有指导意义。①

理论界对应急预案的性质存在不同认识，与我国应急管理体系的整体发展特别是应急预案的功能异化有很大关联。2003年非典疫情发生后，我国建立了以"一案三制"为核心的应急管理体系。"一案三制"中的四个要素——预案、体制、机制和法制，既是相互独立的子系统，又是一个有机整体，它们之间相互影响、相互制约。其中，应急预案以规范性文件的形式暂时弥补了法律体系的不足，为此后应急管理方面法律的完善提供了基础。②为了应对迫在眉睫的突发事件，考虑到立法周期问题，中央政府采取"立法滞后、预案先行"的思路，使得应急预案体系迅速建立。作为政府应对突发事件的行动方案，应急管理的各种行政措施在应急预案中多有体现，在很多方面正在替代法律体系功能。这在当时是具有合理性的，但这种状况在之后一段时间里没有改善。

此外，我国政府及其部门职责功能和运行方式都是执行性的，执行性行政活动的动力主要源于政府系统的层级体制。所以，具有行政属性的应急预案制度在政府应急活动中受到更多的重视并得到优先适用。应急预案与《突发事件应对法》的关系，是解释《突发事件应对法》适用问题的一个重要方面。在"一案三制"国家应急体系设置过程中，本来的设计原则是实行三者统一，而且应急预案的编制和相关法律的起草工作几乎是同时部署的。《突发事件应对法》的起草机构曾就立法草案与应急预案协调、衔接的问题，与国务院办公厅有关工作组织进行反复研究。但是，法律的起草过程和审议过程非常复杂，而根据行政程序制定的应急预案则可以比较快地完成。虽然在法律起草过程中注意了应急预案的内容，但是在法律最终生效以前它对应急预案的制定和适用不可能产生约束力。应急预案早于《突发事件应对法》完成并付诸实施，法律与预案的协调问题一直没有完全解决并形成惯性延续下来，

---

① 刘志欣：《政府应急预案的效力定位研究》，载《灾害学》2014年第2期。
② 高小平：《"一案三制"对政府应急管理决策和组织理论的重大创新》，载《湖南社会科学》2010年第5期。

应急预案事实上成为适用力最强的应急制度。[1]这种变异及影响一直延续到今天。应急预案的异化表现在两个方面：一方面，绝大多数高阶（国家和省两级）的应急预案异化为应急法律体系的一部分；另一方面，低阶（市级以下）的应急预案由于对高阶预案的过度模仿而丧失了本来的功能和意义，处于被虚化的尴尬位置。[2]

（二）应急预案的制度功能

1. 有效应对突发事件

应急管理的过程实质上是维护和恢复秩序、减少损失和消除影响的过程，也是政府和有关部门为了应对突发事件而进行的一系列有计划有组织的管理过程。以发生概率及可预测性为标准，可以将突发事件大体分为"灰犀牛"事件和"黑天鹅"事件。对于类似新型冠状病毒感染疫情这类发生频率低、预测性低的"黑天鹅"事件，现阶段的应急管理手段还难以真正有效应对，但对于大量诸如自然灾害、事故灾难这一类发生频率高的"灰犀牛"事件，人们在长期的应急实践中积累了丰富的经验，在此基础上构建起的应急预案，能够有效实现同类事件同类处置，可以最大限度地保障应急管理的科学性。此外，作为应急准备的重要环节，预案普遍要求开展风险评估和应急资源评估，制定出有针对性的应对措施，确保做到有的放矢，以达到化险为夷的目的。突发事件不仅具有突发性、形式多样性以及后果严重性的特点，还具有明显的不确定性特征。这意味着应急预案不是一成不变的，其生命力在于不断改进和更新。这也是要求对应急预案进行定期演练和修订的重要原因。

2. 确立应急处置规范流程

突发事件的发生虽然是一个从量变到质变的过程，但发展演变往往只在瞬间，有效处置时机稍纵即逝。特别是随着风险耦合叠加，一些突发事件发

---

[1] 于安：《论国家应急基本法的结构调整——以〈突发事件应对法〉的修订为起点》，载《行政法学研究》2020年第3期。

[2] 林鸿潮：《应急法概论》，应急管理出版社2020年版，第134—135页。

生越来越呈现先兆性差的特征。即便有经验的人员，在面临未知的突发事件时也难免顾此失彼，不知所措。一些地区和部门应急管理能力差，指挥、协调不统一，与应急预案制度不完备有很大关系。一些典型事故也暴露出一线作业人员应急救援杂乱无章，应急处置不合理，甚至盲目施救等问题。因此，规范应急处置的流程，建立规范化应对措施尤为关键。实践充分证明，应急预案在加强应急准备、规范突发事件应对工作中发挥了不可替代的作用。应急预案通过对突发事件的应急处置工作从组织指挥、部门职责、应急响应流程以及灾后恢复方面进行规定，明确一旦突发事件发生将要怎么做，由谁来做，以及具体做什么等关键问题，并通过详细规定牵头单位、参与单位以及其他主体的角色和任务，建立健全沟通和协作机制，其目的是确立统一的行动指南，避免应急行为杂乱无章，同时有利于厘清责任。

3.实现突发事件分级分类管理

虽然国家规定了突发事件应急预案的体系框架以及编制、评估、备案、修订等各个环节的具体要求，但并非为了单纯追求形式完备、整齐划一，预案的内容更多应服从、服务于基层应急任务和实际需求，从这一角度来看，应急预案因层次和适用范围不同而有所差别。我国《突发事件应对法》将突发事件划分为自然灾害、事故灾难、公共卫生事件、社会安全事件四类，这四类突发事件基本涵盖了应急管理的主要对象。对突发事件实施分级分类管理，既是对经验规律的总结，也是应急管理从粗放走向精细化的发展需要。在以"一案三制"为主的传统应急框架中，应急预案起着穿针引线的重要作用，是体制、机制、法制有效融合的载体。即便当前应急管理体制发生深刻变革，应急预案的重要地位亦丝毫没有动摇。分级分类管理作为应急管理的一项重要原则，既涉及政府事权划分等体制性安排，也涉及不同突发事件的管理原则、应急标准等机制性要素，还与依法行政等要求紧密相连。在微观层面，应急预案无疑是落实突发事件分级分类管理原则的最佳制度安排。一般而言，应急预案的内容既与风险评估结果直接挂钩，又与可以动用的应急资源密切相关，特别是充分考虑到基层政府及其不同部门、单位在应急工作中的分工差异，既要体现本地特点，又要符合不同类别突发事件应急管理的规律，做到分类施策。

三、我国应急预案的发展历程

应急预案最早期雏形是"二战"期间出现的民防计划，当时由于空袭等战争行为给平民造成巨大伤亡和基础设施严重破坏，英国等参战国纷纷制定了以保护公众安全为目标的民防战略或计划。"二战"后这一做法又演变扩展到应对自然灾害和技术灾难等领域。① 与国外相比，我国应急预案起步较晚，大体走过了以下三个阶段。

（一）单项应急预案编制阶段

中华人民共和国成立后，我国加强了灾害管理，并积极开展应急预案编制工作。这一时期，国家以编制各类单项应急预案为主，如在地震、矿山、消防、卫生等领域，分别编制了专项应急预案，但编制体例、内容差异很大，名称亦不统一，有的称"应急计划"，有的称"应急指南"，且仍局限在行业、部门，预案彼此之间亦没有衔接，不少领域还存在空白。为贯彻落实《破坏性地震应急条例》，国务院办公厅于1996年印发《国家破坏性地震应急预案》（国办发〔1996〕54号），指导和推动国务院有关部门以及县以上地方各级人民政府制定破坏性地震应急预案，于1997年颁布的《防震减灾法》进一步明确了破坏性地震应急预案的制定权限、编制内容等。2000年8月23日，国务院办公厅印发《国家鼠疫控制应急预案》（国办发〔2000〕57号），根据人间鼠疫发生的病型、例数，流行的范围和趋势，预案将鼠疫疫情划分为一般鼠疫疫情、重大鼠疫疫情和特别重大鼠疫疫情三个级别，分别采用相应的管理方式和控制措施。2000年5月，民政部在安徽召开"全国救灾应急预案

---

① 刘铁民：《突发事件应急预案体系概念设计研究》，载《中国安全生产科学技术》2011年第8期。

工作会议",随后各地救灾应急预案制定工作取得了很大进展。与此同时,民政部印发了《关于制定救灾应急预案的通知》(民函〔2002〕63号),对救灾应急预案编制的基本要求、体例格式以及宣传、演练和修订等作出全面部署。

(二)综合性应急预案编制阶段

2003年非典疫情期间,我国应急体制机制法制接受全面检验,应急预案体系的短板亦随之暴露。同年7月,胡锦涛同志在全国防治非典工作会议上指出,我国突发事件应急机制不健全,处理和管理危机能力不强;一些地方和部门缺乏应对突发事件的准备和能力。我们要高度重视存在的问题,采取切实措施加以解决。党的十六届三中全会《中共中央关于完善社会主义市场经济体制若干问题的决定》明确要求"建立健全各种预警和应急机制,提高政府应对突发事件和风险的能力"。随着"一案三制"应急体系的确立,应急预案工作进入快速发展阶段。这一时期,我国应急预案制度从专项向综合发展的特征明显,且应急预案与应急体制、机制、法制等作为"四梁八柱",共同支撑起应急管理体系的基本框架。2003年5月,国务院颁布《突发公共卫生事件应急条例》,将制定应急预案作为突发公共卫生事件预防和应急准备的重要内容予以规定,同时明确了应急预案应当包含的七项具体内容。同年12月,国务院办公厅成立应急预案工作小组。2004年1月,国务院各部门、各单位制定和完善突发公共事件应急预案工作会议召开,国务院办公厅随后印发《省(区、市)人民政府突发公共事件总体应急预案框架指南》《国务院有关部门和单位制定和修订突发公共事件应急预案框架指南》,明确了突发公共事件的概念及类型,并从组织体系、预警预防、应急响应、后期处置及保障措施方面对预案进行了明确。2005年5月至6月,国务院印发四大类25件专项应急预案,80件部门预案和省级总体应急预案也相继发布。[①]2006年1月,

---

[①] 《国务院发布"总体应急预案"健全应急管理体系》,载中国政府网,http://www.gov.cn/govweb/jrzg/2006-01/10/content_152952.htm,最后访问时间:2023年3月30日。

国务院发布了《国家突发公共事件总体应急预案》，明确了突发公共事件分类分级要求，规范了"红、橙、黄、蓝"4级预警标识，确立了全国突发公共事件应急预案框架体系包括总体应急预案、专项应急预案、部门应急预案、地方应急预案、企事业单位应急预案、举办大型会展和文化体育等重大活动应急预案等6个层次，分别明确责任归属。同时，规定"总体应急预案是全国应急预案体系的总纲，是国务院应对特别重大突发公共事件的规范性文件"。于2007年颁布的《突发事件应对法》，对应急预案体系、应急预案的基本内容、修订原则等的规定，标志着应急预案全面迈入法治化发展轨道。

（三）应急预案体系化发展阶段

《突发事件应对法》颁布实施后，我国经历了"5·12"汶川大地震、"7·23"甬温线特大铁路交通事故等一系列重大突发事件，应急预案体系在实践中接受了检验，并不断加以改进。党的十八大以来，国家相继制定了食品安全、自然灾害救助、通信保障、森林火灾、气象灾害等领域的应急预案，预案数量大幅增长、质量逐步提高、结构不断优化、管理普遍加强。与此同时，一些深层次问题亦逐渐暴露。与国外相比，我国应急预案体系的最主要差距表现在体系结构顶层设计方面存在欠缺，这直接影响到我国应急管理系统建设与发展的可执行性。[1]

2013年10月，国务院办公厅印发了《突发事件应急预案管理办法》（国办发〔2013〕101号），重新对应急预案的概念、分类、内容、编制、备案以及演练等问题进行界定，建立起应急预案的持续改进机制。2016年7月28日，习近平总书记在唐山抗震救灾和新唐山建设40年之际到唐山调研考察，就防灾减灾救灾发表了重要讲话，提出"两个坚持、三个转变"，即坚持以防为主、防抗救相结合，坚持常态减灾和非常态救灾相统一，努力实现从注重灾后救助向注重灾前预防转变，从应对单一灾种向综合减灾转变，从减少灾害

---

[1] 刘铁民：《突发事件应急预案体系概念设计研究》，载《中国安全生产科学技术》2011年第8期。

损失向减轻灾害风险转变，全面提升全社会抵御自然灾害的综合防范能力。在"两个坚持、三个转变"防灾减灾救灾理念指引下，应急预案建设积极融入优化国家应急管理能力体系建设整体布局，2016年《中共中央、国务院关于推进防灾减灾救灾体制机制改革的意见》，从提高防灾减灾救灾工作法治化、规范化、现代化水平角度，进一步明确了应急预案作为法律法规配套措施的定位。2021年12月30日《国务院关于印发"十四五"国家应急体系规划的通知》，着眼于积极推进应急管理体系和能力现代化，将应急预案深度嵌入优化协同高效的治理模式，推动共建共治共享，并针对预案管理机制、预案制修订以及预案演练评估三个方面存在的具体问题部署任务措施。

四、我国应急预案的制度检视及其优化

（一）应急预案的制度检视

尽管近年来我国在应急预案体系建设方面取得了显著的成效，但仍然面临许多突出的问题。2008年南方冰雪灾害事件发生后，有学者对我国各级应急预案分析后，指出了应急预案存在的体系不完整，内容简单、缺乏可操作性，制修订程序有待完善等问题。[1]时至今日，这些问题依然未得到有效解决。比如，应急预案"上下一般粗"，甚至照抄照搬的问题，在2020年新型冠状病毒感染疫情防控期间仍然存在。此外，一些地方应急预案制定后"长期睡大觉"，由此带来应急预案不好用等诸多问题。如造成62人死亡、136人受伤、直接经济损失约7.5亿元的青岛"11·22"中石化东黄输油管道泄漏爆炸特别重大事故，在应急处置过程中，相关部门和人员发现路面和海上大面积油污、泄漏事故态势扩大，但由于对管道泄漏突发事件的应急预案缺乏演练，应急救援人员对自己的职责和应对措施不熟悉，导致未能及时提升应急响应等级，

---

[1] 张红：《我国突发事件应急预案的缺陷及其完善》，载《行政法学研究》2008年第3期。

进而引发现场处置措施不到位、相关部门各自为政等问题。①但总的来看，上述问题还都流于表面，深层次的问题和原因在于：

在我国传统的以"一案三制"为框架的应急管理体系中，应急预案扮演着与应急体制、机制、法制并驾齐驱的重要角色。从某种程度而言，应急预案与应急体制、机制、法制互为依托，应急预案发挥作用的前提是作为大框架的"一案三制"应急体系运行顺畅。事实上，应急预案与应急体制、机制、法制分工并不明确，呈现出你中有我、我中有你的错综复杂的关系，共同作用于应急体系建设的各个层面，由于应急体制、机制、法制尚不完善，特别是应急机制固有的模糊不清、抽象迷离、潜在无形等特征，②导致"一案三制"的发展不平衡。我国应急体系建设实际上走的是一条预案优先的路子。这样一来，应急预案长期扮演着应急体制、机制甚至是法制的"角色"，比如，很多应急预案规定了组织机构和职责分工，涉及应急事权的划分，这些内容本质上属于体制、法制的范畴。但应急预案毕竟不是法律，无法直接创设行政应急权。由于"一案三制"关系尚未完全理顺，特别是法制建设滞后，使得应急预案"徒有其表而无其实"，实践中很多花费巨大人力、物力制定出来的应急预案，面临着法律依据不足的尴尬。比如，我国《突发事件应对法》规定的总体、专项、部门、地方政府、企事业单位和重大活动六类应急预案，在《传染病防治法》《突发公共卫生事件应急条例》中仅表述为政府层面的传染病预防、控制预案，其他单位和组织如机场、火车站编制的传染病预防、控制预案，其法律效力如何，是否可以作为行政应急处置的依据，比如进行临时控制、限制人员出入等，时至今日仍尚不明确。③此外，我国现行传染病

---

① 参见国务院山东省青岛市"11·22"中石化东黄输油管道泄漏爆炸特别重大事故调查组：《山东省青岛市"11·22"中石化东黄输油管道泄漏爆炸特别重大事故调查报告》，载应急管理部网，https://www.mem.gov.cn/gk/sgcc/tbzdsgdcbg/2013/201306/t20130626_245228.shtml，最后访问时间：2023年3月29日。

② 钟开斌：《"一案三制"：中国应急管理体系建设的基本框架》，载《南京社会科学》2009年第11期。

③ 参见林鸿潮：《论应急预案的性质和效力——以国家和省级预案为考察对象》，载《法学家》2009年第2期。

预防、控制预案制度规定得太过简单，缺乏预案编制依据、预案演练、预案公布、修订程序、各类预案之间的衔接以及监督实施等具体内容。新型冠状病毒感染疫情防控过程中，预案制度没有发挥应有的功效，与我国长期存在的预案可操作性不强有关，也与预案制度本身不完善密不可分。

应急预案"中看不中用"，另一个深层次的原因在于，应急体制不适应多因多果非线性的风险和突发事件应对形势需要。具体而言，应急预案对应急管理的决策体系虽有明确的规定，但在实践中由于应急管理职能分散在多个部门，决策制度难以统一，行动规则不易一致，决策核心、决策中枢、指挥机构、协调机构、处置机构多层面决策，系统内部职责划分不够清晰，任务执行、组织支援、协同管理、救援行动等各个环节容易产生脱节，属地管理为主的原则难以落实。[1]我国《突发事件应对法》虽然规定了属地管理为主的原则，但在实施过程中却受到掣肘，难以真正落实。一般而言，属地管理为主包括"属地"和"管理"两个方面。"属地"是指基于有行政管辖的地理空间区域确定管理主体，"管理"的对象和范围包括突发事件应急管理全过程的所有事项。但属地管理为主的原则，却经常遭遇更高级别政府或者国务院有关部门管理为主的"高位介入"，产生异化，并导致应急指挥机构有权无责、属地政府有责无权的严重问题。[2]依据《突发事件应对法》制定的《突发事件应急预案管理办法》等规定，继续遵循了属地管理为主的原则，在此基础上搭建起的应急预案体系框架，先天性地带有体制不顺的弊病。此外，在府际关系尚未理顺的情况下，属地管理为主的原则容易在实践中被消弭。府际关系不仅包括中央政府与地方政府之间、上下级地方政府之间的纵向关系网络，还包括互不隶属的地方政府之间的横向关系网络，以及政府内部不同权力机关间的分工关系网络。[3]突发事件状态下，府际矛盾冲突比较突出。从纵向维度看，我国是单一制国家，重大问题由中央决策、地方执行。由于决策和执

---

[1] 高小平、刘一弘：《应急管理部成立：背景、特点与导向》，载《行政法学研究》2018年第5期。
[2] 李一行、陈华静：《突发事件属地管理为主的异化及其对策》，载《行政管理改革》2021年第6期。
[3] 谢庆奎、杨宏山：《府际关系的理论与实践》，天津教育出版社2007年版，第2页。

行机制之间存在信息不对称、应急响应主体不明确等矛盾，在科层制组织规则的影响下，地方政府容易陷入盲目服从中央指示的官僚惯性中，缺乏地方治理的积极性和主动性。这与《突发事件应对法》规定的分级负责、属地管理为主的工作机制，客观上要求地方政府在突发事件应对方面更加主动并承担更多的义务，存在矛盾。从横向维度看，在统一的应急指挥机制下，应急管理职能由多部门分担，是现代应急管理的常态做法。但现行条块结合的体制，决定了应急管理参与部门既要接受上级对口部门的业务管理，又要服从地方政府的统一领导，条块之间缺乏联动，容易出现信息孤岛等问题。

（二）应急预案体系的优化

进入全球化的后工业时代，突发事件的耦合性、连锁性、复杂性影响日益增加；强化跨部门、跨区域、跨行业综合协调，实现信息共享和资源统筹，成为应急管理工作的重要任务。鉴于此，党的十八大以来，我国加快了以机构改革为重点的应急体系和能力现代化建设步伐，全灾种、综合化的应急理念逐步确立。2018年应急管理部的组建，标志着我国开始建立由强有力的一个核心部门进行总牵头、各方协调配合的应急管理体制。[1]但正如有学者指出的，应急管理部解决了传统体制分割之弊端，但不能只限于应急，应当纳入国家治理体系和治理能力现代化建设目标整体推进。[2]

习近平总书记在中央政治局第十九次集体学习时强调，充分发挥我国应急管理体系特色和优势，积极推进我国应急管理体系和能力现代化。[3]党的二十大报告立足贯彻总体国家安全观，着眼于提高防灾减灾救灾和重大突发公共事件处置保障能力，进一步明确提出建立大安全大应急框架。大安全大

---

[1] 钟开斌：《组建应急管理部的现实意义》，载《紫光阁》2018年第4期。
[2] 郑功成：《应急管理部：从灾种分割管理走向灾害综合治理》，载《中国减灾》2018年第13期。
[3] 《习近平在中央政治局第十九次集体学习时强调 充分发挥我国应急管理体系特色和优势 积极推进我国应急管理体系和能力现代化》，载中国共产党新闻网，http://jhsjk.people.cn/article/31483202，最后访问时间：2023年3月30日。

应急涵盖风险防范化解、应急预案体系、精准治理、依法管理和社会共治等多项任务，涉及政府、社会和个人等多个主体，是一项需要系统推进的工程。无论从哪个角度看，应急预案制度都是其中的关键环节。鉴于此，应急预案体系建设应当置于推进国家治理体系和治理能力现代化的总要求，以及建立大安全大应急框架的整体中把握。治理理论反映了全球化时代人类政治生活领域出现的一系列重大变化，即从统治走向治理、从善政走向善治、从政府单一管制走向共治共建，本质上是政府、社会、公民等多元主体通过对话、协商、谈判等集体行动，建立一套完整的、有弹性的协作治理网络，达成共同的治理目标。依据整体性治理理论的集大成者英国学者希克斯的观点，政府之间的协调仅仅是整体性治理的一个面相，如何实现政府与私营部门、非政府组织，甚至与社会公众之间的充分合作则是该理论的更高发展阶段。[1]

从整体性治理的角度出发，应急预案体系的优化不仅是一个技术问题，更是一个公共政策问题。为此，应坚持三项原则：一是整体优化原则，不仅要提升单项应急预案的实用性，也要优化应急预案体系的内在结构，还要站在"一案三制"的整体关系、社会认知和治理结构的高度进行优化；二是科学优化原则，应急预案的优化应建立在对应急预案功能正确认识的基础上，单项应急预案的必要性和应急预案体系的规模取决于特定危险源的数量；三是持续优化原则，以应急预案应对突发事件就是以确定性应对不确定性，突发事件充满不确定性，应急预案的优化只有起点、没有终点。[2]有学者在总结国内外应急预案体系经验的基础上，进一步提出了"1+4"的系统结构框架，即以应急预案系统为核心，再加上以应急准备导则（或指南）为愿景目标、以突发事件风险评估为科学支撑、以预案基础运行条件为技术保障和与应急

---

[1] 戚建刚、乌兰：《应急管理部的行政法建构——基于整体性治理理念的分析》，载《北京行政学院学报》2018年第5期。

[2] 张海波、童星：《中国应急预案体系的优化——基于公共政策的视角》，载《上海行政学院学报》2012年第6期。

指挥中心平台物理运行环境紧密连接。①

(三) 应急预案制度的完善路径

如上文分析,"立法滞后,预案先行"是不得已的实践选择,有体系变革的历史原因,也有法律制度不健全的因素。从时间顺序上,应急预案建设应与应急法制的完善同步进行,脱离了法制的应急预案是不可想象的,也与应急治理体系和能力现代化所要求的依法治理不兼容。从实施方案看,废除现行应急预案体系中的全部预案而另起炉灶,既不现实,也无必要,只要通过应急预案体系的动态管理便可按照应然结构逐渐重构应急预案体系。②2021年12月30日《国务院关于印发"十四五"国家应急体系规划的通知》,对加强应急预案的统一规划、衔接协调和分级分类管理,完善应急预案定期评估和动态修订机制等方面作出规划。下一步,应以修订《突发事件应对法》以及《突发事件应急预案管理办法》、《国家突发公共事件总体应急预案》等为契机,在风险评估和资源普查的基础上,持续动态优化各级各类突发事件应急预案。有些预案之所以"中看不中用",主要原因是前期评估和调查功课没有做好。毛主席曾经形象地指出,调查就像"十月怀胎",解决问题就像"一朝分娩"。调查就是解决问题。③在预案优化方面,可以借鉴英国、美国、加拿大等国经验,即在应急预案中增加对突发事件风险的总体描述以及情景描述的内容,并尽可能设想出可能发生的若干情形。④预案的设想性也意味着预案与真实之间的差距在所难免。类似新型冠状病毒感染疫情这类事件发生概率低、可预测性较弱,因此,预案制度不能一劳永逸,要根据已发生的疫情和演练暴露出的问题,及时予以修订,同时预案一旦启动,要随时根据现场情况灵活处置,避免脱离本地实际。

---

① 刘铁民:《突发事件应急预案体系概念设计研究》,载《中国安全生产科学技术》2011年第8期。
② 张海波:《中国应急预案体系:结构与功能》,载《公共管理学报》2013年第2期。
③ 《毛泽东选集》(第一卷),人民出版社1991年版,第110—112页。
④ 参见张红:《我国突发事件应急预案的缺陷及其完善》,载《行政法学研究》2008年第3期。

第二节　超前反馈：灾害预警[①]

2021年7月17日至23日，河南省遭遇历史罕见特大暴雨，发生严重洪涝灾害，特别是7月20日郑州市遭受重大人员伤亡和财产损失。灾害共造成河南省150个县（市、区）1478.6万人受灾，因灾死亡失踪398人，其中郑州市380人、占全省95.5%；直接经济损失1200.6亿元，其中郑州市409亿元、占全省34.1%。有关部门和单位风险意识不强，对这场特大灾害认识准备不足、防范组织不力、应急处置不当，存在失职渎职行为等是重要原因。[②] 灾害是对政府应急管理能力的一次全面检视。郑州"7·20"特大暴雨灾害，在为各地防汛工作敲响警钟的同时，也将我国城市应急管理特别是灾前预警的软肋暴露无遗。预警是在突发事件发生前采取的管理措施，是从平常状态切换到应急状态的关键法律制度安排，在整个应急管理流程中发挥着承上启下的重要作用。国务院早在2006年《关于全面加强应急管理工作的意见》中，就明确提出加快突发公共事件预测预警机制建设。于2007年实施的《突发事件应对法》，亦明确规定了突发事件的预警制度。河南、郑州两级政府近年来一直推进预警机制建设。郑州"7·20"特大暴雨灾害中，当地气象部门连发多条"预警"信息，有关部门还启动了应急预案进行响应。在这种情况下，仍然发生了严重的人员伤亡和财产损失，值得我们深刻反思。习近平总书记在深入推动黄河流域生态保护和高质量发展座谈会上强调，要立足防大汛、抗大灾，针对防汛救灾暴露出的薄弱环节，迅速查漏补缺，补好灾害预警监测短板。[③]

[①] 本节主要内容源于代海军、陈语：《加强我国灾害预警法治化建设——以河南郑州"7·20"特大暴雨灾害为例》，载《中国应急管理》2022年第4期。

[②] 《河南郑州"7·20"特大暴雨灾害调查报告公布》，载中国政府网，http://www.gov.cn/xinwen/2022-01/21/content_5669723.htm，最后访问时间：2023年3月19日。

[③] 《习近平在深入推动黄河流域生态保护和高质量发展座谈会上强调 咬定目标脚踏实地埋头苦干久久为功 为黄河永远造福中华民族而不懈奋斗》，载新华网，http://www.news.cn/politics/leaders/2021-10/22/c_1127986188.htm，最后访问时间：2021年10月25日。

一、灾害预警的内涵及制度功能

（一）灾害预警的内涵

"预警"一词，对应英文中的"early warning"，就其字面意思而言，就是预先警告，主要是警告人们可能发生一些不好的事情，例如机器即将停止工作，或者台风将在某个城市登陆。在远古时代，人类非常脆弱，无法对洪水、风暴以及山体滑坡等各类灾害进行预警。随着文明的发展和科技的进步，人们发明了很多警示方法，并在紧急情况下使用。从一开始使用钟声，发展到现代的电子警报器，[1]尽管方式发生了变化，但提醒那些不知道灾难即将来临的人采取措施逃生，一直是预警制度的核心。

国内现有文献言及"预警"，多集中在"发布警示信号或信息"，但对于预警的本质及效力却鲜有论及。如有观点指出，预警制度，是指根据有关突发事件的预测信息和风险评估结果，依据突发事件可能造成的危害程度、紧急程度和发展态势，确定相应预警级别，标示预警颜色，并向社会发布相关信息的制度。[2]在"预警"概念的诸多表述中，最具代表性且有影响力的当数联合国国际减灾战略（The United Nations International Strategy for Disaster Reduction，UNISDR）。该战略认为，"预警"是为使受到危害威胁的个人、社区和组织做好准备并采取适当的行动，并有足够的时间来减少伤害或损失，及时生成和传播警告信息的活动的统称。[3]预警实际上包含四个关键要素，分别是：风险知识；危害的监测、分析和预测；警报和警告的沟通或传播；当地收到警告作出反应的能力。

---

[1] See Miroslava Malachovska, *History of Early Warning and Emergency Notification Systems*, http://www.electronic-sirens.com，最后访问时间：2023年1月7日。
[2] 汪永清主编：《中华人民共和国突发事件应对法解读》，中国法制出版社2007年版，第104页。
[3] See United Nations 2009 UNISDR Terminology on Disaster Risk Reduction, www.unisdr.org/files/7817_UNISDRTerminologyEnglish.pdf，最后访问时间：2023年4月16日。

（二）灾害预警的制度功能

预警作为应急管理过程中的重要环节之一，目的是有效预防、减少和避免灾害事件的发生，起着信息超前反馈、化解危机风险的作用，是控制事态走向、防止情况恶化的前提和关键。其制度功能体现在以下三个方面。

首先，预警制度承担着法律秩序转换的功能，预警的发布是社会秩序从常态到非常态的切换节点。有关部门依据灾害发生的紧急程度、发展势态以及可能造成的危害结果，确定预警的类型、内容、级别等，并依权限向社会发布，宣告社会进入非常状态，即应急状态。随着行政应急权的扩张，一些常态下的社会活动规则不再适用，而是转换为符合应急需要的新规则。如降低出行频率，减少聚集性娱乐活动和社交活动，必要时实施停工停学政策，最大限度保障人民群众生命财产的安全。在紧急状况和危险因素消除之后，负责预警发布的部门应当立即宣布解除警报，终止预警期，此时宣告应急状态的结束。

其次，预警是一套系统化的完整体系，而非一次性的简单宣告动作。预警不仅是通过发布和解除的动作作为应急状态开始与结束的标识，也是有关部门启动预案进行响应的信号，还是社会各方采取应急行动的指南，尤其是为不了解预案的普通公众提供防灾避险的针对性措施。但灾害和危险是一个动态发展的过程，因此预警也需要随着事态发展的变化及时进行调整。从前期的申请审批、确认、发布，到中期的预案启动、响应、调整预警级别，再到后期处置、解除预警、终止响应，形成应急管理的闭环，通过随时监测和及时更新让未知的风险得到有效防范。

最后，预警对社会各方力量都有所拘束。灾害发生后，预警的发布和应急状态的切换，不仅需要应急管理部门发挥作用，其所涉及的力量遍布政府各部门以及社会各行各业，包括气象、水文、地质、交通运输、医疗卫生等。预警是个复杂的过程，应由多个部门共同承担预警的前期工作任务，达到预警发布的必要条件时浓缩汇总为一个或多个预警信号，再通过各部门扩散、传播和响应。通过制度方式将它们串联起来，形成"分—总—分"的框架结构，起到承前启后的总体作用。预警信息也并非一种不具有强制力的提示性信息，而是受相关法律法规约束，对预警发布的受众对象产生拘束力，对后续采取应急措施也有一定的强制力和导向性。预警的类型、内容、级别等的不同，决定了后续应该由何种部门采取何种应对措施。预警的发布，在动员政府和社会力量协同配合的同时，也约束了不同部门不同行业在应急状态下的行为方式和流程动向。

二、我国灾害预警制度的现状及不足

（一）我国灾害预警的制度现状

我国是世界上自然灾害最为严重的国家之一，灾害种类多，分布地域广，发生频率高，造成损失重，这是一个基本国情。[1]中华人民共和国成立后，党和政府高度重视防灾减灾救灾工作，并在实践中不断探索完善。早在1951年政务院第98次政务会议上讨论《华北农业生产和抗灾情况的报告》时，周恩来总理就曾指出："要坚持以预防为主的方针对付灾害。"[2]1954年政务院下发《关于加强灾害性天气的预报、警报和预防工作的指示》，提出建立大范围灾害性天气警报制度，可视为"预警"制度的雏形。现代意义上的灾害预警制度，始于20世纪90年代。国务院于1991年公布的《防汛条例》，虽未直接言明防汛预警，但其规定的紧急防汛期制度实际上发挥着与预警制度同样的制度功效。按照其第22条之规定，当江河、湖泊、水库的水情接近保证水位或者安全流量时，或者防洪工程设施发生重大险情，情况紧急时，县级以上地方人民政府可以宣布进入紧急防汛期。全国人大常委会于1997年通过的《防

---

[1] 《习近平：充分发挥我国应急管理体系特色和优势 积极推进我国应急管理体系和能力现代化》，载中国政府网，http://www.gov.cn/xinwen/2019-11/30/content_5457226.htm，最后访问时间：2022年10月5日。

[2] 孙宏、李雪峰：《新中国成立后周恩来关于防灾减灾救灾的思想》，载《党的文献》2021年第1期。

洪法》，明确要求地方各级人民政府按照防洪规划和防御洪水方案建立并完善防洪体系和水文、气象、通信、预警以及洪涝灾害监测系统，提高防御洪水能力。1998年，国务院发布《中华人民共和国减灾规划（1998—2010年）》（国发〔1998〕13号），将完善重大灾害监测预警体系，作为减灾工作的主要任务和措施。2006年《国家突发公共事件总体应急预案》将预测预警、应急处置、恢复与重建作为突发公共事件应急管理运行机制"三大流程"予以规定，我国灾害预警制度迈出规范化建设的重要一步。同年，《国家防汛抗旱应急预案》《国家自然灾害救助应急预案》等灾害专项应急预案颁布，对灾害预警制度作出进一步细化。全国人大常委会于2007年颁布的《突发事件应对法》，列专章规定监测与预警制度；相关应急管理单行法如2008年修订的《防震减灾法》，亦作了类似制度规定。这标志着我国灾害预警制度全面走向法制化发展轨道。

党的十八大以来，党中央、国务院对防灾减灾抗灾救灾工作高度重视，习近平总书记多次发表重要讲话或作出重要指示，强调要加强气象、洪涝、地质灾害监测预警，紧盯各类重点隐患区域，开展拉网式排查，严防各类灾害和次生灾害发生。[1]2021年《中共中央、国务院关于加强基层治理体系和治理能力现代化建设的意见》，将预警机制建设作为增强乡镇（街道）应急管理能力，实现基层治理体系和治理能力现代化的基础工作加以部署。以上表明，我国在坚持总体国家安全观，防范和化解影响我国现代化进程的各种风险中，对灾害预警制度寄予厚望。

（二）我国灾害预警制度存在的问题

近年来我国应急管理改革深入推进，特别是历经2008年汶川地震和南方冰雪灾害之后，我国灾害应急体系得到了一定程度的完善，但灾害预警在实

---

[1] 《习近平谈防灾减灾：从源头上防范 把问题解决在萌芽之时》，载中国共产党新闻网，http://cpc.people.com.cn/n1/2020/0511/c164113-31704418.html，最后访问时间：2022年1月12日。

际运行中仍凸显出一些不容忽视的问题，主要表现在以下几个方面。

1.预报与预警概念混淆不清

预警制度较多运用于我国突发气象灾害领域，但其并非本书所讨论的真正意义上的"预警"。于1999年颁布的《气象法》在"气象灾害防御"一章中仅规定了气象预报制度，并要求气象部门及时提出气象灾害防御措施。按照《气象法》的规定，气象部门负责气象预防，并提出气象灾害防御措施；地方政府负责气象灾害预警系统建设，并根据气象部门预报，组织制定并实施气象灾害防御方案。但在实施过程中，"气象预防"概念发生了微妙变化，在气象部门随后制发的《气象灾害预警信号发布与传播办法》中，"气象预防"这一术语被表述为"预警信号"，并以"预警信号+防御指南"的形式出现在公众视野中。如郑州"7·20"特大暴雨灾害中，郑州气象局发布了"117号暴雨红色预警信号"并给出了防御指南，其主要依据的就是上述办法。但连发的红色"预警"，并未阻断郑州市民的上班、上学之路，质疑由此产生。实际上，"预报"和"预警"是两类性质完全不同的概念，"预报"宜定位为专业技术部门发布的具有告知、通报效果的信息，典型的如气象预报；"预警"则突出"警示"的功能，根据《突发事件应对法》的规定，预警由政府应急决策机构负责发布，预警发布后要有所反应和行动，包括政府各部门采取防灾减灾救灾措施，社会公众配合进行灾害防范等。由此可见，郑州气象部门发布的所谓"预警信号"及三项防御指南，[①]本质上是气象预报，充其量仅是地方政府实施灾害防御决策的专业依据，并不具有法律约束力。由于不加分析地使用上述术语，最终导致基本概念混乱，且造成实践中视听混淆，其根源在于我国应急法存在的体系性瑕疵。

2.预案代替预警

应急预案属于传统的"一案三制"范畴，其在我国应急管理中的重要性

---

① 参见郑州市气象局第117号《气象灾害预警信号》防御指南：1.政府及相关部门按照职责做好防暴雨应急和抢险工作；2.停止集会、停课、停业（除特殊行业外）；3.做好山洪、滑坡、泥石流等灾害的防御和抢险工作。

不言而喻。一般认为,应急预案是各级人民政府及其部门、基层组织、企事业单位、社会团体等为依法、迅速、科学、有序应对突发事件,最大限度减少突发事件及其造成的损害而预先制定的工作方案。[①]预警则具有宣告进入应急状态的功能,除了能在第一时间告知危机或风险的严重性,也是各部门采取应急准备工作的"发令枪",在应急管理工作中发挥着承前启后的重要作用。经过多年的发展,我国应急预案与预警制度相互包含,形成了你中有我、我中有你的态势。但由于缺乏制度间的协调与沟通,现行法律对预警与应急预案规定存在逻辑冲突,进而产生制度抵牾。根据《突发事件应对法》,一方面,发布预警后应当伴随着应急预案启动。此时,应急预案是作为响应预警的"规定动作"存在的。换言之,预警制度在前,应急预案制度在后。另一方面,预警制度又包含于应急预案中。言外之意,应当依据应急预案开展预警,如各级预案中通常会对预警的级别、发布等内容进行规定。突发事件具有不确定性、复杂性和耦合性,这就要求预警制度随时处于"临战"状态,但应急预案与生俱来的原则性、僵化性和滞后性特征,使得预警制度的突出功效被架空。

从实践来看,有关地方和部门重预案、轻预警,重事中事后、轻事前,尤其对应急预案过度依赖,即便在产生突发事件征兆情况下,第一时间想到的也是应急预案,一旦没有应急预案或者应急预案规定不明确时,往往无所适从。反思郑州"7·20"特大暴雨灾害,特别是通过对比各级防汛预案的内容可以看出,由于应急预案"上下一般粗""左右一样平",有关单位虽然启动了应急预案进行响应,但无法适应形势的需要。

3.预警制度碎片化

我国的应急管理体系经过多年发展有一定的基础,关于突发事件的相关法规制度也不断得到更新和完善,灾害预警的制度化、规范化程度也在不断

[①] 参见《国务院办公厅关于印发突发事件应急预案管理办法的通知》(国办发〔2013〕101号)第2条。

提高，但依旧存在体系不完善，尤其是制度碎片化的问题，导致灾害预警在事前、事中等多个环节存在严重断层。其一，现行法律中关于预警制度的相关规定较为分散，如《突发事件应对法》《防汛条例》《国家突发公共事件总体应急预案》等都对预警制度有所规制，但有些止于原则性规定，内容较为笼统，有些法律位阶低，在实践中效力有限。其二，应急单行法和综合法之间已有规定尚未形成相互衔接的体系。目前，我国灾害预警制度分散在不同法律规范中，其中既有像《突发事件应对法》这样的综合法，也有《气象法》《防震减灾法》《防洪法》等应急单行法。由于法律体系内部不协调，有关预警的属性、内容及相应法律后果规定不一致。一旦灾害发生，容易在法律适用上出现问题。其三，预警制度和其他应急制度缺乏整体衔接。除了上文分析的预警与预案、预警与预报关系混乱外，我国在灾害应急统一指挥、数据使用、信息发布、公众参与及教育培训等环节缺乏与之相适应的整体设计，导致相关主体各自为政，进而产生制度实施上的盲区。如郑州"7·20"特大暴雨灾害就暴露出，应急管理部门虽然名义上承担防汛抗旱指挥部的职能，但日常监测等职能尚在水利、气象等部门，[①]"防"与"救"、"分"与"统"的矛盾一直未得到有效解决，直接影响了灾害预警制度的实施。

4. 预警发布、实施等不畅

通常情况下，灾害发生时虽不会轻易宣布进入紧急状态，但会使社会处于一种超常规的应急状态。社会秩序切换的重要标志就是预警。预警发布后，政府和社会公众应当从遵守常态下的活动规则转换为适应灾害险情的新规则。然而，由于预警不及时，相关内容不规范，尤其是法律责任缺位，使得我国预警制度的发布和实施效果欠佳，没有起到法律秩序转换的作用。

概言之，我国应急单行法和综合法虽对预警的等级、发布、解除等程序性内容有所规定，但预警的效力、法律后果等内容却寥寥无几，使得预警制

[①] 如郑州市水利局承担水情旱情监测预报预警工作，参见《郑州市水利局机构职能》，载郑州市水利局网站，http://public.zhengzhou.gov.cn/D1603Y/4061186.jhtml，最后访问时间：2022年2月5日。

度整体约束力不强。突出表现在：预警发布部门只负责完成发布和解除的任务，并不负责信息不准确、不及时、公众参与度低等"售后问题"。如在郑州"7·20"特大暴雨灾害中，停工停学的政策文件并未得到有效重视和严格落实。此外，我国公共危机应急管理还处于一个发展过程，全社会尚未形成自上而下对预警制度的统一认识，知晓度、认同度、配合度等相对较低，影响了预警发布和实施的效果。

三、我国灾害预警制度的完善路径

灾害应对是一种全过程管理，预警制度作为法律秩序切换的启动器，是其中的关键环节。预警制度不完善，会严重影响应急管理整体运行的效果，贻误重大灾害应急处置的最佳时机。完善我国预警制度，应从以下几个方面着手。

第一，完善灾害预警相关法律体系。我国预警制度不完善，其根源在于缺乏一个体系性的灾害应急立法框架。解决预警制度问题，需要从完善法律体系整体框架入手。习近平总书记强调，系统梳理和修订应急管理相关法律法规，抓紧研究制定应急管理、自然灾害防治、应急救援组织、国家消防救援人员、危险化学品安全等方面的法律法规。[1]我国应急管理部门正在积极推动"1+5"的应急管理法律框架体系构建，首先是修改《突发事件应对法》，进而形成包括1部综合性应急法以及5个方面子体系的法律框架。对此，本书一直主张，《突发事件应对法》宜定位于我国应急管理领域基本法律，其效力应高于各类单行法。应急单行法应当向应急管理基本法全面"看齐"。在具体分工上，由《突发事件应对法》中对突发事件预警的一般问题进行规定，包括名词术语、等级划分、发布解除程序、资源投入等内容；在此基础上，各

---

[1] 《习近平：充分发挥我国应急管理体系特色和优势 积极推进我国应急管理体系和能力现代化》，载央广网，http://news.cnr.cn/native/gd/20191130/t20191130_524879104.shtml，最后访问时间：2022年2月5日。

应急管理单行法依据《突发事件应对法》确立的一般原则，对单灾种预警的个性问题进行补充和细化，既保证预案制度的一致性，又可以解决一般规定较为原则、可操作性不强的问题。

第二，建立以风险管理为导向的新型预案体系。在我国传统的"一案三制"应急管理体系中，应急预案扮演着与应急法制并驾齐驱的重要角色。一般认为，应急预案涵盖预防和应对两大范畴，预警既是预防的重要内容，又是启动应对的前提和基础。由于传统预案制度侧重于"事"的应对，直接导致了上文分析的应急预案制度发挥不理想，预案与预警关系紊乱等诸多问题，无法实现应急法律制度的逻辑自洽。立足于防范化解重大风险，习近平总书记明确提出"两个坚持、三个转变"防灾减灾救灾理念，为我国应急预案体系建设指明了方向。"两个坚持、三个转变"，内应于风险社会下国家治理需要，其核心是全过程的风险管理，有助于实现突发事件应对关口前移。鉴于此，建立以风险管理为导向的新型预案体系势在必行。相较于传统预案体系侧重于事后救援和恢复，以风险管理为导向的预案体系更强调灾害发生前的风险研判、及时预警和先期处置，即通过确定风险类型、等级以及影响范围、程度，并借助专业知识、技术手段（如大数据分析）以及专家意见等，提升灾害早期识别、监测预警和及时管控能力。

第三，推进政府主导的体系化预警管理模式。如上文分析指出的，灾害预警制度涉及研判、发布、行动等多个环节，不是一次性动作，而是一个连续的过程。这就要求一个高级别的机构组织实施。而实际情况是，我国的灾害应急分散于政府各个部门或其下设机构，预警本身要求的统一指挥、步调一致与实践中各部门互不隶属、各管一摊构成了一对难以调和的矛盾。如郑州"7·20"特大暴雨灾害中郑州气象部门发布的所谓警示信息，因对相关部门和单位不具有约束力，无法起到预警的效果。其中，既有法律体系内部不协调、预警制度碎片化等深层次原因，也有管理资源分散、无法形成合力等长期制约灾害应急的实践难题。国外发达国家灾害应急的共同经验是，建立由政府主导的体系化预警管理模式，明确不同类型、等级的灾害预警发布程序，通过政府与广播电台、电视台等签订合作协议，并建立专用预警信息网络等为大众提供灾害预警信息服务，以确保灾害预警信息能以更权威的方式及时、准确地传递给社会大众。如日本的地震预警系统（EEWS）包括地震监测和预警发布两个阶段。2011年东日本大地震前两分钟，EEWS通过电视和无线网络向公众发布了15次预警信息，并通过移动设备发送给大约5200万人。预警信息还触发了设备和基础设施的自动关闭系统。例如，发送到东日本旅客铁道公司（JR East）的预警信息导致11辆东北新干线列车在地面开始晃动前几秒钟自动停驶。[①]

本书认为，我国可以借鉴上述经验，完善政府主导的体系化的灾害预警制度，具体而言：一是建立预警信息综合性发布平台，完善预警信息发布渠道，规范发布流程，确保预警信息权威、准确、高效。二是完善预警信息联动机制。在公共安全治理视域下，灾害预警应朝着政府主导、技术支撑、部门协调、社会参与的方向发展，尤其应通过立法明确预警信息的约束力，避免预警成为灾害应急的制度孤岛。三是加大公众参与力度，持续开展教育培训和公益宣传，教育引导社会公众正确解读灾害预警信息，并采取适当的预防措施。

第四，创新灾害预警责任形式。我国应急管理的诸多痛点、难点，背后大都是因为法律制度不完善。目前预警机制运行不畅，其中一个重要原因是问责机制缺失。因此，在制度上明确各单位的权责边界、完善相应的责任，是完善预警制度的必由之路。按照"党政同责、一岗双责、齐抓共管、失职追责"的要求，建议将预警责任细化到不同区域、领域，结合灾害发生原因和发展态势，对不同类型的灾害情况规定不同的问责情形和方式，同时明确预警的机构设置、职责范围、权责义务，包括政府部门工作人员的责任和行政首长的领导责任等。

[①] Erika Yamasaki, *What We Can Learn from Japan's Earthquake Early Warning System*，https://repository.upenn.edu/cgi/viewcontent.cgi?article=1022&context=momentum，最后访问时间：2023年4月9日。

当然，责任追究是把"双刃剑"。若要避免其负面效应，还需创新责任形式，建立容错制度。技术革新推动社会进步，即便如此，人们仍然无法准确预测未来。正如卢曼所言：从来没有哪一件发生的事是有赖于个别事件的。从来都只有事态的耦合，因为不确定性随着分析所力争达到的敏锐而成倍增长。[①]受制于目前的知识结构和技术手段，人们尚无法有效解决预警的准确性与及时性之间的矛盾，这就导致一些地方由于害怕承担责任，从而延误最佳的预警时机。对此，习近平总书记要求，要坚持人民至上、生命至上，切实把确保人民生命安全放在第一位落到实处。[②]有必要建立更为明确的激励和容错机制，规定明确的免责条款，打消有关地方政府在灾害预警方面的政治顾虑。例如，对于通过正当程序综合研判、及时发布预警，若出现预警已发布而灾害未发生的情况，由政府及时对预警信息进行更改或解除后，对相关责任人可不予问责。

综上，近年来，我国应急管理体系不断改革发展，但灾害预警环节仍存在短板。郑州"7·20"特大暴雨灾害，集中暴露出灾害预警制度的不足，具体表现为预报与预警概念混淆、预案代替预警、制度的碎片化以及制度发布和实施的不畅等，不仅影响了制度运行的整体效果，也不利于灾害应急体系的完善。因此，尽快完善灾害预警制度，充分发挥其法律秩序转换"启动器"的重要功能，已成为当前完善我国灾害应急体系的重要任务。构建权威科学高效的灾害预警制度，需要从完善我国应急法的整体出发，确立《突发事件应对法》作为应急基本法的地位，尤其是通过立法厘清预警与应急预案的关系，进一步细化预警的相关规定，同时探索建立政府主导的体系化预警管理模式，形成权威规范的运行流程，并且创新预警责任形式，在明确权责的同时，建立容错机制，避免贻误灾害应急处置的最佳时机。

---

① [德]尼克拉斯·卢曼：《风险社会学》，孙一洲译，广西人民出版社2020年版，第68页。
② 《习近平对防汛救灾工作作出重要指示》，载中国共产党新闻网，http://jhsjk.people.cn/article/31762113，最后访问时间：2023年3月19日。

第三节 规制与例外：应急处置

应急处置是针对突发事件的有组织响应，其核心价值在于控制、减轻和消除突发事件引起的严重社会危害，行政应急措施的有效性是衡量应急管理水平的重要标志。突发事件的发生具有偶然性和紧迫性，这就意味着应急响应往往是在风险认知不充分的情况下展开的。

行政应急措施追求"快速""有效"，使得公权力的行使很容易超出必要限度，构成对公民权利的侵害。因而，确保行政应急措施的实施始终在法治的框架内进行，成为推进应急管理法治化的一项重要任务。2020年2月5日在中央全面依法治国委员会第三次会议上，习近平总书记强调，要在党中央集中统一领导下，始终把人民群众生命安全和身体健康放在第一位，从立法、执法、司法、守法各环节发力，全面提高依法防控、依法治理能力，为疫情防控工作提供有力法治保障。[①]

一、行政应急措施的本质及其正当性基础

（一）作为行政应急措施基础的行政应急权

行政应急措施，从字面而言，是指履行突发事件统一领导或指挥职能的相关主体，为了控制和消除突发事件造成的严重威胁和危害所采取的一系列必要措施。行政应急措施源于行政应急权。尽管国内外学者对行政应急权的具体称呼不同，如应急行政权[②]、行政紧急权[③]、应急处置权[④]，但一般是从不同

[①]《习近平主持召开中央全面依法治国委员会第三次会议强调 全面提高依法防控依法治理能力 为疫情防控提供有力法治保障》，载《人民日报》2020年2月6日，第1版。
[②] 茅铭晨：《完善我国重大疫情防控法治体系研究》，载《法治研究》2021年第6期。
[③] 林鸿潮：《应急行政行为的司法认定难题及其化解》，载《政治与法律》2021年第8期。
[④] 董明非：《我国机构设置中"实际需要"原则的构成要件——以突发事件应急指挥机构的设置条款为中心》，载《行政法学研究》2021年第6期。

突发事件所引起法律状态的不同视角加以理解。一般而言，突发事件发生之前的社会关系由"常态法制"调整，突发事件发生后，尚未宣告"紧急状态"前，由"常态法制"与"应急法制"共同调整，"紧急状态"确认和宣告后，"应急法制"成为社会关系的主要调整机制。[①]一种观点认为，行政应急权是与应急行政状态相对应的一种权力，是指应急性行政机关应对社会危险，保障国家、社会和公民利益以及恢复正常社会秩序的手段。[②]行政应急权对公民权利的克减、实施条件和程序均与战争或紧急状态有本质区别。另一种观点认为，行政应急权是"国家应对紧急状态的权力"，是指在战争、内乱、恐慌及大规模的自然灾害等情况下，无法以平时的统治机构去因应非常状态，为维持国家生存，采取的非常措施权限。[③]还有一种观点认为，行政紧急权本质上就是行政应急权，应该使用行政应急权作为统一概念，它是指在既不属于紧急状态，也不属于常态行政秩序的条件下，根据法定程序以求迅速平息危急事态所采取的强有力应急措施的行政权力。[④]

本书认为，上述观点实质上都是将行政应急权理解为狭义的应急。由于突发事件引发社会状态的法律形式不同，相应的行政应急权涵盖不同社会状态，包括一般应急状态以及紧急状态。而行政紧急权是指仅适用于出现紧急危险局势，为迅速恢复正常的宪法秩序和法律秩序，由有关国家机关依照宪法、法律和法规规定的范围、程序采取紧急对抗措施的特别权力。[⑤]行政应急权既有一般行政权的属性，又有许多个性。理解行政应急权，应从剖析其特征入手。

一是权力的高度集中性。与多数国家类似，我国应急管理坚持统一领导的原则。统一领导意味着权力高度集中，主要表现为地方行政应急权向中央

[①] 韩大元、莫于川主编：《应急法制论：突发事件应对机制的法律问题研究》，法律出版社2005年版，第49页。
[②] 戚建刚：《中国行政应急法律制度研究》，北京大学出版社2010年版，第71—79页。
[③] 滕宏庆：《论行政应急权的合宪性控制》，载《法律科学（西北政法大学学报）》2011年第6期。
[④] 高轩：《行政应急权对当事人行政诉权的威胁及其司法规制》，载《法学评论》2016年第2期。
[⑤] 莫纪宏、徐高：《紧急状态法学》，中国人民公安大学出版社1992年版，第218页。

集中，各个部门、组织的行政应急权向政府集中，并主要由履行统一指挥权的应急指挥机构实施，如《防汛条例》规定，有防汛任务的县级以上地方人民政府设立防汛指挥部，由有关部门、当地驻军、人民武装部负责人组成，各级人民政府防汛指挥部负责统一指挥本地区的防汛抗洪工作。依法赋予政府高度集中的行政应急权，是由突发事件应急处置的特征决定的。与常态秩序下行政权力按照分工有条不紊运行不同，面对突发、未知、复杂的事件，为确保应急处置更加有力、有效，政府需要集中力量和资源，有时需要合并适用关闭公共场所、限制部分人身自由、紧急征用物资等多种措施，并打破区域、部门等壁垒，处置非常规突发事件甚至还需要举国之力。如果各个权力行使主体各行其是，不仅难以形成应急处置合力，而且可能丧失应急处置的最佳时机。

二是程序的相对简易性。行政应急权，兼具行政权与应急权的双重属性，"应急"属性，反映其较强的权力扩张性、程序简易性、效率最大化的特点。[①]行政应急权针对的是各类具有实效性的突发事件，要控制事态发展，防止其蔓延，缩短应急响应的时间，提高处置效率成了关键，所谓"急事急办"就是这个道理。因而，简便、高效成为行政应急权追求的重要目标。这主要体现在以下两个方面：一方面，是办事流程的简化。如为支撑新型冠状病毒感染疫情防控和企业复工复产，交通运输部、国家卫生健康委简化应急运输车辆通行证办理流程，通过政府网站、微信、电子邮件等便捷方式提供"车辆通行证""包车通行证"统一式样，供承运单位或驾驶人在本地自行打印、自行填写。另一方面，是办事效率的提升。为确保在发生突发事件时，行政机关能够依法采取相应的应对措施，及时有效实施管控，相关法律对突发事件下的应急处置实施作出了有针对性的制度安排，比如《行政处罚法》第49条规定，发生重大传染病疫情等突发事件，为了控制、减轻和消除突发事件引

[①] 吴英杰、汪正宇：《行政诉讼"急诊模式"：应急行政诉讼审理程序的建构》，载《南海法学》2021年第3期。

起的社会危害，行政机关对违反突发事件应对措施的行为，依法快速、从重处罚。

三是手段的灵活性。突发事件应急处置是一项社会治理工程，既要坚持"备豫不虞"，从预案、物资等方面做好充分准备，又要做到"达权知变"，保持政策措施的灵活性，能够根据事态的发展，主动维持和提升自适应能力。如国务院联防联控机制基于新型冠状病毒感染疫情形势的变化、奥密克戎变异株的特点以及前期的试点研究，并结合地方防控工作经验教训，先后公布多版防控方案，提高疫情防控的科学性、精准性。突发事件的发生也意味着法律秩序的改变，社会管理从常态进入应急状态，当发生特别重大突发事件，对人民生命财产安全、国家安全、公共安全、环境安全或者社会秩序构成重大威胁时，还需要进入紧急状态，随着法律秩序的改变，相应地，需要对应急管理作出重新安排。一般而言，从常规状态到应急状态再到紧急状态，所采取的行政应急措施呈逐步升级的趋势，有时根据需要，国家还会派出工作组指导地方开展应急处置工作。一旦突发事件得以控制或条件不存在，需要及时宣布终止某种法律状态。如《国家防汛抗旱应急预案》规定，当洪水灾害、极度缺水得到有效控制时，事发地防汛抗旱指挥机构可视汛情旱情，宣布终止紧急防汛期或紧急抗旱期。以上都反映出行政应急权的"应变"和灵活性的特征。

（二）行政应急权的正当性基础

行政应急权属于国家权力的重要组成部分，是国家在危机管理过程中专门分离出的一种行政权力。行政应急权行使的直接目的是控制和消除突发事件带来的现实威胁，其最终目的在于维护公共利益，以更好地保障个人权益。公共利益是社会成员普遍利益的集中概括，是一种抽象化了的共同利益。正如有学者指出的，公共利益与个人利益具有对立统一性。作为公共利益主体的社会总代表，只是抽象的人格主体，并不能真正消化公共利益，最终仍需将其分配给社会成员享受。通过利益转化，实现了社会公正，即社会成员基本上平等地占有了利益。[①]安全、自由、秩序，是公共利益表现的基本形态。突发事件往往会带来人员伤亡和财产损失，对正常的生产、生活、工作秩序造成破坏，事关公共利益，具有极强的公共性。突发事件爆发也意味着社会整体协作关系断裂，传统的常规国家管理的资源和工具大幅减损，面对迅速恢复社会秩序的迫切任务，只能通过创设新的非常规管理工具来弥补。经过集中和扩大，行政权演变为具有管理资源变量优势的行政应急权，以建立适应危机环境的利益分配机制，矫正失衡的权利义务，恢复社会秩序。[②]

马克斯·韦伯将统治视为共同体行为的最重要的因素之一。理性的官僚体制是通过固定的规则即法律或行政规则，赋予一个机关拥有处置某些特定问题的权限的。与官僚制所倡导的井然有序的规则相比（其建立在技术理性基础之上），行政应急权从某种程度上是反规则的。危机严重程度不断加深的情况下，采取何种应对措施无法预料，需要赋予主权者在面对危机时采取紧急行动的特权。正如洛克所言，所谓特权，不外是授予君主的一种权利，在某些场合由于发生了不能预见的和不稳定的情况，以致确定的和不可变更的法律不能运用自如时，君主有权为公众谋福利罢了。凡是显然为人民谋福利以及把政府建立在它的真正基础之上的任何行为，都是而且永远是正当的特权。[③]

德国著名政治学家卡尔·施密特在其著名的《政治的概念》一书中，阐述了紧急状态下国家权力与法治的关系，他认为紧急状态下宪法与法律都必须向国家权力让步，强权国家最终将压倒法治国家。[④]即便如此，施密特对政治秩序并非全然反对，其更多是在强调"国家的存在证明它比法律规范的效力具有更大的重要性"。任何政治的结果——哪管它是一个人的还是民主共

[①] 叶必丰：《论公共利益与个人利益的辩证关系》，载《上海社会科学院学术季刊》1997年第1期。
[②] 石启龙、傅卫卫：《应急不避法治：极端突发事件应急处置法治化的理论与实践》，东北大学出版社2015年版，第43—45页。
[③] [英]洛克：《政府论》（下篇），叶启芳、瞿菊农译，商务印书馆2019年版，第100页。
[④] 郭春明：《紧急状态法律制度研究》，中国检察出版社2004年版，第141页。

和国的绝对统治,君王的权力还是人民的政治自由——只是作为任务而表现。政治权力组织及其维护和扩展权力的方式,依政府类型的不同而有所不同,但总是可以按事实—技术的方式产生,就如同艺术家根据理性主义的倾向设计一件艺术品。[①]正如霍布斯在《利维坦》中阐述的那样:主权者不论是君主还是一个会议,其职责都取决于人们赋予主权时所要达到的目的,那便是为人民求得安全。[②]

二、行政应急措施的主要类型

突发事件成因、发展和危害均不相同,既有量的区别,也有质的差异,要避免"眉毛胡子一把抓",应急处置必须分级管理、分类施策。作为应急基本法的《突发事件应对法》,《传染病防治法》《防汛条例》等相关应急单行法律、法规、规章以及应急预案,都规定了大量的行政应急措施,有些分散在不同的章节,需要根据内容和性质提炼总结。根据突发事件的种类不同,相应地,可以分为自然灾害类行政应急措施、事故灾难类行政应急措施、公共卫生事件类行政应急措施和社会安全事件类行政应急措施。根据对行政相对人的不同影响,可以分为授益性的行政应急措施和负担性的行政应急措施,如在紧急防汛期,防汛指挥部调用有关单位物资、设备、交通运输工具和人力,即属于负担性的行政应急措施,而向灾区群众提供的生活供给、医疗防疫等服务,则属于授益性的行政应急措施。根据应急管理的不同流程,理论上似乎可以分为事前行政应急措施、事中行政应急措施和事后行政应急措施。但正如有学者指出的,危机预防工作和危机后的恢复工作都可以在常态法制框架内完成,所以就应急性原则而论,应当适用于非常态的应急情况,即事

---

① [美]麦考米克:《施米特对自由主义的批判:反对技术作为政治》,徐志跃译,华夏出版社2005年版,第118页。

② [英]霍布斯:《利维坦》,黎思复、黎廷弼译,商务印书馆1997年版,第260页。

前和事后的这两个阶段不宜适用应急原则。[①]本书原则上同意这种观点，行政应急措施的使用主要在应急响应的阶段。就我国应急法规定的行政应急措施的具体内容和性质特征的不同，其大体可以分为如下几类。

(一) 救助性行政应急措施

救助性行政应急措施主要是指有救助义务的主体对受突发事件影响的各类人员提供救援、帮助的措施，这也是最主要的一类行政应急措施。救助性行政应急措施主要是授益性的，法定的应急机关必须履行相应的救助义务，且应当一视同仁。正如这句古老的法谚：人民的利益是至高无上的法律。突发事件发生后，抢险救人是第一位的任务，也是贯穿我国应急法始终的一条主线，《突发事件应对法》《传染病防治法》《破坏性地震应急条例》等法律法规均规定了救助性行政应急措施。如《破坏性地震应急条例》规定，破坏性地震发生后，卫生部门应当立即组织急救队伍，利用各种医疗设施或者建立临时治疗点，抢救伤员，及时检查、监测灾区的饮用水源、食品等，采取有效措施防止和控制传染病的暴发流行，并向受灾人员提供精神、心理卫生方面的帮助。医药部门应当及时提供救灾所需药品。其他部门应当配合卫生、医药部门，做好卫生防疫以及伤亡人员的抢救、处理工作。2008年5月12日，四川汶川发生7.8级地震，成千上万条生命被废墟掩埋。国际救援经验表明，地震发生后的72小时是最关键的"黄金救援时间"。在中央抗震救灾总指挥部的统一指挥下，经过各方共同努力，到5月15日成功解救被困群众5000多名，疏散群众3万多人，有3.77万顶救灾帐篷和5万床棉被运抵灾区。[②]

(二) 控制性行政应急措施

控制性行政应急措施，也称限制性行政应急措施，主要是为降低或减缓

[①] 刘莘：《行政应急性原则的基础理念》，载《法学杂志》2012年第9期。
[②] 《四川汶川7.8级大地震救援纪略：生死竞速72小时》，载中国政府网，http://www.gov.cn/jrzg/2008-05/16/content_976951.htm，最后访问时间：2022年9月7日。

突发事件造成的危害和影响，结合风险评估情况，对特定对象和区域采取的限制、禁止、封锁等各类管控措施，包括明确管控对象、划定管控区域、规定管控时间等。比如，我国《抗旱条例》规定，严重干旱和特大干旱发生地的县级以上地方人民政府可以采取下列措施：压减供水指标；限制或者暂停高耗水行业用水；限制或者暂停排放工业污水；缩小农业供水范围或者减少农业供水量；限时或者限量供应城镇居民生活用水。又如，《突发公共卫生事件应急条例》规定，根据突发事件应急处理的需要，突发事件应急处理指挥部必要时可以对人员进行疏散或者隔离，并可以依法对传染病疫区实行封锁。此外，《反恐怖主义法》规定，恐怖事件发生后，负责应对处置的反恐怖主义工作领导机构可以决定由有关部门和单位采取下列一项或者多项应对处置措施，具体包括：封锁现场和周边道路；在特定区域内实施空域、海（水）域管制；在特定区域内实施互联网、无线电、通讯管制；在特定区域内或者针对特定人员实施出境入境管制；禁止或者限制使用有关设备、设施，关闭或者限制使用有关场所，中止人员密集的活动或者可能导致危害扩大的生产经营活动；等等。

值得注意的是，控制性应急处置由于措施严、手段硬，且操作起来简单方便，往往可以迅速阻断突发事件传播蔓延的链条，但由于杀伤性强，极有可能带来粗暴执法的问题，实施行政应急措施要兼顾效率原则与比例原则，即有关部门采取的行政应急措施，应当与突发事件可能造成的社会危害的性质、程度和范围相适应；有多种措施可供选择的，应当选择有利于最大限度地保护公民、法人和其他组织权益的措施。此外，控制性行政应急措施具有临时性、实效性等典型特征，这就要求一旦突发事件得到有效控制或消除，要及时解除控制措施。在新型冠状病毒感染疫情防控过程中，深圳市封控区实行"区域封闭、足不出户、服务上门"；管控区前4天参照封控区要求提级管理，实行"足不出户、服务上门"，经风险评估后，第5天起至管控结束，实行"定格管理、足不出楼、错峰取物"；防范区实行"强化社会面管控、严格限制人员聚集"。封控区、管控区解除须同时满足三个条件，包括：近14天区域内无新增病例或无症状感染者；区域内最后一名密切接触者末次暴露已超过14天，或转运集中隔离超过4天且核酸检测为阴性；解除前2天区域内所有人员完成一轮核酸筛查，且均为阴性。封控区、管控区全部解除后，与之相对应的防范区也同步解除管理措施。①

（三）保障性行政应急措施

保障性行政应急措施主要是应急主体采取的保护和恢复社会秩序、保障生产生活供应等各类措施的总称。应急保障本来是政府及相关部门日常工作的重要内容，由于突发事件的发生，重点场所、公共设施、重要物资和私人财产等更容易受到冲击和破坏，有必要提供比平时更高标准的保障措施。新型冠状病毒感染疫情发生之初，离汉通道关闭、社区长时间封闭管理，武汉上千万居民的基本生活保障问题引起社会广泛关注。在随后召开的国务院联防联控机制新闻发布会上，国家发展改革委相关负责人提出"要以超过常态化的需求来组织供应，宁可增加库存，宁可备而不用或备而少用，也要坚决防止出现短缺"。②应急保供措施，也是我国应急法立法的重点内容。如《突发事件应对法》规定，突发事件发生后，履行统一领导职责的人民政府可以立即抢修被损坏的交通、通信、供水、排水、供电、供气、供热等公共设施，向受到危害的人员提供避难场所和生活必需品，实施医疗救护和卫生防疫以及其他保障措施。又如，《国内水路运输管理条例》规定，水路运输经营者应当优先运送处置突发事件所需的物资、设备、工具、应急救援人员和受到突发事件危害的人员，重点保障紧急、重要的军事运输。

（四）惩治性行政应急措施

惩治性行政应急措施主要是法律规定的有权机关依法对各类违反或破坏应

---

① 《权威发布｜深圳疫情防控最新情况，请看3月8日新闻发布会实录》，载光明网，https://m.gmw.cn/baijia/2022-03/08/1302835213.html，最后访问时间：2023年3月31日。

② 贺广华、侯琳良、付文：《打好武汉生活物资供应保障战》，载《人民日报》2020年3月25日，第13版。

急管理秩序的违法行为予以惩戒的各类措施的总称。包括依法从严惩处囤积居奇、哄抬物价、制假售假等扰乱市场秩序的行为，稳定市场价格，维护市场秩序；依法从严惩处哄抢财物、干扰破坏应急处置工作等扰乱社会秩序的行为，维护社会治安；等等。2020年2月6日，最高人民法院、最高人民检察院会同公安部、司法部联合下发《关于依法惩治妨害新型冠状病毒感染肺炎疫情防控违法犯罪的意见》，为依法推进各项疫情防控工作提供了法治保障。

三、我国行政应急措施的适用及其检视

行政应急权虽然由来久远，但由于法治化进程迟滞于风险管理的需要，加之其扩张的本性，现实中行政应急措施常常有超越法律之虞。具体而言，表现在以下几个方面。

（一）法律体系的不协调削弱了应急处置的权威性

我国应急法的体系建设具有典型的"应激性"特征，"大灾之后必修法"成了推进法制建设的标准动作，由于缺乏系统性考虑，通过"打补丁"等方式构建起的应急法体系内部协调性较弱，由此带来的诸如应急响应等制度立法冲突的问题一直未得到有效解决，如我国《突发事件应对法》规定突发事件发生后，履行统一领导职责的人民政府采取应急处置措施；《传染病防治法》规定，传染病暴发、流行时，县级以上地方人民政府有权采取紧急措施；《防震减灾法》规定，地震灾害发生后，抗震救灾指挥机构有权采取紧急措施；《防洪法》规定，在紧急防汛期，国家防汛指挥机构或者其授权的流域、省、自治区、直辖市防汛指挥机构有权作出紧急处置。很显然，上述法律关于行政应急措施的实施主体及具体描述是不一致的，这给有关地方正确适用法律带来了困扰。

此外，我国应急管理从"一案三制"基础上发展而来，行政应急措施一部分源于法律法规的规定，另有相当一部分来源于各级各类应急预案，后者

关于有权采取行政应急措施的主体与法律规定亦不一致,如《国家地震应急预案》规定,各有关地方和部门根据灾情和抗灾救灾需要,可以采取应急响应措施;《国家突发环境事件应急预案》规定,突发环境事件发生后,各有关地方、部门和单位根据工作需要,可以组织采取应急响应措施。在应急预案已异化为应急法律规范的一部分的背景下,[①]上述预案中关于应急响应措施的不同规定,无疑进一步加剧了法律规范之间的紧张关系。

(二)法律状态不明容易导致行政应急措施异化

突发事件应急处置对行政权扩张的内在需求与行政应急权的行使缺乏明确的边界和标准,构成了应急响应阶段一对基本矛盾。一方面,行政应急权的自我扩张的秉性使之容易被滥用,进而突破比例原则。另一方面,我国法律区分紧急状态和一般应急状态,紧急状态受宪法调控,但由于尚未制定紧急状态法,与紧急状态相对应的紧急处置措施的种类、强度等具体问题一直悬而未决,使得一般的行政应急措施很容易挣脱法律束缚升级为紧急处置措施。这在重大突发事件情况下表现得尤为突出。

(三)相关制度不完善制约了行政应急措施的功效

一方面,先期处置与应急处置措施衔接不足。有学者将"先期处置"称为"危机预控",这是介于危机预警和应急处置之间的过渡性阶段,主要是为了阻止或限制事件的发展,避免或减轻事件可能造成的危害,而采取的防御性、控制性、保护性措施。[②]应急处置作为一种非常规措施,先期处置具有较强的程序意义。然而,上述机制的衔接却明显不畅。主要表现在:《突发事件应对法》第44条和第45条当中设立了不同警报级别下的先期处置措施。但是,三、四级警报下的措施主要是调查和宣传,而一、二级警报下的措施刚性不

---

① 林鸿潮:《应急法概论》,应急管理出版社2020年版,第136页。
② 马怀德主编:《应急管理法治化研究》,法律出版社2010年版,第265—266页。

足，不利于应急处置工作的正式启动。[1]另一方面，应急征用制度不完善影响了应急处置的效率。《突发事件应对法》虽然赋予组织处置突发事件的人民政府紧急征用、调用应急救援设备、设施、场地等物资的权限，但征用、调用的对象、范围以及具体程序并不明确，不利于应急处置功能的发挥。新型冠状病毒感染疫情防控期间，云南省大理市卫生健康部门对云南顺丰速运有限公司大理分公司承运的发往重庆市的口罩实施"紧急征用"等荒唐事件，[2]从一个侧面反映出应急储备制度及其运行的真实状况。

（四）行政应急措施决策程序缺失有诱发法治危机的风险

我国《突发事件应对法》《传染病防治法》等相关法律仅原则性地规定了采取行政应急措施的主体、行政应急措施的种类，并未就行政应急措施的实施依据、决策程序、法律责任等作出规范，《重大行政决策程序暂行条例》虽规定了公众参与、专家论证、风险评估、合法性审查和集体讨论决定的程序，但其并不适用于突发事件应急处置决策。突发事件应急处置的紧迫性，使得人们容易忽视程序正义。实践中，由于决策程序不透明，一些地方行政应急措施朝令夕改，使公众对突发事件应对工作的合法性产生怀疑。

此外，《突发事件应对法》等相关法律并未规定行政应急措施的终止及其宣告程序，实践中各地大多根据当地应急预案自行把握，由于各地预案的规定不尽一致，在实施过程中容易走样。如《重庆市突发公共卫生事件专项应急预案》规定，突发公共卫生事件应急响应的终止应同时满足：突发公共卫生事件隐患或相关危险因素消除；最后1例相关病例经过最长潜伏期后再无新病例出现；多数病人治愈出院，危重病人病情基本稳定。

---

[1] 江国华、卢宇博：《论我国突发公共卫生事件应急处置制度的法律规制》，载《苏州大学学报（法学版）》2020年第3期。

[2] 《新华时评：大理"截留"抗疫物资于理于法不容》，载环球网，https://m.huanqiu.com/article/9CaKrnKpe9e，最后访问时间：2023年3月31日。

四、行政应急措施的法律规制

历史已经表明，人们对法治的诉求并不因社会非常态而有所减弱，而法治的核心追求，便是对公共权力滥用的有效控制。规制突发事件行政应急措施的正当适用，应从以下几个方面着手。

（一）行政应急措施规制的实体要件

行政应急措施实施主体混乱，行政应急措施内容和描述不一致，源于我国应急法体系内部不协调，《突发事件应对法》未真正发挥作为应急总法的定位和功能。要解决上述问题，需要结合推进应急管理体系和能力现代化的要求，做好应急法体系建设的顶层设计和立法规划，克服"打补丁"立法带来的"头痛医头、脚痛医脚"的弊端。在这一过程中，特别要处理好立新法与修旧法之间的关系，比如正在研究制定的"自然灾害防治法"，既要处理好与《突发事件应对法》修订之间的关系，又要适当观照已有的《防震减灾法》《防洪法》《消防法》等单灾种灾害法，明确各自的调整范围，避免法律制度重叠、冲突，维护应急法的协调统一。如前文所指出的，从长远看，我国需要制定一部严格意义上的紧急状态法，对紧急状态的概念进行界定，规范紧急状态下行政应急措施的种类、行政应急权的行使程序等相关内容，明确紧急状态下的行政应急措施与一般行政应急措施的价值分野与区分标准。

完善危机预控与应急处置衔接机制。危机预控是衔接危机预警与应急处置的中间环节，目前法律中规定的预控措施偏"软"，部分领域预警后的响应措施缺乏强制力保障，比较典型的是转移、疏散或者撤离易受突发事件危害的人员以及转移重要财产的情形。我国《行政强制法》第3条第2款虽然规定了"发生或者即将发生自然灾害、事故灾难、公共卫生事件或者社会安全事件等突发事件，行政机关采取应急措施或者临时措施，依照有关法律、行政法规的规定执行"，但由于《突发事件应对法》并未与《行政强制法》作出有序衔接，使得危机预控的制度功能落空，很多情况下陷入"无法可依"的窘境。当务之急，是在修订《突发事件应对法》时增加应急行政强制权的规定。[①]此外，先期处置措施的核心是启动应急预案，因此应急预案的内容和质量的好坏，成了危机预控能否取得成效的关键。因此，强化危机预控应当与完善应急预案制度结合起来考虑。鉴于相关法律对应急征用主体、对象规定得不一致，有必要在《突发事件应对法》修订中予以明确，为相关法律制定、修改提供指引。同时明确健全应急补偿机制，制定完善补偿办法。

（二）行政应急措施规制的程序要件

我国应急法规定了当场决定、当场执行的行政应急权模式，行政主体一般无须履行任何行政应急程序即可采取行政应急措施，这种对行政应急措施实施程序的忽视所引发的负面效应在应对非常规突发事件中被逐渐放大。改进的方案有二：一种方案是在专门的行政程序法中设专章或节来规定紧急行政程序，就重大突发事件导致的紧急情况下的行政应急措施的适用范围、程序及原则、约束机制、补救机制等加以具体规定，这对于满足公共危机管理的紧急需求、通过控制紧急行政权的行使过程保护相对人合法权益具有特殊意义。另一种方案是在行政程序法作出专门规定以前，可基于应急法实践的现实需要先行以行政法规等形式予以明确，并作为程序规范将之适用于所有应急法领域，因为在所有单行法中通过立法修改就紧急的、特殊的行政程序作出规定既不经济也不现实。[②]本书同意这种观点。

行政应急权涉及应急管理状态的切换，进入实质阶段，在形式上应当有一个宣告动作作为标志。此外，行政应急措施具有应急性、临时性的显著特点，尤其是采取的控制性措施对公民权利构成限制，应当将这种权力控制在合理限度内，有必要载明行政应急措施的有效期。《加拿大应急管理法》（亦称危机法）规定了公共财产和公共秩序紧急事件声明的协商、宣布、修订、

[①] 参见林鸿潮主编：《〈突发事件应对法〉修订研究》，中国法制出版社2021年版，第147—148页。
[②] 韩大元、莫于川主编：《应急法制论：突发事件应对机制的法律问题研究》，法律出版社2005年版，第312—313页。

延续和终止程序,按照该法第6条、第7条之规定,总理根据合理的事实,认为公共财产紧急事件存在并有必要采取特殊的临时性措施去解决这一紧急事件的,在按照要求与相关方(指受紧急事件直接影响的有关负责人)协商后,可以发布声明。声明的效力在90天后终止,除非声明提前撤销或者根据该法延续执行。[①]在修订《突发事件应对法》的过程中,可以借鉴上述立法经验,建立应急响应宣告制度,明确提出、宣告、调整和终止等环节的内容,形成完整的应急响应体系。

(三)行政应急措施规制的实施机制

1. 建立行政应急措施权责清单制度

职权法定是法治政府最基本的特征。习近平总书记在庆祝全国人民代表大会成立60周年大会上指出,各级行政机关必须依法履行职责,坚持法定职责必须为、法无授权不可为,决不允许任何组织或者个人有超越法律的特权。[②]中共中央、国务院于2021年印发的《法治政府建设实施纲要(2021—2025年)》,将全面实行政府权责清单制度作为法治政府建设的一项重要任务加以推进。行政应急权是一项重要的行政权力,由于超常规的运作模式,使其较之于一般的行政权更容易脱离控制。尽管行政应急措施身处应急状态,但其绝非合法性的例外,有必要以清单的形式将其置于制度的"笼子"中。具体而言,是在系统梳理现行有效的法律、法规、"三定"方案等的基础上,结合党中央、国务院的有关规定,将各级政府及其有关行政机关行使的各项行政应急措施及其设定依据、行使主体、履责方式、追责情形等内容,以清单形式明确列示出来,向社会公布,接受社会监督,加强对行政应急权的制约和监督。

[①] 万鹏飞主编:《美国、加拿大和英国突发事件应急管理法选编》,北京大学出版社2006年版,第171—177页。

[②] 习近平:《在庆祝全国人民代表大会成立六十周年大会上的讲话》,载《求是》2019年第18期。

2. 行政应急措施的实施要于法有据

坚持依法依规、科学严谨，不应随意使用"战时状态"、随意采取"静默"管理。主要原因在于："战时状态"是军事术语，按照《国防法》第12条第2款之规定，全国人民代表大会常务委员会依照宪法规定，决定战争状态的宣布，决定全国总动员或者局部动员，并行使宪法规定的国防方面的其他职权。如由于希特勒在德国发动破坏世界和平的法西斯侵略战争和支持日本对中国的侵略战争，中国于1941年12月9日宣布同德国处于战争状态。随着德国法西斯被消灭，1956年4月7日，全国人民代表大会宣布中华人民共和国同德国之间的战争状态从此结束。可见，"战时状态"的适用范围有严格限制，在新型冠状病毒感染疫情防控过程中，一些地方使用"战时状态"，主要是为了凸显疫情形势的严峻，同时表达动员全社会抗击疫情的态度和决心。但滥用"战时状态"的表述，不仅容易造成法律秩序的紊乱，而且会为行政应急权的不当行使埋下隐患。国务院办公厅于2022年5月30日下发的《国家防汛抗旱应急预案》，明确要求防汛抗旱的信息发布应当及时、准确、客观、全面。对雨情、汛情、旱情、灾情描述要科学严谨，未经论证不得使用"千年一遇""万年一遇"等用语，在防汛救灾中也不得使用"战时状态"等表述。"静默"管理，也称"静态"管理，是一些地方在新型冠状病毒感染疫情防控过程中使用的一个词语。从字面意思讲，就是各类人员、场所和活动都停下来恢复到"静止"状态。"静默"同样不是一个严格的法律概念，"静默"管理容易造成行政应急权悬置法治，使得本就复杂的应急管理秩序更加混乱。2022年11月10日，中央政治局常委会召开会议听取新冠肺炎疫情防控工作汇报，研究部署进一步优化防控工作的二十条措施，重申严禁随意封校停课、停工停产、未经批准阻断交通、随意采取"静默"管理、随意封控、长时间不解封、随意停诊等各类层层加码行为。[①] 上述这些做法值得肯定。

---

① 参见国务院应对新型冠状病毒肺炎疫情联防联控机制综合组《关于进一步优化新冠肺炎疫情防控措施 科学精准做好防控工作的通知》（联防联控机制综发〔2022〕101号）。

3.构建政府、公民、社会合作治理机制

后工业社会是一个合作的社会,理性参与社会活动的人,必然会使自己的行为选择与协作行动的工具性特征一致。[①]危机的发生,某种程度而言是合作治理失败的表现。由政府独揽公共安全预警、应急处置与救援,在突发事件应对中反复被证明是效力低下甚至是失败的。共建、共治、共享的本质就是通过制度安排,构建政府、公民、社会的友好合作关系,防止权力垄断。我国《突发事件应对法》总则中虽有"公民、法人和其他组织有义务参与突发事件应对工作"的规定,但这一制度安排过于原则,尤其是缺乏对参与主体合法权益维护的措施。在突发事件状态下,缓解行政应急权的扩张与公民自由权克减之间的紧张关系,需要恪守比例原则,包括目的的正当性、手段的正当性、手段的必要性以及狭义的比例原则。[②]但比例原则说到底属于国家自由裁量权的范畴。[③]控制自由裁量权,一方面要为权力的行使划定边界,另一方面通过赋予公民知情权、批评权、参与权和监督权等各项具体权利以及程序上的救济权利对其加以限制。一个没有权利救济的社会实际上是一种无法状态。正如耶林所言:"人民由此陷入各种不幸,不是压迫,而是正当的权利被轻率地践踏,却没有救济。"[④]

4.完善行政应急措施实施评估机制

国务院印发的《"十四五"国家应急体系规划》强调了评估制度在应急体系和能力现代化建设中的重要作用,评估不仅是灾前风险预防的重要手段,也是灾后社会学习的核心机制,更是为全面检验和改进事中行政应急措施提供了有效途径。对行政应急措施的评估应围绕突发事件应急响应展开,对不同类型的突发事件的发生及其影响、采取应急处置的成本及收益进行分析评估,包括行政应急措施的启动、实施主体、具体形式、措施的有效性以及是

[①] 张康之:《走向合作的社会》,中国人民大学出版社2015年版,第67页。
[②] 刘权:《目的正当性与比例原则的重构》,载《中国法学》2014年第4期。
[③] 梅扬:《比例原则的适用范围与限度》,载《法学研究》2020年第2期。
[④] [德]鲁道夫·冯·耶林:《为权利而斗争》,郑永流译,法律出版社2012年版,第48页。

否符合比例原则等内容，评估的目的主要在于优化应急响应机制，提升行政应急措施的有效性、合法性、合理性。

第四节　信任与沟通：信息公开

我们生活在一个"信息爆炸"的时代。要赢得工作主动权，信息公开已是大势所趋。随着政务公开的发展，人们的注意力已从较为宽泛的领域转移到更为具体的信息公开。2015年7月，因海面风力增强，"北海—涠洲岛"航线全部停航，导致7000余名游客滞留多日，继而出现停水停电、部分商家哄抬物价等问题。事发地涠洲岛管委会除了在市政府官方微博上发布了一条领导协调有关工作的信息外，再也没有提供其他任何公共服务信息。信息的不对称，使焦虑等待中的游客产生误解和猜测。许多游客连日来拥堵在码头，不仅身受风雨之苦，还与管理人员发生摩擦。[1]与之形成对比的是，2022年7月，北海突发新型冠状病毒感染疫情，仅8天就报告了900多例阳性病例，致使大量游客滞留涠洲岛。由于及时发布疫情处置信息，涠洲岛生活秩序井然，物资供应没有受到明显影响。可见，政府舆情应对的能力和水平关乎应急管理的成效。国内外无数案例充分证明，信息公开是突发事件应对的基础性工作，也是赢得社会公众信任的关键。由于相关法律制度不健全，信息公开不能满足突发事件应急处置的现实需要，也与应急管理体系和能力现代化要求存在差距。鉴于此，明晰突发事件信息公开的范围，分析其正当价值和实施中的不足，有助于更好地推进应急管理工作。

---

[1]　潘强：《处理突发事件要"既做又说"》，载《中国旅游报》2015年7月27日，第4版。

一、突发事件信息公开制度的正当审视

（一）突发事件信息公开的概念

根据《政府信息公开条例》的规定，政府信息是指行政机关在履行行政管理职能过程中制作或者获取的，以一定形式记录、保存的信息。政府信息公开是指政府主动或被动地将其掌握的政府信息予以公开。政府信息公开法律制度是关于政府信息公开的原则、适用机关、公开和豁免公开的范围、公开的方式和程序、涉及政府信息公开与豁免公开的申诉和诉讼等各项具体法律制度的总和。[①] 突发事件信息公开制度，是有关突发事件信息公开的运作及保证政府突发事件应急处置信息公开落实的制度，包括突发事件信息公开的范围、要求、公开方式和程序以及监督救济等内容。一般认为，突发事件信息公开应坚持以下原则。

一是及时、准确原则。对公开信息的及时性要求，是由突发事件的时效性所决定的。"及时"，就是要第一时间把准确的、最新的信息传递给社会公众，有效地引导舆论。在互联网高度发达的今天，如果政府不能第一时间发布权威信息，网络上未经验证的"小道消息"就会不胫而走，不仅容易混淆视听，甚至可能引发公众恐慌。信息公开的准确性，强调信息发布要确保质量，尽可能减少偏差。这就要求相关部门不仅要遵循法定程序公布信息，而且应确保发布的信息是真实可靠的，一旦发现存在可能扰乱公共管理秩序的虚假信息或者误导性信息，政府要及时出面予以澄清，避免不实信息混淆视听。

二是平等便民原则。公民、法人和社会组织享有平等地获取突发事件信息的权利，政府信息公开部门应当一视同仁，不得歧视和存在偏见。应急管理工作的特点，决定了新闻媒体和社会公众对突发事件关注度高，政府及有关部门应当主动告知其获取信息的方式、途径，并通过网络、报刊、电视等各种形式，尽可能为当事人提供便利。

[①] 应松年、陈天本：《政府信息公开法律制度研究》，载《国家行政学院学报》2002年第4期。

三是以公开为常态，不公开为例外原则。除了《政府信息公开条例》明确列举的不予公开的信息，比如依法确定为国家秘密的政府信息，法律、行政法规禁止公开的政府信息，以及公开后可能危及国家安全、公共安全、经济安全、社会稳定的政府信息，其他突发事件信息原则上应当予以公开。需要注意的是，政府及其相关职能部门在履行应急管理职能过程中形成的讨论记录、过程稿、磋商信函、请示报告等过程性信息以及行政执法案卷信息，可以不予公开。

（二）突发事件信息公开的价值分析

1. 依法行政的基本要求

推进依法行政、建设法治政府，是全面推进依法治国的重要内容。依法行政的核心是合法行政、合理行政、程序正当、权责统一。习近平总书记在庆祝全国人民代表大会成立60周年大会上的讲话中指出，各级行政机关必须依法履行职责，坚持法定职责必须为、法无授权不可为，决不允许任何组织或者个人有超越法律的特权。[1]依法公开突发事件相关信息，是法律、法规、规章等明确赋予行政机关的行政管理职责之一。我国《政府信息公开条例》明确规定，突发公共事件的应急预案、预警信息及应对情况依法属于行政机关主动公开的政府信息范围。同时要求行政机关应当建立健全政府信息发布机制，将主动公开的政府信息通过政府公报、政府网站或者其他互联网政务媒体、新闻发布会以及报刊、广播、电视等途径予以公开。上述法定职责，行政机关必须采取积极的措施和行动依法履行，不得放弃、不得推诿、不得转嫁他人。否则，要依法承担相应的法律责任。

2. 保障公民知情权的内在要求

知情权一词源于英文"right to know"。在我国通常称为知悉权、了解权或者得知权，是指自然人、法人及其他社会组织依法享有的知悉、获取与法

---

[1] 习近平：《在庆祝全国人民代表大会成立六十周年大会上的讲话》，载《求是》2019年第18期。

律赋予该主体的权利相关的各种信息的自由和权利。[①]知情权主要是指公民有获取信息的权利和自由，并不包括传播信息的自由，但知情权是信息传播自由的理论依据。只有信息传播自由，公民才能更好地实现知情权。[②]知情权具有宪法基本权利的地位。在我国，《宪法》虽然没有直接规定知情权，但《突发事件应对法》《政府信息公开条例》等通过规定政府突发事件信息公开义务的形式，对公民知情权进行了间接确认。突发事件事态发展和应急处置工作信息，主要掌握在政府及其相关部门手中，它们既是最大的信息拥有者，也是信息生产者和发布者。因此，保障公民知情权，最重要的是及时、准确发布突发事件信息。

3.提升突发事件治理能力的客观需要

及时、准确披露突发事件信息，公开事态进展和政策动向等，是政府部门应对突发事件的重要手段，也是政府与社会公众进行有效沟通的重要桥梁。历史经验教训一再证明，信息公开越透明、越充分，应急处置工作才能越主动。突发事件治理是一项社会系统工程，需要多主体共同参与，尤其在发生非常规突发事件的情况下，政府采取的应急措施是否科学、能否取得实效，需要全社会通力配合，需要畅通政府与社会公众沟通交流渠道。从某种程度而言，信息公开能力是政府突发事件治理能力和水平的集中体现。2016年，时任国务院总理李克强同志强调，对于可能引发公众舆论的热点要提前"推演"，对于相关的质疑声音要及时回应。各级政府一定要时刻绷紧政务公开这根"弦"，主动回应关切，引导社会预期！[③]随着风险社会来临，人们对信息提供系统的依赖程度加深。信息公开本质上是一种风险沟通机制，风险并不意味着灾难降临，通过风险沟通，实现信息公开透明，有助于转危为安。

---

① 汪习根、陈焱光：《论知情权》，载《法制与社会发展》2003年第2期。
② 李步云主编：《信息公开制度研究》，湖南大学出版社2002年版，第2页。
③ 《李克强：政务公开是常态，不公开是例外》，载中国政府网，http://www.gov.cn/xinwen/2016-10/31/content_5126698.htm，最后访问时间：2023年3月20日。

二、突发事件信息公开制度知易行难

突发事件发生后，一些地方处置不及时、信息传递不通畅，甚至存在"隐瞒"行为，与我国现行突发事件信息公开制度不健全密切相关。具体来说，有以下三个方面。

一是信息公开的主体规定不一致，给行政机关适用法律带来障碍。以突发公共卫生事件信息发布为例，按照《突发事件应对法》的规定，履行统一领导职责或者组织处置突发事件的人民政府，负责发布有关突发事件事态发展和应急处置工作的信息；但《传染病防治法》《突发公共卫生事件应急条例》规定，传染病疫情信息的发布主体为国务院卫生行政部门和省级以上人民政府卫生行政部门。由于传染病疫情信息公开的法律规范间存在冲突，导致相关主体在适用上无所适从。实践中，对于新冠病毒感染疫情信息的公开，有的由当地政府实施，有的由新冠肺炎疫情联防联控领导小组办公室实施，甚至有的由县级政府卫生健康部门实施，损害了信息发布的统一性和权威性。此外，当出现跨区域的传染病疫情时，法律并未明确由哪一级主体进行信息发布。

二是信息公开的内容规定不明确，导致实践中尺度把握不一。如《突发事件应对法》《传染病防治法》《突发公共卫生事件应急条例》等相关法律并未对传染病疫情信息发布的详细程度作出规定，导致一些地方对确诊人员、疑似人员、密接人员的信息发布过度。突发事件信息公开不可避免涉及个人隐私问题，由于信息泄露等问题导致的网络曝光、人肉搜索等事件频发，甚至出现网络暴力事件，一定程度上损害并危及了个人隐私及信息安全。[①]此外，我国《突发事件应对法》仅第10条和第53条涉及信息公开，但侧重于事中和事后的信息公开，事前的预警信息不在此列。突发事件预决策阶段的信息公开环节存在短板。

---

① 张继红：《疫情信息公开与个人信息保护》，载《上海法治报》2021年10月27日，第B6版。

三是"及时性"与"准确性"难以兼顾。统一、及时、准确、全面的信息公开制度是做好应急准备、有效处置突发事件的前提。进入后工业时代，突发事件越来越具有叠加性、耦合性及不确定性，加之受信息收集、研判等影响，很多情况下政府难以在第一时间准确掌握并公布相关信息。信息公开的及时性和准确性要求，构成了突发事件处置过程中一对难以调和的矛盾。近年来，我国危险化学品、矿山、建筑施工等领域安全事故多发，由于环境复杂，事故发生、演变具有明显的不确定性，及时、准确、完整发布事故信息基本难以兼顾。2021年1月10日，山东栖霞笏山金矿发生爆炸事故，22名工人被困于井下。事发7天后，救援指挥部才初步确定了12人的位置，但当时仍有10人情况不明。[①]

三、突发事件信息公开的规则建构

（一）坚持"及时性"优先的原则

突发事件形态下，公众对信息公开的需求更为强烈。信息公开不及时极易导致社会恐慌、过度防卫、造谣传谣等问题，并容易引发新一轮的公共危机，从2003年"板蓝根可以预防SARS"到2020年"双黄连口服液可抑制新冠病毒"的舆情事件，均可见一斑。因此，政府对危机知识和信息的生产、扩散和应用就显得特别重要。由于公共危机信息从捕捉、鉴别到形成、发布，有一个认识和甄别的过程，与民间叙事相比较，官方发布信息的程序更为严格，需要综合考量的因素也更加复杂，加之新型冠状病毒感染无论在中间宿主、传播途径、演变规律，还是在临床表现、预防措施、治疗手段等方面，均与以往截然不同，疫苗研发赶不上病毒变异速度，从一个侧面说明科学认知的复杂性和防疫任务的艰巨性。这就需要政府在信息公开的及时性

---

① 《山东栖霞笏山金矿事故救援最新进展：12人位置确定，另有10人情况不明》，载人民网，http://sd.people.com.cn/n2/2021/0118/c166188-34532595.html，最后访问时间：2022年7月9日。

与准确性之间作出权衡。本书认为，在突发事件应对过程中，信息公开应当以需求为导向，以回应和引导社会关切为目标，体现效率优先的原则，尤其在形势不明朗且社会严重关切的情况下，为避免引发公众猜测和恐慌，政府应尽可能将掌握的信息进行披露，一旦掌握更准确的信息应及时予以更新。因此，对于突发事件信息公开而言，及时性是第一位的，尤其在危机早期，要平衡好及时性与准确性的关系，不能为了强调准确性而贻误最佳的处置时机。

（二）注重平衡信息公开与隐私权保护的关系

信息公开与隐私权保护涉及公共利益与私人权益的权衡，本质上属于价值选择问题。我国《宪法》第51条"中华人民共和国公民在行使自由和权利的时候，不得损害国家的、社会的、集体的利益和其他公民的合法的自由和权利"之规定，构成了对公民基本权利的概括性限制。公民以私人权益保护为由对抗具有公共利益属性的突发事件信息公开，不具有正当性。社会与民主秩序的福祉及存续都高度依赖信息的公开性与可得性，如果隐私权旨在屏蔽信息向公域的流动，则隐私权将被视为"非民主的"。[1]

对公民知情权的优先考虑，并不代表法律漠视个人隐私权。因为信息公开的强度越大，个人隐私权越有可能受到侵害，因此有必要为信息公开划定合理的边界，为公民合法权益设立"防火墙"。从国外信息公开的实践看，各国基本遵循了公民知情权和个人隐私权的利益平衡原则，以兼顾公共安全和个人自由。[2]本书认为，对个人信息的采集及使用，应当基于目的正当性和最小损害原则。具体而言，如果公开信息的内容无助于突发事件的应急处置目标的实现，或者在公布一部分信息的情况下，同样可以实现既定的应急管理目标，那么这种情况下，就需要对信息公开的强度进行合理性、合法性审查，

---

[1] 张衡：《大数据时代个人信息安全规制研究》，上海社会科学院出版社2020年版，第127—128页。

[2] 石国亮：《国外政府信息公开探索与借鉴》，中国言实出版社2011年版，第50页。

以确保信息公开的目的与手段之间合乎比例。

（三）推进信息公开法制的协调统一

关于传染病疫情信息发布主体立法冲突问题，表面上，《传染病防治法》修订在前，《突发事件应对法》颁布在后，二者之间属于新的一般法与旧的特别法的关系，按照立法法关于法律冲突的适用原则，对于两者之间的立法冲突，需要提交全国人大常委会裁决。但这种立法冲突的产生，其根源在于应急法体系内部不具有和谐统一性。由于历史及现实原因，立法者未处理好应急总法与各应急单行法的关系，《突发事件应对法》本应发挥应急"总法"的功能和定位，但现实中由于其"规格"不高，并不具备统领各应急单行法的条件。因而，从根本上解决传染病疫情信息发布制度等规定冲突问题，确立《突发事件应对法》的"总法"地位，并在修订《传染病防治法》《突发公共卫生事件应急条例》时向其"看齐"，是未来法治化的方向。

此外，信息发布主体权力有冲突、协同效应不彰，流动不畅，发布时间不及时，发布内容不规范等问题，主要源于缺乏风险信息防控的法治理念，因而有必要将风险沟通作为信息公开的一项基本原则。[①]有学者将其视为"预防性公开"的原则，并主张以此作为支撑法律规则改进的基础原则，比较可行的路径是，制定专门的突发事件预防及信息发布的法律规范，突出预防为主、关口前移的战略，并以上述原则对信息公开的主体、范围、内容、时限、方式、平台、监督、法律责任等问题进行体系化的规定，为信息公开提供权威的、具体的法律引导和约束。[②]

[①] 周维栋：《论突发公共卫生事件中信息公开的法律规制——兼论〈传染病防治法〉第38条的修改建议》，载《行政法学研究》2021年第4期。

[②] 王锡锌：《传染病疫情信息公开的障碍及克服》，载《法学》2020年第3期。

第四章

应急管理的组织与职权

第一节　应急管理的组织结构

一、组织与组织结构

在英语中，"组织"这一术语大约是在1790年才得到普遍使用的，人们常常把它与"有机体"放在一起表达一种社会秩序，即"为实现一明确的目的而做的系统安排"。"组织"一词有广、狭二义。广义的组织是指整个机构、机关。狭义的组织是指计划、设置（确定职权、职责）、指挥、协调和控制等活动。[1]在组织行为学研究者看来，组织不是随意的拼凑，而是个人或团体为实现组织目标进行的有意义的组合。组织的基本维度是组织结构（organization structure），组织结构是抽象的，是构成组织的各种功能集合及其联系，可定义为"组织里个人或团队的工作、责任、权利分配的正式结构"。[2]

德国著名社会学家马克斯·韦伯在《社会组织和经济组织理论》一书中，对理想的组织结构作了描述，具体包括六个方面内容：第一，为了实现一个组织的目标，要把组织中的全部活动划分为各种基本的作业，作为公务分配给组织中的各个成员；第二，各种公务和职位是按照职权等级原则组织起来的，每一职位有明文规定的权利和义务，形成一个指挥系统或层次体系；第三，组织中人员的任用，完全根据职务上的要求，通过正式考试或教育训练来实行；第四，管理人员有固定的薪金和明文规定的升迁制度，是一种"职业的"管理人员；第五，管理人员必须严格遵守组织规定的规则和纪律，使之不受任何人的感情因素的影响，保证在一切情况下都能贯彻执行；第六，

---

[1] 龚祥瑞：《比较宪法与行政法》，法律出版社2003年版，第340—342页。
[2] ［美］杰拉尔德·格林伯格：《组织行为学》（第6版），朱舟、王蕾译，格致出版社2017年版，第312页。

组织中的各级官员必须完全以理性为指导，完全没有个人目标，没有仇视、偏爱、怜悯、同情。

马克斯·韦伯认为，组织的最终形式是官僚系统。在他看来，组织的运作犹如一部机器，系统里的每一颗螺丝——也就是每一个官员——完成着被清晰划定的职责。①当然，"官僚制"（亦称"科层制"）一开始就不是完美无缺的，由于人的价值观丧失，机械地例行公事，导致效率低下和功能失调。面对"官僚制"带来的弊病，公共选择理论、新管理主义、企业化政府理论都对它进行了尖锐的批判，这样，已经可以作为一个历史趋势而被捕捉到的"官僚制"管理行政范式在工业化几近完成的国家似乎走到了尽头。②今天，人们谈论组织的所用词语是"碎片"和"阿米巴"——捉摸不定而又不断变化，这再也不是效率和静态的范畴了。机器时代的规律性已经让位于信息时代的喧嚣、模糊和复杂。③

世界上没有一成不变的管理理论和方法，因为环境是不断变化的，相应地，组织结构也要随着环境变化进行调整。正如美国危机管理专家罗伯特·希斯所指出的，危机管理需要一个富有弹性的、适应性很强的组织结构以满足各种危机所需，据此他提出了危机管理的框架结构（Crisis Management Shell Structure，CMSS），CMSS可以满足从一个人的公司到国家政府的各种组织。在CMSS中，管理人员根据他们的技能与能力承担责任，而不是根据职位的高低或他们在组织中的工作时间。CMSS具有很多满足有效危机管理要求的特征，包括：（1）简单易懂的结构；（2）简短的沟通与指挥通路；（3）扁平管理，以在传达信息时减少信息扭曲和时滞；（4）集中决策；（5）授权并进行共同决策；（6）重视合作而不仅是战术指挥；（7）收集、评估与整理信息；（8）在危机形势中各当事人集团间有效地沟通；（9）与危机形势的外部团体有效地沟通。具体如图4-1所示。

---

① ［英］斯图尔特·克雷纳：《管理简史》，覃果等译，海南出版社2017年版，第42页。
② 王文科：《公共行政的伦理精神》，黑龙江人民出版社2005年版，第96页。
③ ［英］斯图尔特·克雷纳：《管理简史》，覃果等译，海南出版社2017年版，第43页。

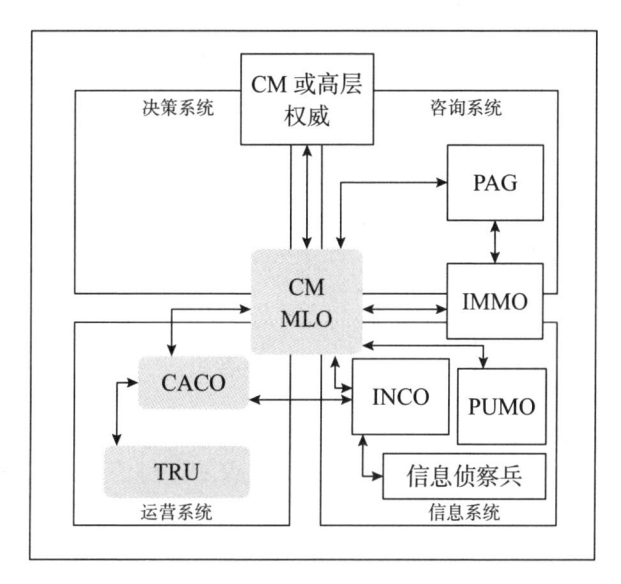

图4-1 CMSS

CMSS有一个信息部分和一个决策部分。这两个因素又分别分为咨询和信息系统、决策和运营系统。信息系统有一个信息整理部（Information Collation Office，INCO）、一个公众与媒体部（Public and Media Office，PUMO）和一个咨询形象管理部（Advisory Image Management Office，IMMO）。咨询系统由咨询形象管理部和主要咨询团体（Principal Advisory Group，PAG）组成。决策系统是危机管理者（Crisis Manager，CM）与高层权威［包括很多危机中都存在的首席危机管理者（Chief Crisis Manager，CCM）］的接口。运营系统有一个合作和指挥系统（Co-ordination and Command Office，CACO）及专业的战术反应部（Tactical Response Units，TRU）。当专业操作需要管理两个以上的团队时，TRU可根据事故控制体系（Incident Command System，ICS）模式建立。危机管理者和他的来自管理联系部（Managerial Link Office，MLO）的支持者，可扩展四个组成部分的任何范围。①

---

① ［美］罗伯特·希斯：《危机管理》，王成、宋炳辉、金瑛译，中信出版社2001年版，第290—294页。

传统上，日本将灾害相关组织分为"自助""共助""公助"三类。日本社会学者大矢根淳尝试从组织活动的地域范围和功能扩张性的角度把灾害相关组织区分为六类：广域高度专业性防灾组织、地区内高度专业性防灾组织、广域功能扩张组织、地区内功能扩张组织、广域一般组织、地区内一般组织。[1]斯托林斯（Stallings）指出了一系列危机发生时可能的组织结构：已建立的、扩展的、延伸的与紧急的。"已建立"的组织是指那些常规反应组织，比如警局、消防队等。"扩展"的组织由志愿者组成，平时作为后备力量以帮助或管理特种危机，如红十字会、国民防卫队或紧急反应部队，诸如乐善好施的宗教组织及社团亦属此类组织。这些组织随危机情景的需要与常规组织一起共担责任，并在危机反应过程中使能力得以扩展。"延伸"的组织是指那些在特殊情况下加入危机管理组织，能提供一些诸如建设或清洁服务等援助的国内组织，如一些社团和帮助清除垃圾、传递信息的"童子军"。"延伸"的组织无正式的危机使命，但在需要时却能集合在一起，为危机救援工作助一臂之力。"紧急"的组织是在危机情景下专门召集起来的职业性组织。这些组织是在危机发生时才临时成立的，以统筹管理危机救援工作。[2]

从组织发展的角度，无论作何种分类，组织结构都与危机处理的任务、技术、人员等变量紧密相关，环境变量的变化促使组织结构随之变迁，使得应急管理体现为一种有组织、有计划、持续动态的管理过程。可见，应急组织结构绝非静止、封闭的系统，会随着危机变化放大、缩小或调整，并通过对权力、责任、义务等要素在组织系统进行合理的配置，以保持和提升应急管理组织的生命力和效率。应急管理组织结构的调整与环境变量的变化可能是同步的，但很多情况下滞后于环境变量的变化，在这一过程中，会经历新老组织要素的激烈对抗直至达到新的平衡。

---

[1] ［日］大矢根淳等编著：《灾害与社会1：灾害社会学导论》，蔡驎、翟四可译，商务印书馆2017年版，第123—128页。

[2] ［美］罗伯特·希斯：《危机管理》，王成、宋炳辉、金瑛译，中信出版社2001年版，第242页。

二、应急管理组织结构与应急管理体制

一般认为,"体制"是指有关国家机关、企事业单位的组织制度。根据《辞海》的解释,"体制"是国家机关、企事业单位在机构设置、领导隶属关系和管理权限划分等方面的体系、制度、方法、形式等几个方面的总称。如政治体制、经济体制等。[1]据此,有学者将"应急管理体制"定义为:国家机关、军队、企事业单位、社会团体、公众等各利益相关方在应对突发事件过程中在机构设置、领导隶属关系和管理权限划分等方面的体系、制度、方法、形式等的总称。[2]这种解释也是目前流行最广、用得最多的一种解释。有学者提出应急管理体制是"体制"和"行政管理体制"的下属概念,理解应急管理体制还应结合行政管理体制。行政管理体制是由机构、职能与运行机制等要素构成的。据此,可将应急管理体制界定为由应急性机关、应急性权力和应急性机制所组成的制度体系。这三个要素是行政应急管理体制的基本构造。[3]还有学者从应急管理体系这一更广的角度来认识应急管理体制。这种观点认为,应急管理体系,包括应急管理的主体、过程、规范和应急保障。应急管理体制对应应急管理主体的一个子领域,是指一个组织中负责应急管理工作的主体及其之间的制度性关系。国家有国家的应急管理体制,一级政府有一级政府的应急管理体制,企事业单位或社会组织、基层自治组织都有其自身的应急管理体制。[4]

如果仅仅从组织制度上来理解应急管理体制,容易把体制局限在机构设置、领导隶属关系方面,而忽视与组织制度直接相关的职权划分、管理制度。如果从制度体系上来理解应急管理体制,又容易把组织体系与组织内部行使职权的具体方法、形式等问题混为一谈。因此,本书认为,对应急管理体制

---

[1] 夏征农主编:《辞海》,上海辞书出版社1999年版,第643页。
[2] 闪淳昌、薛澜主编:《应急管理概论——理论与实践》,高等教育出版社2012年版,第99页。
[3] 戚建刚:《行政应急管理体制的内涵辨析》,载《行政法学研究》2007年第1期。
[4] 李雪峰、佟瑞鹏主编:《应急管理概论》,应急管理出版社2021年版,第56页。

的界定应当相对适中，既要考虑组织体系及其职权划分，也要考虑与组织体系和职权划分密切相关的权力运行机制。在国务院2006年召开的全国应急管理工作会议上，时任国务委员兼国务院秘书长华建敏同志指出，要充实和加强应急管理机构，建立统一领导、综合协调、分类管理、分级负责、属地管理为主的应急管理体制。[①] 2007年颁布的《突发事件应对法》从立法上对这一体制予以确认。这为我们准确把握应急管理体制的内涵和外延提供了明确依据。本书认为，对应急管理体制的理解，应把握以下三点。

第一，应急管理体制主要指向政府行政组织。应急管理体制是行政应急管理体制的重要组成部分。行政管理体制的性质和特点，应急管理体制同样具备。从法学角度看，行政管理体制主要指涉管理国家行政事务的组织结构形式和工作制度。[②]

第二，应急管理体制通常表现为政府行政组织的结构，属于应急管理的实体性基础和"硬件"设置。

第三，职能问题是应急管理体制的核心问题。应急管理体制是应急组织机构的构架和职能的设置，强调一种静态的功能和职责，[③] 包括政府行政资源的配置、机构设置及其职权以及与职权配置相关的权限划分等内容。

第二节 应急管理组织类型及职权

一、领导机构

中国共产党领导是中国特色社会主义最本质的特征，是中国特色社会主

[①] 《中国应急管理的全面开创与发展（2003—2007）》编写组编：《中国应急管理的全面开创与发展（2003—2007）》，国家行政学院出版社2017年版，第349页。

[②] 张树义：《第三讲 我国的行政管理体制》，载《政治与法律》1985年第2期。

[③] 高小平：《"一案三制"对政府应急管理决策和组织理论的重大创新》，载《湖南社会科学》2010年第5期。

义制度的最大优势，也是做好党和国家各项工作的根本保证。党政军民学，东西南北中，党是领导一切的。中华人民共和国成立后，经过70余年防灾减灾救灾探索和实践，我国形成了党中央统一领导下，以"一案三制"为核心的应急管理体系。党的十八大以来，党中央部署推动形成统一指挥、专常兼备、反应灵敏、上下联动的中国特色应急管理体制，着力防范化解重特大安全风险。在党中央统一领导下，国务院是突发公共事件应急管理工作的最高行政领导机构。在国务院总理领导下，由国务院常务会议和国家相关突发公共事件应急指挥机构负责突发公共事件的应急管理工作；必要时，派出国务院工作组指导有关工作。

在应急管理工作中，领导权主要表现为以相应责任为前提的决策权、指挥权和协调权。决策权居于核心地位，贯穿应急管理的全过程，应急管理的各个环节都离不开决策。协调权主要协调不同主体、不同区域等的相互关系，步调一致开展工作，实现整体效益。协调权的本质和取向，是在职责分工明确的基础上，强化统一指挥和联动，提高应急反应能力。我国应急管理贯彻领导权的一个典型例子，是在抗击新型冠状病毒感染疫情期间，建立了统一高效的指挥体系，党中央及时成立应对疫情工作领导小组，在中央政治局常务委员会的领导下开展工作，并向湖北等疫情严重地区派出指导组。全国集中资源和力量驰援湖北省和武汉市。[1]

从世界多数国家看，应急管理的决策指挥权主要由行政负责人行使。例如，美国宪法规定，总统是应对大规模突发事件的综合协调和决策指挥的最高领导，有权宣布进入紧急状态。俄罗斯在应对内忧外患的过程中，逐渐形成了以总统为核心的应急管理体制，作为国家元首，俄罗斯总统是俄罗斯联邦武装力量的最高统帅，也是应急管理决策的核心。日本应急体制是在"二战"后总结重大灾害事故经验基础上发展而来的，其间经过多次改革和立法

---

[1] 《抗击新冠肺炎疫情的中国行动》，载中国政府网，http://www.gov.cn/zhengce/2020-06/07/content_5517737.htm，最后访问时间：2022年10月3日。

调整，逐渐加强了首相的应急指挥权。

二、议事协调机构

为完善国家安全体制和国家安全战略，确保国家安全，党的十八届三中全会决定设立国家安全委员会，作为国家安全最高决策咨询与应对机构，隶属于中共中央。在统筹国家安全的框架下，我国还设有应对特定突发事件的组织协调机制，包括国家防汛抗旱总指挥部、国家减灾委员会、国务院抗震救灾指挥部、国家森林防火指挥部、国务院安委会等。如国家减灾委员会主要负责研究制定国家减灾工作的方针、政策和规划，协调开展重大减灾活动，指导地方开展减灾工作，推进减灾国际交流与合作。主任一般由国务委员担任，成员包括发展改革、公安、民政、司法、应急管理等30余个部门，办公室设在应急管理部，承担国家减灾委员会日常工作。

国外应急管理的议事协调机构各具特色，如英国应急管理中央层面的最高议事协调机构是国家安全委员会，其下设有国民紧急事务委员会。在面临非常重大的紧急事务时，中央政府会启动内阁紧急应变小组作为最高处理机构，必要时首相将亲自担任该小组组长。有些国家议事协调机构既是应急决策中枢，又扮演着协调机构的角色，比如俄罗斯联邦安全会议。根据2010年颁布的新版联邦安全法，安全会议由俄罗斯总统组建和领导，是俄罗斯保障国家安全的重要制度安排，也是应急管理的中枢。安全会议负责为总统就预防和消除紧急状态及其后果所采取的措施提出对策，在保障安全领域实施总统所通过的决定时，协调俄罗斯联邦执行机构和地方主体执行机构的活动。安全会议现下设7个常设的跨部门委员会，其中与应急管理相关的主要是战略规划问题跨部门委员会、经济和社会领域跨部门委员会、生态安全跨部门委员会、公共安全跨部门委员会和信息安全跨部门委员会。[①]类似的还有日本的中央防灾委员会，不

[①] 李思琪：《俄罗斯：国家应急管理体制及其启示》，载《俄罗斯东欧中亚研究》2021年第1期。

仅是日本防灾减灾的最高行政机关，还负责全国防灾减灾和应急管理的总体协调与规划。中央防灾委员会委员长由首相担任，成员包括防灾担当大臣、其他内阁大臣，以及指定公共机构的代表和有关专家（指红十字会、NTT电信公司、广播协会和学术研究机构的有关学者）等。2013年3月26日，日本中央防灾委员会通过决议设立专门调查委员会，调查专门事项，并进行跨部门的讨论和实施。包括：防灾对策推进审议会、发生灾害时的疏散专家委员会、东海地震特别调查委员会、未来地震对策专家委员会、防灾基本计划专家调查委员会等。

三、综合管理机构

世界各国的应急管理机构各有特色，并随着形势的变化不断改革。其中，比较有代表性的大致有以下几类。

（一）应急管理职权高度集中的模式

政府设立综合性的部门专司应急管理，往往是做大做强某个部门或者重新组建职能综合、权力强大的部级单位，其特点是职权高度集中，分工明确，统一高效。这一模式以中国、美国和俄罗斯为代表。

1. 中国：应急管理部

党的十八大以来，中国一直在积极探索大国应急管理模式。2018年机构改革中，为了适应全灾种、大应急的需要，中国组建了应急管理部，作为国务院组成部门。新部门整合了多个部门的职能，包括原国家安全监管总局的职责，国务院办公厅的应急管理职责，公安部的消防管理职责，民政部的救灾职责，国土资源部的地质灾害防治、水利部的水旱灾害防治、农业部的草原防火、国家林业局的森林防火相关职责，中国地震局的震灾应急救援职责以及国家防汛抗旱总指挥部、国家减灾委员会、国务院抗震救灾指挥部、国家森林防火指挥部的职责。原中国地震局、国家煤矿安全监察局由应急管理部管理。涉及公安消防、武警森林两支部队近20万官兵转制。其职责包括：

组织编制国家应急总体预案和规划，指导各地区各部门应对突发事件工作，推动应急预案体系建设和预案演练。建立灾情报告系统并统一发布灾情，统筹应急力量建设和物资储备并在救灾时统一调度，组织灾害救助体系建设，指导安全生产类、自然灾害类应急救援，承担国家应对特别重大灾害指挥部工作。指导火灾、水旱灾害、地质灾害等防治。负责安全生产综合监督管理和工矿商贸行业安全生产监督管理等。公安消防部队、武警森林部队转制后，与安全生产等应急救援队伍一并作为综合性常备应急骨干力量，由应急管理部管理，实行专门管理和政策保障，采取符合其自身特点的职务职级序列和管理办法，提高职业荣誉感，保持有生力量和战斗力。

应急管理部成立后，中国的应急管理体系在体制上主要体现为以应急管理部为牵头组织的多主体协调网络。[①]面临内部多部门的职能整合与角色重塑，既要避免简单的"物理相加"，又要处理好"统"与"分"、"防"与"救"的关系，明确与相关部门和地方各自职责分工，理顺上下左右之间的关系，建立协调配合机制。总而言之，这一改革为探索中国的综合应急管理模式提供了推动力。

2.美国：国土安全部

美国联邦最高行政应急机构为国土安全部（DHS）。美国现代应急管理体制，可追溯至1950年联邦政府组建的民防管理局。1978年，卡特总统签署了第12127号行政命令，于次年4月建立美国联邦应急管理署（FEMA）。随后，卡特总统于1979年7月20日签署了第12148号行政命令，赋予该机构应急管理和民防双重使命。此后，美国通过一系列立法，进一步扩大了该机构的权力。"9·11"事件发生后，时任美国总统小布什签署《国土安全法》（2002年），宣布成立独立、专门、综合性的联邦应急机构——国土安全部，不仅合并了FEMA以及海岸警卫队、运输安全局等40多个联邦机构，而且接管了联邦与州、地方政府的协调职责。此后，经过多次惨痛的教训，美国进一步加

---

① 张海波：《新时代国家应急管理体制机制的创新发展》，载《人民论坛·学术前沿》2019年第5期。

强了对FEMA的立法授权，使其能在更大程度上调动、协调和部署联邦应急力量并有效开展应急工作。[①]

FEMA总部位于华盛顿，拥有超过20000名员工，内设署长办公室、政策与公共事务分析办公室、响应与恢复办公室、消防局、韧性局等部门，并在全国下辖10个区域性办公室，实行垂直管理，其组织结构如图4-2所示。FEMA设立署长一名，副署长一名。署长对DHS负责，并直接向DHS秘书长报告工作。在灾难响应期间，署长还有权直接联系美国总统。署长的主要职责是整合联邦应急准备、保护、响应、恢复和减灾等资源，以应对自然灾害、恐怖主义行为或其他人为灾害的挑战。同时加强与州、地方政府和其他组织或参与者合作，建立国家应急管理体系。2021年4月22日，Deanne Criswell被参议院确定为FEMA第12任署长。

FEMA的主要使命是在灾难之前、之中和之后帮助人们。帮助其合作伙伴了解并降低他们的灾害风险，领导协调联邦响应工作，并为个人和社区重建和变得比以前更有弹性提供支持。为应对未来10年挑战，FEMA制订了《2022—2026年战略计划》，雄心勃勃提出三大目标：（1）将公平作为应急管理的基础；（2）领导整个社区应对气候变化；（3）促进和提升FEMA和联邦的应急能力。

3.俄罗斯：紧急情况部

俄罗斯于1994年成立了由总统直接管理的俄联邦民防、紧急情况和消除自然灾害后果部（以下简称紧急情况部），与俄罗斯国防部、内务部、司法部和外交部并称为五大强力部门，是俄罗斯联邦处理突发应急事件的核心机构，具有很强的军事色彩。俄罗斯紧急情况部的职责包括：（1）制定和执行有关民防、保护人员和领土免受紧急情况影响、提供消防安全和水上人员安全方面的国家政策；（2）根据既定的秩序，组织起草和批准有关人员和领土免受紧急情况影响的民防、消防安全和水上人员安全方面的法规和法律草案；

[①] 吴大明：《美国应急管理体系研究与思考》，应急管理出版社2020年版，第50—52页。

图 4-2 FEMA 的组织结构

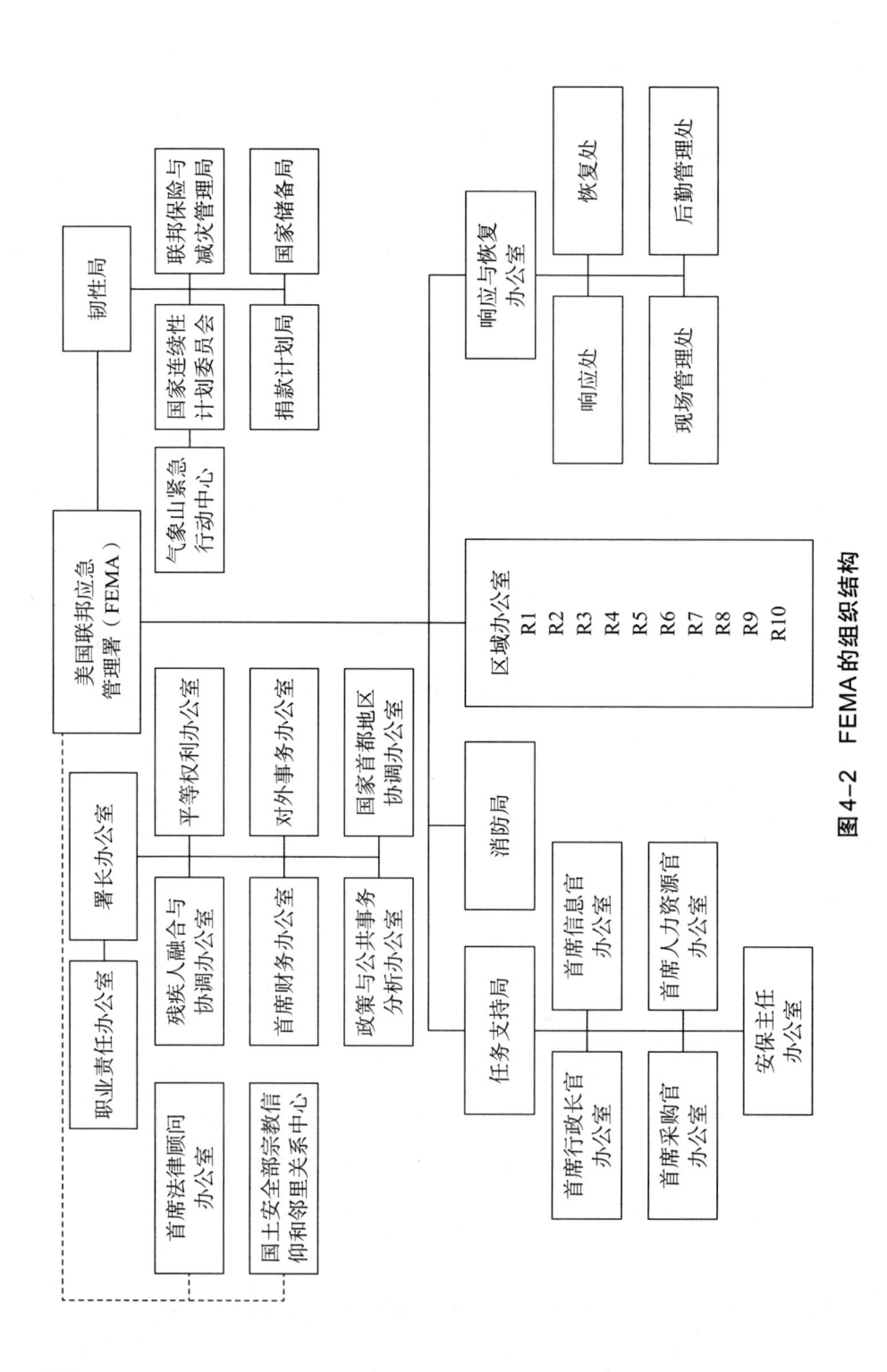

（3）民防领域的管理，保护人员和领土免受紧急情况的影响，提供消防安全和保护水上人员的安全，以及在单一州灾害管理框架内管理联邦行政当局的活动系统；（4）进行风险监测与分析，在职权范围内采取旨在预防和处置紧急情况的监督和控制手段；（5）组织活动和开展与民防、紧急情况应急响应、保护人员和领土免受紧急情况影响和火灾、保障水上安全有关的事项，以及执行紧急人道主义响应行动，包括俄罗斯联邦海外行动。

与其他国家不同，俄罗斯紧急情况部部长是俄联邦安全会议的法定成员，国务秘书兼任其中一名副部长，并设有首席军事专家和火灾监督首席监察官各一人，下设人口居民与领土保护、灾难预防、防火部队、国际合作、科学技术等局和若干跨部门委员会，同时设置"指挥控制中心""特殊危险救援中心""空中救援中心"等专职机构。该部在俄罗斯境内还设有9个区域中心和80多个地方办事处。区域中心有权提出相关法律建议，负责组织制定区域内应急管理相关政策，开展突发事件监测预警、应急救援、物资发放等，火灾预防和消防安全管理，以及开展教育培训等工作。目前，俄罗斯从中央到地方，逐步建立了分级负责，具有综合性、协同性的管理职能机构，即俄联邦、联邦主体（州、直辖市、共和国、边疆区等）和下属城市、基层村镇分别设立紧急情况局，从而形成四级应急管理机构逐级负责、协调配合、垂直管理的紧急情况预防和应对体系。

（二）应急管理职权趋向分散的模式

一些国家没有设立独立和权威的中央机构专司应急管理，相应职能分散在互不隶属的多个部门和地方政府，通过建立沟通与协调机制确保多主体协调一致开展工作，形成工作合力。这一模式的典型是英国和日本。

与中美等国在中央设立专门应急管理部门并充分赋权不同，英国没有常设的中央级部门专门负责应急管理工作，应急管理职能分散在内政、交通、环境、卫生以及能源等多个部门。这些机构互不隶属，没有上下级的关系，只有职权划分和业务往来。而在地方层面，警察、消防、医疗救助等部门并不直接隶属于地方政府。2005年伦敦恐怖袭击,暴露出政府部门在重大事件上缺乏应急协调。为此,英国一直着力构建"大安全"的框架,组建跨部门、跨专业的协调机构,以动员从中央到地方各级政府,广泛的公共部门,以及企业和个人的力量。2001年7月,英国设立国民紧急事务秘书处,由内阁办公室直接领导,是英国应急管理的总体协调机构。其职责是:发现情况,评估并报警;做好准备,并提出未来再发生此类情况的应对措施;为有关团体提供指导;有效管理应急事务,确保全社会的稳定和安全。

与英国类似,日本也无常设的中央级部门专门负责应急管理工作,中央防灾组织结构如图4-3所示。在防灾减灾的长期实践中,日本认识到,以往由单一部门管理,主要依靠政府力量的应急体制难以适应形势需要,因此政府推动层层建立应急管理协调机制,强化跨部门、跨地区以及政府与社会之间的协调配合。目前,日本政府实行中央、都道府县(省级)、市町村(市县级以下)三级防灾救灾组织管理体制。从中央政府到各都道府县及市町村等各级政府均设有"防灾委员会"和"防灾局",负责全国性和地区性防灾工作。防灾局是主管防灾减灾工作的国家行政机关,原属国土厅,阪神大地震

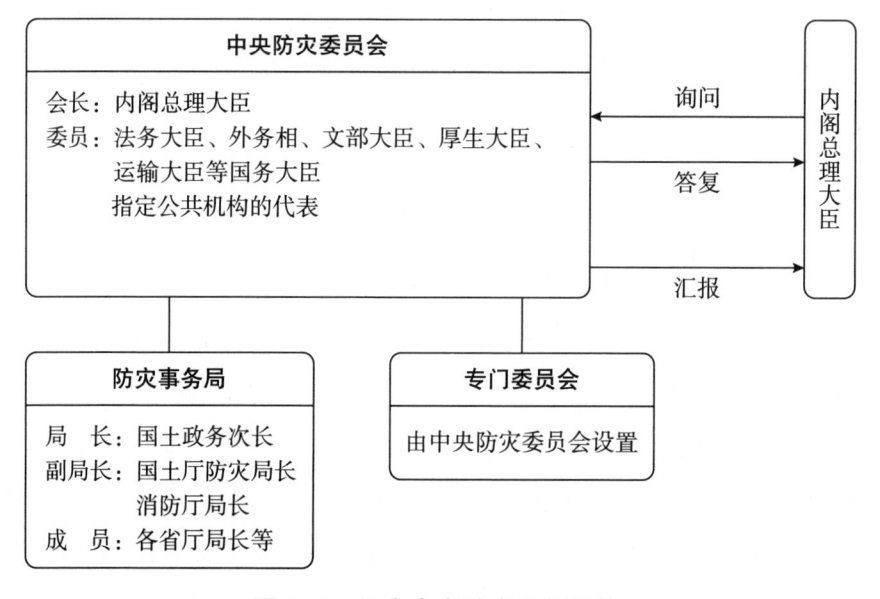

图4-3 日本中央防灾组织结构

后，调整到内阁府，类似于我国的原国务院办公厅应急办。主要辅助防灾担当大臣统筹全国防灾事务，负责制定防灾基本政策、大规模灾害发生时的应对措施以及相关计划调整、与各省厅进行工作协调等，由政策统括官（防灾担当）主管，下辖10名参事官、104名工作人员。各都道府县及市町村等各级政府均设有相应级别的"防灾局"，具体管理本辖区防灾事务，并承担相应级别"防灾委员会"的日常工作。灾害发生时，各级政府建立"灾害对策本部"，统一指挥救灾工作。

（三）应急管理职能与其他职能合一模式

第一，基于管理的需要，把狭义的民防和公共行政结合起来，但是突出公共安全管理职能。这一模式以德国和韩国为代表。德国应急管理以州为主实行属地管理。德国联邦和州的应急管理工作分工如下：联邦负责战时民事保护，而州负责和平时期民事保护和灾难救助，联邦将和平时期灾难防护也归纳到战时民事保护的任务中。联邦政府在内政和安全部（以下简称内政部）下设联邦民事保护与灾难救助局（Das Bundesamt für Bevölkerungsschutz und Katastrophenhilfe，BBK）、联邦技术救援局（Bundesanstalt Technisches Hilfswerk，THW）以及其他机构来支持各州开展灾难救助工作，如图4-4所示。[①]BBK是基于联邦与州共同会议于2003年提出的"德国民事保护新策略"，为了强化联邦在灾难防护领域的协调与沟通权限而设立的；THW主要是根据危险防御主管机关要求提供灾难应变的支援。联邦在此是否有权限将灾难防护任务指派给联邦技术救援机构曾引起违宪质疑，因联邦立法者应无平时灾难防护的立法权限。

内政部是联邦德国政府各部中人数最多、机构最庞大、管辖范围最广、历史最悠久的一个部，在内阁中有很大的影响。除了协调应急管理，内政部

---

① See Structure and organisation of the Federal Ministry of the Interior and Community, https://www.bmi.bund.de/EN/ministry/structure-and-organization/structure-and-organization-node.html，最后访问时间：2022年12月3日。

还负责社区、移民、公共服务与行政改革、互联网管理、体育、住房等事务。此外，内政部下还设有联邦刑事警察局、联邦边防警察部队、联邦边防警察总局、联邦宪法保卫局等直属机构。

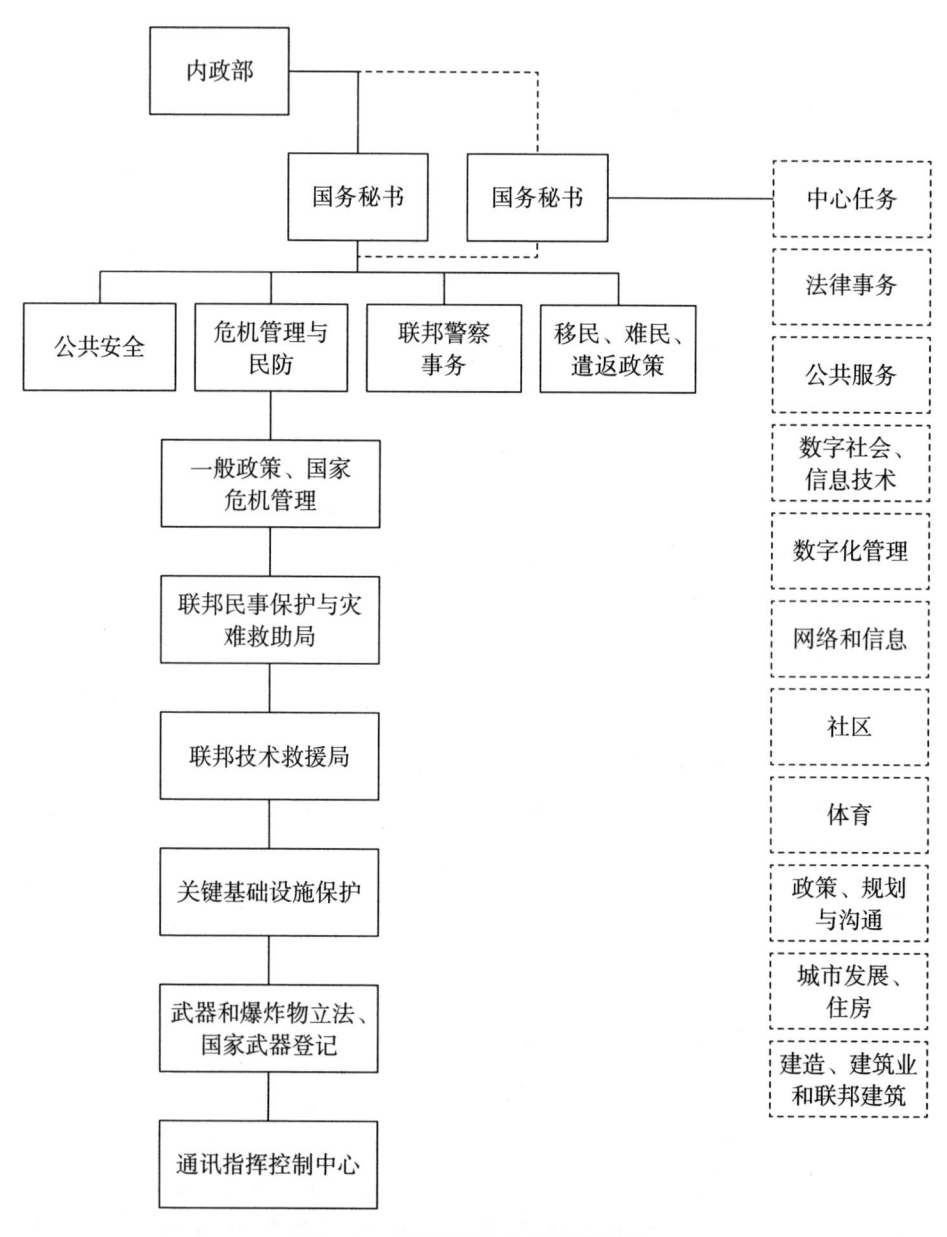

图 4-4　德国联邦应急组织结构

韩国在2004年机构改革中将灾害与安全管理职责置于行政与内务部，该部于2017年改组为行政和安全部（MOIS）。目前，该部由一名副部长分管应急管理，主要负责建立、管理和控制、全面协调安全和灾害的政策，承担消防防灾任务，以及应急准备和民防任务，并设有公共安全政策办公室、灾害管理办公室、灾害管理合作办公室、应急准备政策局以及国家灾害与安全状况控制中心等内设机构。该部除承担灾害与安全管理外，还要履行行政规划、政府组织创新、数字政务以及地方财政、财税等方面的职责。

第二，一些疆域不大的国家，由于经济和社会发展已成型，突发事件类型较为单一，应急机制相对成熟，会将应急管理部门与其他部门进行整合。如新加坡应急工作由内政部（MHA）牵头，MHA由新加坡警察部队（SPF）、国内安全部（ISD）、新加坡民防部队（SCDF）、移民局（ICA）、监狱管理局（SPS）、中央禁毒局（CNB）以及培训学院（HTA）7个部门以及3个法定委员会组成。

四、常备应急力量

在应对突发事件过程中，各国基本都拥有一支或多支常规的应急力量，大部分是在消防或者民防队伍的基础上组建的，实行现役（或准现役）、军事化（或准军事化）管理。根据党中央改革决策部署，2018年，我国对原公安消防、武警森林部队改制整合，两支部队集体退出现役，整建制划归应急管理部领导管理，组建国家综合性消防救援队伍，实行消防救援衔制度，主要承担防范化解重大安全风险、应对处置各类突发事件的重要职责。2018年11月9日，国家综合性消防救援队伍授旗仪式举行，中共中央总书记、国家主席、中央军委主席习近平向国家综合性消防救援队伍授旗并致训词。国家综合性消防救援队伍自组建以来，按照纪律部队建设标准，边组建、边应急，全面加强国家综合性消防救援队伍各项建设。

新加坡民防部队是隶属于内政部的组织。1982年，新加坡全国人民防卫计划启动，开展全国应急准备。随着1986年《民防法》的颁布，其成为内政部下的独立组织。同年，新世界酒店倒塌事故为新加坡民防部队和新加坡消防局的联合行动铺平了道路。由于角色和职能的相似性，新加坡民防部队和新加坡消防局于1989年4月15日正式合并，并延续至今。目前新加坡民防部队的主要职责是：提供消防、救援和紧急医疗服务，减轻有害物质事件影响，以及制定、实施和执行有关消防安全和民防庇护所的规定。[①]

俄罗斯民防力量（军事救援力量）属武装力量，军衔制，由10个区域救援中心组成，平时参与预防和处置自然灾害和技术灾害（含矿山救护），战时实施排雷排爆、核生化侦检和人道主义救援救助。

五、应急工作组

无论是联邦制国家，还是单一制国家，处理好中央与地方、联邦与州的关系，一直都是应急管理工作的重点。在应急管理实践中，大多数国家都确立属地管理为主的原则，同时，在统一领导下，中央以各种形式对地方予以管理、指导。如美国依法确立了联邦协调官制度，规定总统宣布重大灾害或紧急状态的同时，任命联邦协调官去协调和处理受影响地区的应急管理事务，必要时还将建立一个现场办公机构。我国国务院履行突发事件应急管理工作行政领导职责的方式有很多，其中一种重要方式，就是派出工作组。国务院工作组一般由国务院或者相关部委有关负责同志担任组长，代表国务院深入一线，靠前指挥。这也是中华人民共和国成立后在历次防范处理重大安全风险方面的一条宝贵经验。早在1984年，民政部就在《关于认真贯彻落实中央领导同志对春夏荒和救灾款物发放问题的重要批示的通知》（民〔1984〕办21号）中，要求各级民政部门要在当地党政的领导下，商同财经、银行、纪检等有关部门组成领导班子，具体研究和指导检查工作，对救灾款物发放多

[①] See Organisation Structure SCDF, https://www.scdf.gov.sg/home/about-us/organisation-structure，最后访问时间：2022年12月3日。

的重灾区要派出工作组前往协助重点检查。工作组主要解决科层制管理带来的治理困境,有利于上级政令的贯通执行。实践证明,在中国现行条块分割的制度安排框架内,工作组模式的运用提供了一个协调和监督政策执行的机制平台,推动了具体政策的有效执行,促进了政策修订或新政策制定的合理化。[1]应急管理具有从常态向非常态过渡的特征,应急工作组与其他类型的工作组相比有共性,也有特殊之处,主要体现在以下几个方面。

一是临时创建。不同于常设性的应急组织,工作组是在危机状态下临时组建的"创发型组织"。如我国《防震减灾法》规定:"特别重大地震灾害发生后,国务院抗震救灾指挥机构在地震灾区成立现场指挥机构,并根据需要设立相应的工作组,统一组织领导、指挥和协调抗震救灾工作。"这里规定的"根据需要",是指工作组是否派出需要视危机情况而定,不是必须派出。国外亦有类似的组织,如在古巴导弹危机中,美国在国家安全委员会中设立的"执行委员会";又如在应对系列恐怖爆炸事件中,俄罗斯在安全会议中成立的"临时特别小组"等。[2]

二是任务型。工作组一般是奔着"事"去的,既在现场指挥解决问题,也督导检查和严格问责。例如,江苏响水天嘉宜化工有限公司"3·21"特别重大爆炸事故发生后,受党中央、国务院委派,时任国务委员王勇率领由应急管理部、工业和信息化部、公安部、生态环境部、卫生健康委、全国总工会和中央宣传部等有关部门负责同志组成的工作组赶赴现场,指导抢险救援、伤员救治、事故调查和善后处置等工作。工作组任务型的特征,决定了当危机状况解除后,该组织会因为使命结束而解散。

三是上级向下级派出。突发事件发生后,当地方政府应急处置能力不足或应对不力,或者危机较为严重、引发负面影响时,往往需要上级"高位介入"。工作组通常由上级政府或相关机构派出,事前一般得到最高决策

---

[1] 李振:《推动政策的执行:中国政治运作中的工作组模式研究》,载《政治学研究》2014年第2期。

[2] 徐思宁:《美俄(苏)国家安全体制比较》,中共党史出版社2011年版,第12页。

机构充分授权。比如，2019年12月31日，国家卫生健康委作出安排部署，派出工作组赶赴武汉市，指导做好新型冠状病毒感染疫情处置工作，开展现场调查。

四是组织松散。工作组并不是打破原有的应急组织架构，而是"另起炉灶"建立的，工作组组成人员通常来自相关的领域和部门，某些危机处置还有专家配合或参与其中，工作组具有跨部门、成本低、效率高等优势，同时由于多部门的临时组合，也表现出组织结构不稳定、任务分工主要靠协商沟通确定等特征。

从2018年机构改革后应急管理的实践看，应急工作组在督导、调查、指导、协调四个方面发挥了重要作用，表现出施压与赋能并存、央地刚柔并济互动的组织特征。[1]可见，工作组既是一种应急管理组织创新，也是一种行之有效的工作机制，并将随着国家治理体系和治理能力现代化的实践不断趋于完善。

第三节　我国应急管理组织的演进

我国应急管理组织结构从中华人民共和国成立后，其间历经数次变革。现行应急管理体制是在改革开放的历史背景下，在"一案三制"的基础上发展形成的。我国应急管理的历史大体可以划分为以下三个时期。[2]

一、社会主义革命和建设时期

历史上中国灾荒不断，先辈们积累了无数救灾经验，创建了一套比较有

---

[1] 钟开斌：《"刚柔并济"：应急工作组的运作逻辑——基于新冠肺炎疫情防控的案例研究》，载《中国行政管理》2022年第5期。

[2] 本部分历史阶段的划分主要参考了中共应急管理部委员会：《党领导新中国防灾减灾救灾工作的历史经验与启示》，载《中国应急管理》2021年第11期。

效的救灾模式，基本上是政府集全国之力救灾为主，民间赈济力量为辅。中华人民共和国成立之初，灾情严重，长江、淮河、汉水和海河流域发生特大洪水灾害。为应对严重灾荒，中央政府在总结革命战争年代抗灾动员经验的基础上，探索创立了生产自救新体制。这一时期，灾害应急管理的具体工作主要由中共中央和政务院（1954年9月后改为国务院）统一领导，由内务部组织协调，由专门的减灾机构联合其他相关部门联动实施。1949年11月，内务部一成立，便针对我国遭受特大水灾的情况召开各重灾省、区救灾汇报会，强调要贯彻"节约防灾，生产自救，群众互助，以工代赈"的救灾方针。同年12月，政务院和内政部分别发布了《关于生产救灾的指示》和《关于加强生存自救，劝告灾民不往外逃并分配救济粮的指示》，标志着新中国救灾方针的初步形成。[①]中央据此成立水利部和中央防汛总指挥部，管理和指导全国水旱灾害事务，并成立内务部进行灾害的救济。与灾害关系紧密的农业部、林业部和地质部也同时建立起来。1950年2月27日，以董必武为主任，涵盖内务部、政务部等12个相关部门的救灾领导协调机构——中央救灾委员会成立，统筹全国救灾工作。同时颁布的《中央救灾委员会组织简则》规定了灾害管理工作的主要任务，明确了日常救灾工作由内务部负责。[②]在成立大会的报告中，董必武说："所有灾区应把救灾工作作为当前唯一的中心工作，灾区各级政府的主要干部，要亲自动手领导这一工作"；"为了搞好生产救灾工作，各级政府各部门必须密切配合，协同动作。灾区各地一般已成立各级生产救灾委员会，须要进一步把它加强和健全起来，使它成为领导救灾工作的强有力的机构"。[③]同年5月，内务部下发《关于生产救灾工作领导方法的几项指示》，明令灾区各级人民政府组织生产救灾委员会，指定由各级人民政府首长直接领导，成员要囊括民政、财政、工业、农业、贸易、合作、卫生等部门

[①] 周良才：《民政工作》，天津大学出版社2010年版，第148页。
[②] 崔蕴杰：《科学减灾：灾害应急管理与非工程减灾》，中国城市出版社2011年版，第33页。
[③] 孟昭华、彭传荣：《中国灾荒史（现代部分）1949—1989》，水利电力出版社1989年版，第226页。

及人民团体代表。这其实从组织力量的纵横两方面保障了生产自救新体制的贯彻。①

除了加强救灾统一领导,中央政府投入大量财政资金用于支持救灾工作。从1956年到1966年,中央用于救灾的投入共达55.08亿元。同时,国家针对长江、黄河、淮河等水患严重的大江、大河进行了有史以来最大规模的整治。②"文革"时期,国民经济处于崩溃边缘,中央应急领导机构和政府机构遭受严重冲击,处于瘫痪或半瘫痪状态,主管灾害应急管理具体工作的内务部于1969年被撤销,由财政部管理救灾、救济和优抚等工作,应急管理领导机构成为单纯的拨款单位。③救灾工作受到影响,陷入混乱和无序的状态。

二、改革开放和社会主义现代化建设新时期

党的十一届三中全会后,我们党坚持解放思想、实事求是的思想路线,在改革中推进突发事件应对管理体制机制和能力建设,推动防灾减灾救灾事业快速发展,以2003年非典疫情应对为标志,大致可分为两个阶段。

(一)第一个阶段:形成了单灾种为主分级分部门管理工作格局

实际上,自中华人民共和国成立至2003年非典疫情之前,我国官方文献、理论研究和媒体报道极少使用"应急管理"的表述,对这一时期的相关实践更准确的表述应该是"灾害管理"。④原因在于,在相当长一段时间,我国社会相对封闭,各种突发事件在起因、过程、后果等方面都比较单一。为此,

---

① 曹佐燕:《中华人民共和国成立第一年生产自救新体制研究》,载《当代世界社会主义问题》2019年第2期。
② 李学举主编:《灾害应急管理》,中国社会出版社2005年版,第21—22页。
③ 刘智勇、陈苹、刘文杰:《新中国成立以来我国灾害应急管理的发展及其成效》,载《党政研究》2019年第3期。
④ 张海波:《新时代国家应急管理体制机制的创新发展》,载《人民论坛·学术前沿》2019年第5期。

我国实行以单灾种管理为主的分级分类管理模式,成立不同的专职部门来应对不同类型的突发事件,如消防部门负责火灾扑救、水利部门负责防汛抗旱、地震部门负责预报等。这一时期政府应急力量分散,应对"单灾种"多,应对"综合性突发事件"少,当发生重大应急事件时,一般会临时成立一个协调机构,开展应急救援管理工作。详情如下。

1. 自然灾害管理

地震应对方面,1983年国家对省级地震工作机构进行调整,实行国家地震局为主、地方双重领导的管理体制;2000年成立国务院抗震救灾指挥部,强化中央和地方、军地、部门之间抗震救灾统一协调。防汛抗旱方面,1992年成立国家防汛抗旱总指挥部,建立了专群结合、军地结合、平战结合、洪旱结合的防汛抗旱抢险队伍。森林防火方面,1987年"5·6"大火之后,国务院、中央军委批准成立中央森林防火总指挥部,1988年更名为国家森林防火总指挥部,我国森林防火工作得到全面加强,同年将森林部队列入中国人民武装警察序列,全部实行现役制,1999年调整为武警总部和国家林业部门双重领导。综合减灾方面,1989年成立中国国际减灾十年委员会,后更名为国家减灾委员会,统筹规划全国防灾减灾体系建设,于1994年3月在国务院审议通过的《中国21世纪议程》中明确将减灾作为保障国家可持续发展的基础之一;于1998年4月以国务院名义印发实施的《中华人民共和国减灾规划(1998—2010年)》,首次以国家专项规划形式部署防灾减灾救灾重点任务;于2006年将救灾工作方针优化调整为"坚持政府主导、分级管理、社会互助、生产自救"。

2. 事故灾难管理

1985年,国务院成立"全国安全生产委员会",负责研究部署、指导协调全国安全生产工作,后更名为"国务院安全生产委员会";2001年国家对安全生产机构进行改革,正式组建国家安全生产监督管理局,与国家煤矿安全监察局"一个机构两块牌子",综合管理全国安全生产工作,履行国家安全生产监督和煤矿安全监察职能。

3.公共卫生事件管理

从中央到地方统一建立了公共卫生组织领导机构，构成了政令畅通、运转高效的组织领导体系。国务院中由卫生部统管公共卫生应急工作，各省市县政府设有卫生厅、局，形成了横向到边、纵向到底的管理体系。

4.社会安全事件管理

1991年，中央社会治安综合治理委员会成立，组织领导全国社会治安管理工作，与中共中央政法委员会合署办公。此外，还设立中央维护稳定工作领导小组及其办公室，负责排查调处社会矛盾，维护社会稳定。

（二）第二个阶段：实现了从单灾种防范应对向多灾种综合管理的转变

2003年3月，突如其来的非典疫情在短时间内席卷了全国大部分省市，中国公共卫生的脆弱性暴露无遗。针对非典疫情防控暴露的短板和不足，党中央审时度势作出全面加强应急管理工作的重大决策，党的十六届三中、四中全会明确提出，要建立健全社会预警体系，提高保障公共安全和处置突发事件的能力。2005年7月，国务院召开第一次全国应急管理工作会议，强调各级政府要以"一案三制"（预案、体制、机制、法制）为重点，全面加强应急管理工作，开启了以"一案三制"为核心的应急管理体系建设阶段。2005年1月26日，国务院原则通过了《国家突发公共事件总体应急预案》，并于同年5月至6月印发了25件专项应急预案，80件部门应急预案，首次将自然灾害、事故灾难、公共卫生事件、社会安全事件作为突发公共事件实施统一管理，初步搭建起全国应急预案框架体系。2006年1月，国务院发布《国家突发公共事件总体应急预案》。同年4月，国务院办公厅设置应急办（国务院总值班室），履行值守应急、信息汇总和综合协调职能，这是我国应急管理组织结构的重要转折点，也是综合性应急体制形成的重要标志。

2006年6月，国务院印发《关于全面加强应急管理工作的意见》，自上而下推动综合应急管理体系和能力建设。在国务院统一领导下，中央层面设立国家减灾委员会、国家防汛抗旱总指挥部、国务院抗震救灾指挥部、国家森林防火指挥部和全国抗灾救灾综合协调办公室等机构，负责减灾救灾的协调和组织工作。各级地方政府成立职能相近的应急管理领导机构（突发事件应急管理委员会或应急管理领导小组）及其办事机构（应急办）。针对突发事件应对工作中存在的职能比较分散、责任不够明确、指挥不够统一、协调等问题，于2007年11月实施的《突发事件应对法》，第一次以基本法的形式确立"国家建立统一领导、综合协调、分类管理、分级负责、属地管理为主的应急管理体制"，明确了突发事件应对中主体、权力、责任和义务等相关要素配置，标志着应急管理组织结构法制化发展进入新阶段。到2008年汶川"5·12"地震发生前，"一案三制"应急管理体系基本建成，并在汶川"5·12"地震应对中初步显示出其有效性。[①]

三、中国特色社会主义进入新时代

党的十八大以来，以习近平同志为核心的党中央高度重视应急管理工作，自觉把维护公共安全放在落实总体国家安全观中思考和推进，我国应急管理理念、体制机制、管理制度等方面都发生了深刻变化，应急管理组织结构朝着提升治理体系和治理能力现代化的目标不断迈进。

2013年4月20日，四川芦山7.0级地震发生后，习近平总书记作出重要指示，强调探索出一条中央统筹指导、地方作为主体、灾区群众广泛参与的恢复重建新路子。[②] 2013年11月12日，党的十八届三中全会通过的《中共中央关于全面深化改革若干重大问题的决定》立足完善国家安全体制和国家安全战略，作出设立国家安全委员会的重大决策部署，并将深化安全生产管理

[①] 刘智勇、陈苹、刘文杰：《新中国成立以来我国灾害应急管理的发展及其成效》，载《党政研究》2019年第3期。

[②] 芦山灾后重建联合调研组：《芦山灾后重建：党中央治国理政新理念新思想新战略的生动实践》，载《光明日报》2016年4月20日，第1版。

体制改革，健全防灾减灾救灾体制，作为创新社会治理体制，维护国家安全的重要方面加以推进。2015年5月29日，习近平总书记在主持第十八届中央政治局第二十三次集体学习时强调，努力为人民安居乐业、社会安定有序、国家长治久安编织全方位、立体化的公共安全网。① 2016年7月28日，习近平总书记在唐山考察时指出，要总结经验，进一步增强忧患意识、责任意识，坚持以防为主、防抗救相结合，坚持常态减灾和非常态救灾相统一，努力实现从注重灾后救助向注重灾前预防转变，从应对单一灾种向综合减灾转变，从减少灾害损失向减轻灾害风险转变，全面提升全社会抵御自然灾害的综合防范能力。② 2018年11月9日，中共中央总书记、国家主席、中央军委主席习近平向国家综合性消防救援队伍授旗并致训词，提出了对党忠诚、纪律严明、赴汤蹈火、竭诚为民的"四句话方针"。③ 2019年10月31日，党的十九届四中全会《中共中央关于坚持和完善中国特色社会主义制度 推进国家治理体系和治理能力现代化若干重大问题的决定》提出，构建统一指挥、专常兼备、反应灵敏、上下联动的应急管理体制，优化国家应急管理能力体系建设。同年11月29日，习近平总书记在主持第十九届中央政治局第十九次集体学习时强调，要发挥我国应急管理体系的特色和优势，借鉴国外应急管理有益做法，积极推进我国应急管理体系和能力现代化。④ 新型冠状病毒感染疫情发生以来，以习近平同志为核心的党中央更加重视推进应急管理体系和能力现代化。2020年2月14日，习近平总书记在主持召开中央全面深化改革委员会第十二次会议时强调，要针对疫情暴露出来的短板和不足，完善

---

① 《习近平主持中共中央政治局第二十三次集体学习》，载中国共产党新闻网，http://jhsjk.people.cn/article/27080478，最后访问时间：2023年3月23日。
② 《习近平在河北唐山市考察》，载中国共产党新闻网，http://jhsjk.people.cn/article/28593171，最后访问时间：2023年3月23日。
③ 《习近平：对党忠诚纪律严明赴汤蹈火竭诚为民 为维护人民群众生命财产安全英勇奋斗》，载中国共产党新闻网，http://jhsjk.people.cn/article/30392014，最后访问时间：2023年3月23日。
④ 《习近平主持中央政治局第十九次集体学习》，载中国共产党新闻网，http://jhsjk.people.cn/article/31483205，最后访问时间：2023年3月23日。

重大疫情防控体制机制，健全国家公共卫生应急管理体系。[①]

这些重要论断，深刻阐明了应急管理工作的理念、原则、目标、路径、方法和要求，蕴含了丰富的国家治理现代化思想。在上述新理念、新思想指引下，我国应急管理体制改革迈出新步伐。2018年深化党和国家机构改革以来，党中央将构建系统的应急管理机构纳入全面深化改革总体布局统筹推进，积极推动形成统一指挥、专常兼备、反应灵敏、上下联动的中国特色应急管理体制。2018年3月，中央决定组建应急管理部，整合水旱灾害、森林草原火灾、地震地质灾害防范救援和减灾救灾等相关职责，实现了应急管理从综合协调体制向统一指挥、权责一致、权威高效体制转变；从多部门协同应对向更加专业化、职业化管理转变；从临时性指挥机构向常设制、常态化治理组织转变；从侧重应急处置向危机管理全过程转变，为新时代中国应急管理体系的变革发展提供了更具综合性、权威性、专业性的制度基础。[②]随后，一系列新部门相继亮相：2020年12月，国家矿山安全监察局挂牌，实现了对煤矿和非煤矿山安全的统一监察。2021年5月，国家疾病预防控制局挂牌，标志着疾控机构职能从单纯预防控制疾病向全面维护和促进全人群健康转变。党的二十大报告进一步提出，要建立大安全大应急框架，完善公共安全体系，推动公共安全治理模式向事前预防转型。

回顾70余年的发展历程，我国应急管理体系历经从"1.0版本"至"4.0版本"的升级优化过程，为维护国家安全和社会稳定，保障人民群众生命安全提供了有力支撑。当前，我国应急管理事业正处于新的历史阶段，机遇和挑战并存，防控重大安全风险和处置急难险重突发公共事件的任务艰巨。面对日益复杂的外部环境以及多变性特征愈加突出的突发事件，现有应急管理体系仍然存在条块分割、定位不清、沟通不畅、协调不力、重复建设、资源

---

① 《习近平：完善重大疫情防控体制机制 健全国家公共卫生应急管理体系》，载中国共产党新闻网，http://jhsjk.people.cn/article/31588184，最后访问时间：2023年3月23日。
② 朱正威：《中国应急管理70年：从防灾减灾到韧性治理》，载《国家治理》2019年第36期。

整合和技术能力不足等深层次问题。①正如习近平总书记指出的，加强应急管理体系和能力建设，既是一项紧迫任务，又是一项长期任务。②必须坚持底线思维，增强忧患意识，不断深化应急管理体制机制改革，既要坚持发挥社会主义制度优势，又要总结反思重特大灾害事故应对实践经验教训，完善领导决策协调体制，强化应急管理综合职能，健全监测预警、风险排查、应急保障等机制。

---

① 薛澜、沈华：《五大转变：新时期应急管理体系建设的理念更新》，载《行政管理改革》2021年第7期。

② 《习近平：充分发挥我国应急管理体系特色和优势 积极推进我国应急管理体系和能力现代化》，载中国共产党新闻网，http://jhsjk.people.cn/article/31483384，最后访问时间：2023年3月23日。

第五章

比较视野下的应急法

第一节 美国应急法

从世界范围看，长期以来存在两种占主导地位的法律传统：起源于英格兰的普通法法律传统，以及根植于欧洲大陆的民法法律传统。美国仍然处于普通法法律传统之中，但随着经济社会趋于复杂化以及关联性加强，美国正从民法法律传统与普通法法律传统两个方面汲取法律的养料，逐步形成独特的美国法律体系，比较典型的是美国法中的法典化，以及由普通法法院作出的司法判决被认为是具有正式意义的法律渊源，等等。[1]就应急管理而言，成文法是构成美国应急法体系的主要来源。从立法主体看，美国法律主要有4个来源：国会、行政部门（executive branch，包括总统和内阁）、法院（包括解释或判例）、行政管制机构（administrative agencies，经国会或法律授权）。不同立法主体制定的立法成果会以不同的形式编辑成典，以供查阅。国会立法编入《美国法典》（US Code）；行政立法编入《联邦法规法典》（CFR）或《总统声明及行政命令汇编》；法院的解释说明编入《美国报告》（US Reports）；行政管制机构的法规也编入《联邦法规法典》。[2]《联邦法规法典》规定的内容主要是执行性的，任何主题的法规都应当与《美国法典》相关部分内容保持一致并应用。应急管理的相关内容，被写入《美国法典》第6编"国内安全"部分。在该编第2章，规定了应急管理的概念、联邦应急管理署（FEMA）的组成、综合备灾系统等内容。FEMA制定的法规被写入《联邦法规法典》第44编"应急管理和援助"中，并在第1章中规定

---

[1] ［美］阿瑟·T.冯·梅伦：《美国法律体系——在普通法传统与民法传统之间》，蒋天伟译，载陈景良、郑祝君主编：《中西法律传统．第8卷》，北京大学出版社2013年版。

[2] 秦虎、张建宇：《以〈清洁空气法〉为例简析美国环境管理体系》，载《环境科学研究》2005年第4期。

了风险控制、保险、消防救援等内容。

一、美国应急法的历史

美国应急管理立法与救灾活动紧密相连。一般认为，美国联邦应急管理立法最早可追溯至1803年《国会法》（Congressional Act of 1803）。1802年12月，美国新罕布什尔州朴茨茅斯市发生灾难性火灾，大片地区遭到破坏，给商业带来严重威胁。1803年，美国国会通过暂停支付债券法令，以便筹措资金为受影响的朴茨茅斯商人提供救济，这也是美国历史上第一次通过联邦救灾立法。[1]1871年伊利诺伊州芝加哥火灾以及1889年宾夕法尼亚州约翰斯敦洪水等破坏性灾难进一步表明，联邦政府需要更多地参与和应对重大灾难。归纳起来，美国应急管理立法大致分为三个阶段。

（一）集中立法阶段（1950—1977年）

第二次世界大战及"冷战"促使美国对民防和连续性事务加以关注。应急管理开始从一个主要针对战争动员的术语演变为一个更全面的概念，包括自然灾害和人为事件。据统计，从1803年到1950年，美国国会先后通过了128项与灾难有关的法律。与此同时，由于缺乏全面系统的考虑，导致立法活动烦琐，往往经过一次灾难后国会就会通过一项法案以提供救济。为解决这一问题，国会于1950年颁布了一项综合性的联邦救灾法案，该法案规定在灾难发生时，州政府可请求联邦予以援助，同时授权总统宣布重大灾难。该法案奠定了联邦向州和地方政府提供救灾援助的法律基础。同年，国会还通过了1950年《联邦民防法》（The Federal Civil Defense Act of 1950），该法创建了全国的民防局体系。这两项立法被视为引领美国走向全面的国家应急管

---

[1] See History of FEMA, https://www.fema.gov/zh-hans/about/history, 最后访问时间：2023年4月16日。

理的标志。1965年，飓风贝齐（Betsy）在佛罗里达州南部和路易斯安那州造成了重大破坏。此后，国会通过1968年《国家洪水保险法》（National Flood Insurance Act of 1968），该法案为房主提供了洪水保险，并制定了减少洪水风险的国家计划。20世纪60年代和70年代所做的立法努力，其成果成为美国当今应急管理计划的支柱。

（二）综合性立法阶段（1978—1989年）

到1978年，美国有100多个联邦机构拥有应急管理方面的管辖权，职能严重分散。全国州长协会支持州政府提出的要求，即寻求一个能够处理自然灾害和人为事故的国家级灾害管理组织。作为回应，卡特总统于1978年6月19日向国会递交一项提案，将应急准备、缓解和响应相关职能归并到一个联邦应急管理机构。1979年3月28日，宾夕法尼亚州三里岛核电站发生事故，导致20万人疏散及严重的社会恐慌。[1]不幸的是，救灾工作支离破碎且效率低下，再次凸显建立一个协调一致的应急管理机构的必要性。卡特总统签署了《第12127号行政令》（Executive Order 12127），于1979年4月1日生效，创建了FEMA。同年7月20日，卡特总统又签署了《第12148号行政令》（Executive Order 12148），赋予FEMA应急管理和民防双重使命。与此同时，美国对灾害救济相关法律进行整合的努力一直持续，1988年国会通过《罗伯特·T.斯坦福救灾和紧急援助法》（The Robert T. Stafford Disaster Relief and Emergency Assistance Act），简称《斯坦福法》，这也是迄今为止美国在灾害管理领域最重要的联邦法律，其既定目标是"联邦政府向州和地方政府提供有序和持续的援助手段，以履行其减轻此类灾害造成的痛苦和损害的责任"[2]。

---

[1] 张宏儒主编：《二十世纪世界各国大事全书》，北京出版社1993年版，第692页。
[2] See Nan D.Hunter, *The Law of Emergencies: Public Health and Disaster Management*, Elsevier Inc, 2009, p. 189–209.

（三）立法改革阶段（1990年至今）

随着"冷战"的结束和核战争威胁的消退，FEMA逐渐远离民防。1992年，美国发布了第一个联邦响应计划（Federal Response Plan），该计划是正式确定如何协调联邦资源以协助州和地方政府应对灾害的第一步。1992年8月，飓风安德鲁（Andrew）摧毁了佛罗里达州和路易斯安那州的大片基础设施，数万人无家可归。随后，国会对《斯坦福法》相关制度进行了改革，简化了联邦救济和恢复行动，并优先考虑服务提供、应急准备和缓解措施。1993年的中西部大洪水和1994年的北岭地震对这些新改革进行了检验。1995年，位于俄克拉荷马城的艾尔弗雷德·P.默拉联邦大楼（Alfred P. Murrah Federal Building）发生爆炸，造成168人遇难，超过680人受伤，附近300座建筑不同程度受损。[①] 国内恐怖主义的威胁震惊美国上下。1996年，国会通过了《大规模杀伤性武器防御法》（The Defense Against Weapons of Mass Destruction Act）。随着威胁和灾害形势的不断演变，国会还通过了立法改革，以进一步推进减少灾害风险。2000年《减灾法》（Disaster Mitigation Act of 2000）首次要求州和地方政府评估风险并制定减灾计划，作为接受联邦政府救灾援助的条件。

2001年9月11日发生的恐怖袭击，改变了美国国土安全和应急管理的面貌，并推动了重大法规和政策的变化。2002年，布什总统签署《国土安全法》（The Homeland Security Act），建立了国土安全部（DHS），整合了FEMA和其他21个组织。DHS成立后，FEMA的工作重点重新集中在自然灾害上。2005年8月，飓风卡特里娜（Katrina）登陆密西西比州，在墨西哥湾沿岸造成大规模破坏，导致1800多人死亡，数十万人无家可归，经济损失超过1000亿美元。[②] 联邦政府应对卡特里娜飓风的行动受到广泛批评，并引发对联邦灾

[①] See Oklahoma City bombing, https://www.history.com/topics/1990s/oklahoma-city-bombing, 最后访问时间：2023年4月16日。

[②] See Hurricane Katrina, https://www.britannica.com/event/Hurricane-Katrina, 最后访问时间：2023年4月16日。

害应对工作的执行和资源分配的重新评估。在汲取经验教训之后，国会通过了2006年《后卡特里娜应急管理改革法》，将FEMA确立为DHS内的一个独立机构，重塑其主要使命，并指定FEMA主要负责人为总统、国土安全委员会和国土安全部涉及应急管理所有事项的首席顾问。

2011年，时任总统奥巴马签署了有关国家备灾的《第8号总统政策令：国家准备》(Presidential Policy Directive-8: National Preparedness)，呼吁建立全国备灾目标系统。联邦政府应急管理能力在2012年再次受到考验，当时飓风桑迪（Sandy）影响了从佛罗里达州到缅因州的整个东海岸，以及远至西弗吉尼亚州、俄亥俄州和印第安纳州的内陆州。随后，国会通过了2013年《桑迪恢复改善法》(The Sandy Recovery Improvement Act of 2013)，简化了公共基础设施援助程序，并允许联邦认可的部落直接向总统请求援助。2017年，美国面临历史性的大西洋飓风季节和极端的野火灾害，美国大陆南部和周围岛屿以及波多黎各和美属维尔京群岛遭到破坏。2018年10月5日，时任总统特朗普签署了2018年《灾难恢复改革法》(The Disaster Recovery Reform Act of 2018)，这些改革承认灾难响应和恢复的共同责任，旨在降低FEMA的复杂性，并培养国家应对下一次灾难性事件的能力。[①]

二、美国应急法的体系及主要内容

从立法演进的历程不难看出，应急法在整个美国法律体系中占据重要位置，成为调整特殊社会关系的重要分支。美国是联邦制国家，联邦与地方均有立法权。相应地，美国应急法的体系，可以划分为联邦与州两个层面。

---

① See Disaster Recovery Reform Act of 2018, https://www.fema.gov/disaster/disaster-recovery-reform-act-2018，最后访问时间：2022年12月3日。

（一）联邦立法

在联邦层面，美国形成了以宪法为指引，以联邦法律、行政法规为主体，以相关规程和标准为支撑的应急法体系。

1.宪法及相关法

《美国宪法》（The Constitution of the United States）被视为美国应急管理立法的根基。在美国，国家对突发公共危机的干预和管理首先必须建立在政治制度层面的法律基础之上。[①]美国应急法区分"灾害"和"紧急状态"两个不同概念。美国一直未颁布戒严法，当国家面临严重危机和需要对外战争时，由国家元首兼武装部队总司令的总统根据宪法授予的权力，宣布全国处于紧急状态，用严厉措施应对各种危机，同时向国会提出报告并取得立法批准。[②]在美国历史上，威尔逊总统是第一个发布国家紧急状态公告的总统。他在1917年2月5日发布国家紧急状态公告："我发现，国家紧急状态业已出现，农产品、林产品、矿产品以及加工制品海上运输能力和吨位不足。"从此以后，美国总统以总统行政命令方式（Executive Order）或公告方式（Proclamation）宣告全国紧急状态的事件增多。[③]值得注意的是，在《美国宪法》中，并没有具体的法律条款对紧急状态及其行使进行明确界定，由此带来总统紧急权与国会权力的冲突问题。

为规范总统紧急权的行使，美国国会于1976年通过《国家紧急状态法》（National Emergencies Act，NEA），同年9月14日正式生效。该法共分为五部分，内容包括紧急状态的宣告、紧急权力行使及权限、总统的职责和报告要求、某些紧急权力和其他法规的废止与延续等。按照规定，总统虽有权宣告国家进入紧急状态，但紧急权的行使受到一定限制。比如，该法要求总统

[①] 莫于川主编：《社会安全法治论——突发社会安全事件应急法律机制研究》，法律出版社2020年版，第61页。

[②] 莫纪宏、徐高：《紧急状态法学》，中国人民公安大学出版社1992年版，第45页。

[③] 江振春：《美国"国家紧急状态"的前世今生》，载《世界知识》2019年第4期。

应将紧急状态宣告立即提交国会并在《联邦公报》上发布；在宣布国家紧急状态后六个月内，国会参众两院进行审查，并可以两院共同决议的形式终止紧急状态；总统应在宣告后每满六个月之后九十天内向国会转交美国政府在这六个月期间用于应对紧急状态行使权力、履行职责的总支出的报告；等等。总体而言，1976年《国家紧急状态法》是美国国会对总统宣布紧急状态的制衡机制。不过该法对总统宣布紧急状态仅作了程序性的规定，并没有具体说明何种条件下总统可以宣布紧急状态。

2.应急管理综合性立法

迄今为止，美国在灾害管理领域最重要的联邦法律，当数《斯坦福法》。罗伯特·T.斯坦福（Robert T. Stafford，1913—2006）是佛蒙特州的一名政治家，自1952年起一直致力于将美国灾害救济相关法律进行整合。该法赋予大多数联邦救灾活动法定权力，尤其是与FEMA有关的活动，是对美国1974年《灾害救济法》（Disaster Relief Act of 1974）进一步的修订。该法于1988年11月23日颁布，分为七个部分共八十五条，分别为总则、灾害准备和减灾援助、重大灾害和紧急状态援助行政、重大灾害援助计划、紧急状态援助程序、紧急状态的准备以及附则，其调整范围既包括人为或偶然原因导致的重大灾害或紧急状态，也包括由于自然原因导致的重大灾害或紧急状态。该法明确规定联邦政府、州政府及其附属机构等应共同承担应急准备工作（例如，设立基金，由联邦政府和州政府按比例投资并开展相关工作），旨在为州和地方政府履行其援助公民的职责提供有序和系统的联邦自然灾害援助手段。《斯坦福法》之后，美国又出台了多部应急管理相关法律（见表5-1），这些法律规定的条款很多涉及FEMA职权的调整，是对《斯坦福法》的进一步修改完善。如2018年《灾难恢复改革法》中有56个条款涉及FEMA政策或法规变更，是对《斯坦福法》的修订。

表5-1 美国应急管理法（部分）

序号	法　名	颁布日期	内容及意义
1	2000年《减灾法》(Disaster Mitigation Act of 2000)	2000年10月30日	该法修订了《斯坦福法》，并要求州制定减灾计划作为某些类型非紧急灾害援助的先决条件。
2	2006年《后卡特里娜应急管理改革法》(The Post-Katrina Emergency Management Reform Act of 2006)	2006年10月4日	该法对FEMA进行了重大重组，并赋予其新的权力，以弥补在卡特里娜飓风应对工作中的不足。
3	2013年《桑迪恢复改善法》(The Sandy Recovery Improvement Act of 2013)	2013年1月29日	该法授权FEMA制定公共援助计划替代解决方案，以及统一的灾后恢复计划，并允许联邦认可的部落直接向总统请求援助。
4	2018年《灾难恢复改革法》(The Disaster Recovery Reform Act of 2018)	2018年10月5日	该法是一部具有里程碑意义的法律，凸显了联邦政府对增加减灾投资以及建立与州、地方、部落和领地伙伴关系的承诺。该法为FEMA赋予更多权力，以进一步实现上述目标。

3.应急管理专项立法

除了综合性立法之外，美国还针对特定灾害如水旱灾害、地震等制定了专项应急法。

（1）水旱灾害

美国水旱灾害频发，是世界上水旱灾害最严重的国家之一。在防洪方面，从19世纪50年代起，美国开始进行洪水灾害管理方面的立法。1850年制定了《沼泽地和淹没区法》，规定密西西比河沿岸数万平方公里的沼泽地交由州政府管理。[1]后来，洪水保险逐渐引起了立法者的重视。1956年，美国国会出台了《联邦洪水保险法》(The Federal Flood Insurance Act of 1956, FFIA)，规

---

[1] 钟开斌：《中外政府应急管理比较》，国家行政学院出版社2012年版，第338页。

定在全国推广洪水保险。但由于立法准备得不充分,该法出台仅9个月后即走向"死亡"。直至12年后,美国1968年《国家洪水保险法》(National Flood Insurance Act of 1968,NFIA)和以之为基础的《国家洪水保险计划》(National Flood Insurance Program,NFIP)通过,洪水保险在美国才真正开始实施。1973年年底,美国国会通过的《洪水灾害防御法》(Flood Disaster Protection Act of 1973),进一步规定所有受洪水威胁的社区都要参加国家洪水保险计划,并对联邦资金在洪泛区内的使用进行了限制。① 在抗旱方面,美国1988年颁布了《国家干旱政策法》,2002年颁布了《国家干旱预防法》。这两部法律的颁布,为联邦政府防御旱灾提供了法律依据。②

(2)地震灾害

美国西海岸属于地震频繁地带。1977年10月,美国国会通过了《地震减灾法》(Earthquake Hazards Reduction Act of 1977),③旨在提供地震危险性信息和实施有效的地震减灾措施,减少地震造成的生命和财产损失;1980年,颁布实施了《地震灾害减轻和火灾预防监督计划》,其中明确规定了FEMA的权力与职责;1990年11月,颁布实施了重新审定的《国家减轻地震危险计划再授权法》,规定政府有关部门应依法进行防震减灾。④

(二)有关州立法

美国是联邦制国家,各州和地方处于灾害第一线,应急管理工作的重心亦在各州。以加利福尼亚州为例,加利福尼亚州面积约42.4万平方公里,人

---

① 任自力:《美国洪水保险法律制度研究——兼论其变革对中国的启示》,载《清华法学》2012年第1期。
② 吴大明:《美国应急管理体系研究与思考》,应急管理出版社2020年版,第15页。
③ 因该法主要内容是"国家地震减灾规划",在2004年修订后又称为"国家地震减灾规划重新授权法"(National Earthquake Hazards Reduction Program Reauthorization Act)。参见王兰民、袁中夏:《国外防震减灾及农居地震安全法规政策的调研》,载中国人大网,http://www.npc.gov.cn/zgrdw/huiyi/lfzt/fzjzf/2008-10/23/content_1454375.htm,最后访问时间:2022年2月10日。
④ 李玉江、吴荣辉、卢振恒:《日本、美国等国家防震减灾法律法规制度比较研究》,载《国际地震动态》2015年第2期。

口超过3900万人,是全美人口最多的州。加利福尼亚州发展过程中面临经济、环境等众多风险和挑战,并且容易发生地震、洪水、重大野火、长期干旱、突发公共卫生事件、网络安全攻击、农业和动物灾害,以及对国土安全的威胁。为应对危机,加利福尼亚州先后制定了《加利福尼亚州应急服务法》(California Emergency Services Act,ESA)、《加利福尼亚州灾害救助法》(California Disaster Assistance Act,CDAA)等综合性法律。《加利福尼亚州应急服务法》于1970年颁布,共22章103条,适用于加利福尼亚州的应急准备、保护、响应以及恢复等各个阶段。与《斯坦福法》侧重于全阶段的应急援助不同,《加利福尼亚州应急服务法》的特点在于从多灾种的角度进行规范,既包括紧急情况下州长、紧急事务委员会、应急服务办公室、咨询委员会、地方灾害委员会等部门的职权,又对紧急状态进行了三种类型的划分,并规定了相关财政支持等内容,而且对几个多发单灾种进行了规定,例如石油泄漏、野火灾难等。

此外,加利福尼亚州还颁布了部分单灾种法令。如在地震防御方面,有《加利福尼亚州建筑标准行政法令》(California Building Standards Administrative Code)、《加利福尼亚州电工法令》(California Electrical Code)、《加利福尼亚州防火法令》(California Fire Code)、《加利福尼亚州地震灾害测绘法》(California Seismic Hazards Mapping Act)等;在洪水防御方面,有《加利福尼亚州防洪法》(California Flood Control Act)、《加利福尼亚州蓄水区法》(California Water Storage District Law)等。

三、美国应急法简评

(一)重大灾害推动应急立法

美国应急管理立法从应对火灾起步,在处理各类突发事件的实践中不断发展完善。在20世纪50年代之前,立法相对分散,以应对自然灾害为主,法律侧重调整应急管理的某个领域或流程,基本是一"事"(或"阶段")一"法",从第一部带有萌芽意义的应急法——1803年《国会法》开始,美国的应急管理一直沿着灾害推动立法的路径发展。由于缺乏顶层设计和统一规划,法律较为繁杂且彼此之间协调性较差,比较典型的是,有关法律中规定的联邦所提供的援助标准不一致。后期,美国应急管理朝着规范化、制度化方向发展,应急立法更强调全流程、跨灾种以及综合性,如国会1988年通过的《斯坦福法》,就是跨灾种应急法律制度整合的结果,当然该法主要侧重于联邦向州提供救灾援助方面。

(二)应急法发展适应应急管理改革需要

美国应急法发展过程中,法律一直扮演着调整利益关系的重要角色。在美国应急管理体系中,FEMA显然是一颗闪亮之星,也是应急法调整的重点。透过FEMA风雨飘摇的40余年历史,可以窥见美国应急法革新与嬗变的身影。20世纪70年代中期,美国应急管理职能分散,救灾需要协调的联邦机构多达100余个,还需要处理各州之间的关系。组织指挥不畅、反应迟缓、救灾不力的短板问题,在应对卡特里娜飓风等多个事件中彻底暴露。因此,历届美国政府应急管理的一项重要任务,就是协调联邦政府机构之间、联邦与各州之间,甚至总统与国会相互间的应急权力责任关系,并主要通过法制化手段实现。FEMA从开始只注重民防,到后来整合其他职能并最终实现脱胎换骨,不是瞬间完成的,而是经历了若干次立法并不断赋权实现的。此外,1976年通过的《国家紧急状态法》,实质上是国会对总统宣布紧急状态的制衡机制。可见,美国应急法的发展进程,从某种程度上讲是美国调整完善应急管理机构职能的改革过程,也是不断试错的过程。可以预见的是,这一改革远未到位,FEMA和美国应急法的发展仍处于进行时。

(三)构建实体分散、程序集中的紧急状态立法模式

如上文所述,美国应急法区分"灾害"和"紧急状态"两种法律状态,前

者包括"人为灾难"和"自然灾害"。对于非常严重的灾害,则需要上升到"紧急状态"。在这方面,美国采取的是实体分散、程序集中的紧急状态立法模式,1976年通过的《国家紧急状态法》只规定了紧急状态宣告程序等程序性问题,实质上是一部程序法。至于何种情况属于紧急状态以及紧急状态下的应急权行使则分散规定在有关实体法中,比如1988年《斯坦福法》规定了紧急状态及其相关职权。按照该法规定,在紧急状态下,总统有权指挥和协调联邦机构、私人组织、州或地方政府,调动相关资源(包括人员、设备、供给、设施与管理性、技术性和咨询性的服务),支持州和地方政府紧急援助的行动,包括预防性紧急疏散。我国一直未制定紧急状态法。新型冠状病毒感染疫情发生后,我国一些地方防控措施失当,暴露出紧急状态立法缺失的事实,使得法律秩序状态无法实现转换。从健全应急法体系的整体考量,我国有必要制定专门的紧急状态法,可以借鉴美国实体分散、程序集中的紧急状态立法模式,按照现行的自然灾害、事故灾难、公共卫生事件、公共安全事件四种类型,分别在相应的应急单行法中规定紧急状态实体问题,如在《传染病防治法》中规定需要上升到紧急状态的公共卫生突发事件的具体形态,以及相应的防控措施,紧急状态的宣告等程序问题则交由紧急状态法调整。

(四)建立应急协调官制度

1988年《斯坦福法》规定了协调官制度。该法规定总统在宣布重大灾害或紧急状态的同时,应任命一个联邦协调官来协调受灾地区事务。根据受灾害影响的具体范围,总统有权要求受影响州的州长委任一名州协调官来协调州和地方灾害援助行动与联邦灾害援助行动的关系。当受重大灾害或紧急状态影响的地区超出一个州时,总统经慎重考虑,可以委任一个联邦协调官负责整个受灾地区的事务,即跨州区域的单个联邦协调官。而且当总统认为恰当时,可以委任一些副职协调官员来协助联邦协调官的工作。这一做法,类似于我国《突发事件应对法》规定的突发事件应对工作组制度。新型冠状病毒感染疫情发生以来,国务院联防联控机制先后多次向有关地方派出工作组,指导当地应急处置工作，实现了疫情防控工作常态化。

同时，应当看到，美国应急法一直处于一种快速变动的状态，主要原因在于其所要调整的应急管理体系建立在多元主义的行政体制中，官僚机构相对冗杂、部门之间应急管理职能较为松散，职责不清且分类混乱，呈现碎片化的现象。[①] 由于立法赋予总统的紧急权过大也遭到了批评，对美国紧急状态实施的评估表明，《国家紧急状态法》是失败的，导致总统紧急权不受限制，动摇了美国宪政的根基。[②]

第二节　英国应急法

英国是地处西欧的一个岛国，由英格兰、苏格兰、威尔士和北爱尔兰组成，与欧洲大陆隔海相望。由于自然条件优越，气候相对温和，英国少有巨灾，但时常受暴风雨、洪水、热浪和森林火灾等自然灾害的影响。据统计，英国约有500万居民长年受到洪水威胁。2007年7月，英国遭受了60年来最严重洪灾，威尔士以及英格兰中西部地区连降暴雨，24小时内降水量达160毫米，造成格洛斯特、伍斯特、沃里克、伯克、牛津5个郡大片地区和数以万计的房屋被淹，多条铁路和公路交通中断。2015年至2016年的冬季洪水，造成英国经济损失约16亿英镑。[③] 此外，受多元文化环境等因素影响，英国反恐形势严峻复杂，特雷莎·梅担任首相期间，英国十七个月内遭受六次恐怖

[①] 莫于川主编：《社会安全法治论——突发社会安全事件应急法律机制研究》，法律出版社2020年版，第70页。

[②] See Patrick A. Thronson, *Toward Comprehensive Reforming America's Emergency Law Regime*, University of Michigan Journal of Law Reform, VOL. 46, 2013.

[③] Michael Stock & Jonathan Wentworth, *Evaluating UK natural hazards: the national risk assessment*, https://researchbriefings.files.parliament.uk/documents/POST-PB-0031/POST-PB-0031.pdf，最后访问时间：2022年10月3日。

袭击，①应急管理的任务十分繁重。

一、英国应急法的历史

英国是英美法律体系的发源地，其法律制度具有独特的历史传统和发展道路。英国应急管理法制建设历史悠久，早在斯图亚特时代，国王借口对紧急权的需要，在1628年通过的《权利请愿书》中就对戒严作了若干规定。进入19世纪，紧急权诉诸立法的情况大大增加。拿破仑时期，英国颁布了许多立法以保护国王，包括某些情况下终止《人身保护法》的规定。1914—1915年的《国王保护防卫法》授予政府以颁布命令条例的形式获得非常广泛的立法权以及其他委托立法权。②1916年，英国就颁布了《地方政府（紧急状态）法》[Local Government (Emergency Provisions) Act，1916]③。第一部具有现代意义的应急管理法律是1920年《紧急状态权力法》(Emergency Powers Act 1920，已废止)，这部法律授权政府在发生动乱的时候，可以宣布进入紧急状态。随后几十年里，英国陆续颁布了一系列应急法案，建立了比较完善的应急法律体系。

"9·11"以后，尤其是考虑到现代社会越来越多地受到恐怖主义、化学、生物、原子能、核辐射等各方面的威胁，这个法案已经发生了重大改变。但真正作为英国应急管理基础的是1948年《民防法》(Civil Defence Act 1948)。目前在民防方面有一定数量的议会法案和政府法规约束着地方政府。英国整个应急管理的立法框架源于这个法案，50年来通过采取一系列特定的措施逐步得到发展。该法案所称的民防是指抵御外国势力任何形式的攻击来保护平

---

① 强薇：《十七个月内遭受六次恐怖袭击 英国反恐形势严峻复杂》，载新华网，http://www.xinhuanet.com/world/2018-08/17/c_129934449.htm，最后访问时间：2023年4月14日。

② 莫纪宏、徐高：《紧急状态法学》，中国人民公安大学出版社1992年版，第44—45页。

③ See Local Government (Emergency Provisions) Act, 1916, https://www.legislation.gov.uk/，最后访问时间：2022年12月3日。

民。民防的职责在于地方政府，但该法案允许内政部制定法规以发挥地方政府的作用和能力。该法案规定中央政府给地方政府提供财政支持。到目前为止，该预算是地方政府从中央政府获得维持应急管理活动的唯一的资金来源。

1972年的《地方政府法案》（The Local Government Act）授权政府投入资金以防止、减轻和消除灾害造成的影响。20世纪80年代英国的灾害频繁，有人称80年代是英国饱受灾难的10年。由此产生了1986年的《和平时期民事保护法》（The Civil Protection in Peacetime Act）。该法规定，如果发生或即将发生对生命或财产造成破坏或危险的紧急情况或灾难，允许地方政府动用（单独或者联合英国的任何团体或个人）民防资源对和平时期的紧急情况作出反应。1987年的《民防法规》（The Civil Defence Regulation）提高了预算水平，以支付雇用地方政府及有关部门应急管理人员的工资和相关费用。[①] 到了20世纪80年代末期，政府开始接受这样一种观点，即和平时期为可能发生的灾害做好准备是非常必要的，为此政府以危机规划的作用为题，相继提出了两个评估报告，对政府危机规划及处理能力进行评估，使得危机管理工作提升到政治层面上来。[②]

进入21世纪，英国相继发生燃料危机和严重洪灾，[③]政府在应急处置工作中暴露出一系列深层次问题，尤其是应急计划缺乏应对重大威胁的能力。经过综合审查，英国政府发现，传统的危机处置法律体系和工作框架等已经不能适应现代社会带来的诸多挑战，需要及时更新立法。为此，英国政府于2003年6月至9月就相关法律草案进行了公众咨询，提出了地方一级新的民事保护工作框架，以及在紧急情况下使用特别立法措施的建议。随后，议会联

[①] 韩大元、莫于川主编：《应急法制论：突发事件应对机制的法律问题研究》，法律出版社2005年版，第203页。

[②] 韩大元、莫于川主编：《应急法制论：突发事件应对机制的法律问题研究》，法律出版社2005年版，第201—202页。

[③] 2000年，由于英国卡车司机封锁炼油厂以抗议油价上涨，引发了英国燃料供应危机，促使驾驶员们蜂拥恐慌性购买燃油。2000年是英国有记录以来最潮湿的年份，反复出现的强降雨造成英格兰、威尔士大面积洪灾，有700多个地点的10000处房产被淹，公路和铁路服务普遍中断，损失约为10亿英镑。

合委员会对该法律草案进行了立法审查。根据协商以及委员会的建议作出修正后，该法案于2004年1月7日正式提交议会，并于同年11月18日获得批准，即2004年《民事突发事件法》（Civil Contingencies Act 2004）。[1]该法的出台，使英国有了一部统一的紧急状态法律，政府得以利用立法工具处置严重紧急状态，确保紧急状态处置工作更加有效。

二、英国应急法的体系及主要内容

（一）英国应急法的层级

英国是当今世界为数不多的没有一部成文宪法的国家，现有三种不同的法律体系：英格兰和威尔士实行普通法系、苏格兰实行民法法系、北爱尔兰实行与英格兰相似的法律制度。18世纪以来，英国立法日益增多，立法包括议会法案及其授权下属机构制定的授权立法，包括部门发布的命令与条例、地方当局的地方法规以及法院程序的规定等。[2]具体到应急管理立法，可以分为以下几个层级。

1. 第一个层级是应急管理法律

作为应急基本法的2004年《民事突发事件法》，是指导和规范英国所有紧急事件的综合防灾减灾基本法，在该法的指引下，针对气象灾害管理，英

---

[1] 关于该法法名，国内翻译较为混乱。有学者译为《国内紧急状态法案》，参见顾林生、刘静坤：《英国紧急权立法解析及借鉴》，载《北京政法职业学院学报》2004年第3期；有学者译为《民事紧急状态法案》，参见莫于川主编：《社会安全法治论——突发社会安全事件应急法律机制研究》，法律出版社2020年版，第72页；还有学者译为《国民紧急状态法》，参见李格琴：《英国应急安全管理体制机制评析》，载《国际安全研究》2013年第2期。本书认为，准确翻译法名，应结合该法的内容。从条文内容看，该法同时使用了"Contingency"和"Emergency"两个基本概念，并在Part 1和Part 2作了明确区分："This reflects the fact that Part 1 is designed to deal with preparations by local responders for localised emergencies. This higher threshold reflects the fact that Part 2 is designed for use in very serious emergencies which affect a larger geographical area."可见，相比"Emergency"（突发事件），影响更大区域的非常严重的情况为"Contingency"（紧急状态）。根据立法规制的主要内容，翻译为《民事突发事件法》更为贴切。

[2] 参见方韶东：《浅谈英国法制与应急管理机制》，载《防灾博览》2011年第3期。

国于2007年11月9日公布了《气候变化法案》（Climate Change Act，CCA），成为全球第一个为了应对气候变暖及其引发的气象灾害作出法律规定的国家。[①]该法颁布后，英国又陆续颁布了2004年《消防与搜救服务法》（Fire and Rescue Services Act 2004）、2006年《反恐法》（Terrorism Act 2006）等，作为应急法的补充。

需要指出的是，一些命令（Order）与法律具有同等效力。如2004年《民事突发事件法》授权内阁大臣（如涉及苏格兰时，由苏格兰大臣）以发布命令的形式，对紧急状态具体情形进行解释，以及规定何种供给、系统、设备等中断。此种命令，相当于立法解释，与2004年《民事突发事件法》具有同等效力。如苏格兰大臣依据2004年《民事突发事件法》的授权，于2005年发布的《民事突发事件法（苏格兰）令》[The Civil Contingencies Act 2004 (Commencement)(Scotland) Order 2005]。

2. 第二个层级是应急管理方面的条例

条例（Regulations）是为实施法律而制定的，如依据2004年《民事突发事件法》授权，内阁大臣可以就该法规定的相关事项制定实施条例，例如2005年《民事突发事件法（应急计划）条例》[The Civil Contingencies Act 2004 (Contingency Planning) Regulations 2005]。此后，苏格兰、威尔士先后制定了类似的实施条例，如苏格兰于2005年10月6日制定的《民事突发事件法（应急计划）（苏格兰）条例》[The Civil Contingencies Act 2004 (Contingency Planning)(Scotland) Regulations 2005]。依据1972年《欧共体法》（The European Communities Act 1972），2018年3月15日，英国颁布了最新的《民用航空（空中事故调查）条例》[The Civil Aviation (Investigation of Air Accidents and Incidents) Regulations 2018]。

3. 第三个层级是各种应急管理的规程、指南和标准

规程（Doctrine）是英国应急管理的又一个特色用语。2005年，英国应急

[①] 张庆阳：《英国应急防灾机制纵览》，载《防灾博览》2014年第4期。

规划学院（EPC）院长查尔顿－威迪将军提出了这个至今仍有争议的词——规程。规程一词源于军事用语，表示不可违抗的军规。有学者认为，英国目前的应急管理体系是以规程为中心建立起来的。[①]这实际上对规程做了扩大化的解释。应当说，包括规程在内的这些应急管理的指南、标准，或者作为强制性文件，或者作为指导性文件，共同构成了英国应急管理法律体系的重要组成部分。如2005年，英国政府陆续出台了《应急管理准备和响应指南》《应急管理恢复指南》《中央政府对突发事件响应的安排：操作手册》等文件，将2004年《民事突发事件法》的宗旨、原则进行细化，有效规范了中央、地方政府在进行应急管理时的具体操作程序。[②]

以重大危险源应急管理指南为例。1974年6月，弗利克斯巴勒（Flixborough）爆炸事故发生后，英国职业安全健康委员会设立了重大危险咨询委员会（ACMH），负责研究重大危险源的辨识、评价技术和控制措施。随后，英国职业安全健康监察局（HSE）专门设立了重大危险源管理处。ACMH分别于1976年、1979年和1984年向英国职业安全健康监察局提交了3份重大危险源控制技术研究报告。由于ACMH极富成效的开创性工作，英国政府于1982年颁布了《关于报告处理危险物质设施的报告规程》，1984年颁布了《重大工业事故控制规程》，并出版了《化工厂应急程序指南》。

在应急管理标准方面，英国标准协会（BSI）制定了很多应急产品和方法方面的标准，如应急照明、声音系统、便携式呼吸器、应急通风设备要求、应急滑翔和降落设备、应急电缆防火能力测试方法、应急出口系统、消防人员防毒面具、应急通信频率、放射性应急测量仪器和应急逃生自动测试系统等。

除中央立法外，苏格兰、威尔士、北爱尔兰，可就某些事项制定单行的地方性法规。如北爱尔兰于1926年颁布的《紧急权力（北爱尔兰）条例》[The

---

① 李雪峰：《英国应急管理的特征与启示》，载《行政管理改革》2010年第3期。
② 李格琴：《英国应急安全管理体制机制评析》，载《国际安全研究》2013年第2期。

Emergency Powers（Northern Ireland）Regulations 1926］、于1928年颁布的《口蹄疫（紧急限制）（北爱尔兰）令》［The Foot-and-Mouth Disease（Emergency Restrictions）（Northern Ireland）Order 1928］；苏格兰于2005年颁布的《民事突发事件法（应急计划）（苏格兰）条例》；威尔士于2005年颁布的《禽流感和纽卡斯尔疫（应急计划）（威尔士）令》［The Avian Influenza and Newcastle Disease（Contingency Planning）（Wales）Order 2005］。

（二）英国应急基本法

2004年《民事突发事件法》确立了英国应急基本法的地位。在此之前，英国地方一级的应急活动主要依据1948年《民防法》进行。1948年《民防法》侧重于调整地方在遭受国外敌对势力攻击时的应急活动。随着"冷战"结束，战争的威胁消失，地方的应急活动已集中在为诸如洪水和重大交通事故等民事突发事件做准备。此外，紧急权立法仍较为陈旧。1920年《紧急状态权力法》按照对特定服务和资源的干扰来定义"紧急状态"早已过时，不能反映英国当前面临的形势，如1920年法案没有明确涵盖恐怖主义威胁和对环境的威胁，因而有必要对"紧急状态"重新界定。2004年《民事突发事件法》侧重于调整三类威胁：严重损害人类福利的事件或情况；对环境造成严重破坏的事件或情况；对安全造成严重破坏的战争或恐怖主义。该法共分为三部分共36条，主要内容体现在前两部分。

1.第一部分：地方民事保护安排

第一部分的目的是在地方层面建立新的民事保护法律框架，明确地方一级响应主体的权力和责任，以确保其有效应对从局部事件到灾难性紧急状态的全方位情况。该法将地方一级响应主体分为两类，第一类处置主体即核心处置部门，主要包括地方政府，应急服务部门如警察、消防、医疗救护、健康与卫生部门、海事部门等。这类处置部门包括七项法定职责：一是评估当地发生突发事件的风险；二是制定应急管理规划和预案；三是制定业务持续性的管理安排；四是在发生突发事件时做好部署，向公众提供应急的相关信息，并在紧急情况下发出警告、通知和有关建议；五是与当地其他处置部门共享信息以加强协调；六是与当地其他处置部门合作以提高协调水平和效率；七是向当地企业和志愿组织提供有关管理的建议和帮助。第二类处置主体属于"辅助机构"，主要包括公用事业单位如水电气等单位、电信部门、铁路运营商等。这类处置主体一般不参与核心规划工作，只有两项法定职责：一是与其他部门合作；二是信息共享。根据该法的规定，英格兰和威尔士境内的一类和二类处置部门须联合建立地方应急管理论坛（在伦敦大都会警察署内有伦敦区域应急管理论坛、区域媒体应急论坛等），这些论坛是在各地应急处置部门间开展多机构合作的主要机制，有助于促进协调与沟通，形成伙伴关系。

2. 第二部分：紧急权力

第二部分是对1920年《紧急状态权力法》的更新，反映了这些年来的变化及英国在21世纪面对风险的要求。与1920年《紧急状态权力法》一样，该法亦允许制定特殊的临时立法来处理最严重的紧急情况。紧急权力立法是一种机制，仅用于处理需要紧急响应的最严重的紧急情况，是最后手段。与此同时，该法对新时期紧急情况作出了新的定义，增加了新的风险和威胁等情形，包括恐怖袭击、遭受生物或化学袭击后造成的土地污染，以及通信系统瘫痪。为确保紧急权力不被滥用，该法规定紧急权力行使必须满足三项条件，即紧急情况已经发生、正在发生或即将发生；现有权力不足，需要紧急采取行动；采取的措施必须与应对紧急情况相称。

需要说明的是，该法实施后，英国1920年颁布的《紧急状态权力法》、1948年颁布的《民防法》、1964年颁布的《紧急状态权力法》（The Emergency Powers Act 1964）第一部分、1986年颁布的《和平时期民事保护法》以及2002年颁布的《民防（格兰特）法》[The Civil Defence（Grant）Act 2002] 同时废止。

此外，依据2004年《民事突发事件法》的授权，英国内阁大臣于2005年7月22日制定了《民事突发事件法（应急计划）条例》。该条例分为10章共

58条，包括前言、总则、紧急状态风险评估责任、计划和风险评估公布、向公众发布警告和提供信息和咨询、为企业和志愿组织提供咨询和帮助，等等。条例于2005年11月14日正式实施。

三、英国应急法简评

（一）体系化抗灾的立法理念

与美国不同，英国不用突发事件管理（emergency management）而是用抗灾能力（resilience）指称英国灾害管理的所有活动。根据官方界定，抗灾能力是指社区、应急服务部门、地区或生命线工程部门发现、预防、抵御（必要时）、处理各种突发性事件挑战和恢复的能力。很明显，这种对抗灾能力的界定包含着英国应急管理体系建设一种全方位的努力，即应急管理能力包括从预测、预防到应对和恢复的每一个环节。[①]英国2004年《民事突发事件法》的精髓与核心在于体系化抗灾的理念，注重风险防范、应急培训、业务持续性与灾后恢复重建的系统抗灾力建设，体现了常态管理与应急管理的结合。此外，不像美国、俄罗斯等国专设一个强力应急部门，英国更强调多部门合作、协调、步调一致，英国民事紧急事务秘书处（CCS）主要发挥指挥协调作用。从某种程度上讲，2004年《民事突发事件法》实际上是对地方层面应急响应和恢复的多机构框架，以及各个组织的作用和责任达成共识。

（二）推进应急管理综合立法，强化法律的可执行性

与俄罗斯类似，英国建立了准备（preparation）、响应（response）和恢复（recovery）三阶段应急管理机制，但后者更注重综合性立法，规范某一突发事件的应急单行法并不多见。英国2004年《民事突发事件法》旨在"为英国提供一个能够应对21世纪挑战的民事保护框架"，不仅立法前做了大量准

[①] 万鹏飞：《大伦敦应急管理体系建设及启示》，载《北京规划建设》2012年第1期。

备,还注重法律规范的可操作性。该法颁布后,英国政府于2005年陆续下发了涉及应急准备、应急处置和恢复重建等的规范性文件,对各级政府和部门如何应对突发事件进行了具体而详尽的阐述,使各地区、各部门在应急管理中有章可循。此外,英国针对各个时期面临的不同问题和挑战,对应急相关法不断完善和更新,如2004年《民事突发事件法》颁布后,英国政府又分别于2005年、2008年和2011年对其进行了修订。

（三）构建了属地为主、分级负责的应急处置机制

英国突发事件应急工作主要是地方政府的职责,对此2004年《民事突发事件法》及相关的条例详细规定了地方政府对国内紧急状态的工作职责,凸显了地方政府在紧急状态处置工作中的重要地位。同时,立法强调各个处置机构在应急处置工作中要坚持分工协作的原则,要求各个机构履行法定的职责,同时进行信息沟通和工作的配合,通过各机构之间的分工协作、互相配合来实现对紧急状态的有效处置,并建立"金、银、铜"三级应急处置机制。"金级"由应急处置相关政府部门的代表组成,主要考虑"战略层面"的应急问题;"银级"由事发地相关部门的负责人组成,负责"战术层面"的应急管理,根据"金级"下达的目标和计划,对任务进行分配;"铜级"由在现场指挥处置的人员组成,具体负责实施应急处置任务。

（四）紧急状态下允许立法权超常规使用

英国作为议会制国家,立法权属于议会。一般情况下,政府或其他组织立法,必须取得议会授权。英国亦有授权立法的传统,如上文所述,2004年《民事突发事件法》授权政府在发生动乱的时候宣布进入紧急状态,政府有权制定新的法律,对公众和国家健康服务系统（NHS）等公共系统施加限制。对政府而言,实施2004年《民事突发事件法》的主要好处是,其允许政府在数小时内引入新法律,而无须事先获得议会批准。议会的参与仅是决定新法是否应该执行下去。从某种程度而言,2004年《民事突发事件法》可谓"法

中有法"。

与英国强调属地为主、推进体系化抗灾相比，我国应急权及相关资源配置更集中于中央层面，对地方授权不足，科层制的组织结构制约了地方政府应急处置功能的发挥，部门之间分工协作、互相配合的机制尚未有效形成。新型冠状病毒感染疫情防控工作中，暴露出应急法律体系不完善、制度碎片化等问题，需要整体考量，统筹推进相关制度建设。目前，我国中央一级的应急管理立法以行政法规和部门规章居多，这虽然保证了事故由行政机关应急处理的特点，但由于缺少上位基本法的控制，致使法规之间的冲突现象层出不穷。而且各部门都针对自己所负责的事项立法，缺乏沟通和协作。此外，应急管理工作，涉及事前预防、事中应急处置与救援、事后恢复与重建等多个环节，而现行的《突发事件应对法》侧重于事中、事后，事前风险评估和预防存在短板，尤其是预警法律秩序转换的功能尚未发挥。我国可以借鉴英国立法经验，系统修订我国《突发事件应对法》，并以此为统领，建立综合性的应急管理法规政策体系，从而强化依法应对突发事件的法律支撑。

第三节　日本应急法

日本是一个君主立宪制的群岛国家，由本州、四国、九州、北海道4个大岛和众多小岛组成。由于独特的气候和地形，日本特别容易受自然灾害的影响，历史上经历过无数次地震、台风等各种灾害。首先，该国受极端气候变化的影响，例如季节性阵雨、台风和降雪；其次，日本地势崎岖，断层多，由于地处太平洋地震带，地震频发，加之海岸线复杂，易受海啸侵袭；最后，日本地处环太平洋火山带，是世界上火山最集中的地方，日本拥有83座活火山，占世界总量的十分之一。为提升防灾减灾能力，日本建立了具有本国特色的应急体制机制，并强化了相关立法。

一、日本应急法的历史

纵观其发展史，日本应急法大致可以分为三个阶段。

（一）治水为主的单灾种立法阶段（明治维新到第二次世界大战）

日本应急立法最早可追溯至1880年《备荒储备法》。1890年后，风灾水害连绵不断，导致中央储备金严重透支，1899年《备荒储备法》被废止，开始实施《罹灾者救助基金法》。[1]明治维新后期，淀川、利根川、木曾川等大型河流频繁发生水灾，政府强烈感受到治水的重要性，因而积极推动相关立法。1897年日本制定了《河流法》，该法奠定了日本河流管理的基本原则。次年，日本又制定了《砂防法》和《森林法》（与《河流法》统称为"治水三法"），形成了现代水利控制的基础。[2]

（二）自然灾害综合立法阶段（第二次世界大战至20世纪60年代）

现代意义上的日本应急立法，是从20世纪40年代开始的。受第二次世界大战影响，战后日本的抗灾能力大为减弱，该国遭受了一系列重大台风、强烈地震等灾害，导致每年有超过1000人丧生。为此，日本先后制定了三部应急法律，分别为1947年的《救灾法》，1948年的《消防法》以及1949年的《防洪法》，这三部法律搭建起日本灾害应对活动的基础性法律框架。1959年9月，伊势湾台风造成5000多人死亡，这是战后日本最严重的灾难。次年3月，日本制定了《治山治水紧急措施法》，开始有计划地实施防洪措施和其他旨在提高日本抗灾能力的项目。为纪念1923年9月1日发生的关东大地震，日本还将每年9月1日定为"防灾日"，作为传播防灾知识和提高公众意识的一种手段。1961年，日本制定了《灾害对策基本法》，将保护国土以及公民的生命、生活

---

[1] 王德迅：《日本的防灾体制与防灾赈灾工作》，载《亚非纵横》2004年第3期。
[2] 「近代治水百年を振り返って」，https://www.mlit.go.jp/river/shinngikai_blog/past_shinngikai/shinngikai/shingi/to-1.html，最后访问时间：2022年7月2日。

和财产免受自然灾害的影响列为国家优先事项，建立了有计划、综合性的防灾管理体制。该法的颁布被认为是日本现代灾害管理体制的转折点，有抗灾"宪法"之称。此后，日本的灾害预防、紧急救援和恢复措施更加体系化，确保国家有计划、全面地采取灾害对策。

（三）应对大规模灾害和紧急事态立法阶段（20世纪60年代至今）

20世纪60年代的日本开始实施积极措施，以加强对灾害应对的物理和制度保障，特别强调防灾。这些努力大大减少了因自然灾害而死亡或失踪的人数，近年来下降到每年100人到200人。[①]这一阶段立法趋于精细化，修订也更加频繁，应对大规模地震灾害的政策法规尤为密集。1973年制定了《活火山周边地区避难设施法》，即后来的1978年《活火山特别措施法》，1978年制定了《大规模地震对策特别措施法》，1998年制定了《灾民恢复生计支援法》，2000年颁布了《推进泥沙灾害易发地区灾害对策法》，等等。经过十多年的潜心营造，日本的危机管理体制亦发生了很大的变化，而这些变化集中到一点，就是使日本原来较单一的危机管理体制演变为能够应对大规模灾害和各种紧急事态的综合性国家危机管理体制。[②]

二、日本应急法的体系及主要内容

（一）应急法的基本框架

现代日本的法律制度以大陆法系为基础，沿用了19世纪欧洲法律制度特别是德国、法国的模式。"二战"后，日本进行了重大的法律改革，1947年《宪法》是在盟军占领下制定的，受美国影响很大。一般认为，目前日本的法

[①] See Disasters and Disaster Prevention in Japan, https://www.mofa.go.jp/policy/disaster/21st/2.html，最后访问时间：2023年4月8日。

[②] 王德迅：《日本危机管理体制的演进及其特点》，载《国际经济评论》2007年第2期。

律体系是大陆法系与英美法系的混合体。① 与美国模式不同,日本并未就紧急状态专门立法。现行日本宪法中没有直接规定有关紧急状态的内容,② 而是由单行法律直接对紧急状态作出规范。如《灾害对策基本法》中规定了灾害紧急事态,《新型流感等对策特别措施法》规定了卫生紧急状态。以后者为例,2020年3月13日,日本参议院全体会议通过《新型流感等对策特别措施法》修正案(2012年第31号法)。《新型流感等对策特别措施法》是日本2013年施行的针对新型流感传染病防控的一部专门法律,修正案的通过使得日本政府宣布"紧急状态"成为可能。该法共分为7章共80条。根据第32条之规定,一旦出现新型流感等传染病在全国范围内迅速蔓延,并对人们生活和国民经济产生巨大影响的情形,首相有权宣布特定地区在一定时间内进入紧急状态。紧急状态宣布后,都道府县知事可以决定避免不必要的外出、关闭学校或取消相关活动,并可以强行使用土地和建筑物开设临时医疗设施等。③ 2020年4月7日傍晚,时任日本首相安倍晋三宣布,东京、千叶、大阪、兵库等七个都府县实施紧急状态,实施时间持续到2020年5月5日,其依据的就是《新型流感等对策特别措施法》。这也是日本历史上首次宣布进入紧急状态。④

一般认为,日本危机管理的法律体系大致包括以应对各种灾害为目的的防灾法律、以应对各类公共卫生紧急事态为目的的健康危机管理法律和以应对武力攻击为目的的有事法制三个部分。⑤ 鉴于有事法制与传统意义上的危机管理有本质区别,故不在本书讨论之列。总体而言,日本应急法的体系包括以下三个层次。

---

① Japanese Law Research Guide: Legal System & Statistics, https://www.uchastings.edu/academics/library/,最后访问时间:2023年3月30日。
② 莫于川主编:《社会安全法治论——突发社会安全事件应急法律机制研究》,法律出版社2020年版,第85页。
③ 「新型インフルエンザ等対策特別措置法」,https://elaws.e-gov.go.jp/document?lawid=424AC0000000031,最后访问时间:2023年3月29日。
④ 张冠楠:《日本:发布首个紧急事态宣言》,载《光明日报》2020年4月8日,第16版。
⑤ 王德迅:《日本危机管理体制的演进及其特点》,载《国际经济评论》2007年第2期。

1. 法律

法律是由国会讨论通过，主管大臣和总理大臣联名签署，天皇颁布的。自20世纪40年代以来，日本先后通过各种灾害管理相关法律，逐渐形成了以《灾害对策基本法》为龙头，涵盖灾后预防、应急响应、灾后恢复重建等各个阶段的应急法律体系，包括7项基本法案，18项关于防灾备灾的法案，23项灾后恢复重建与财政措施的法案（见图5-1）。这些法律之间相互联系，其他立法则将重点放在灾害响应上。

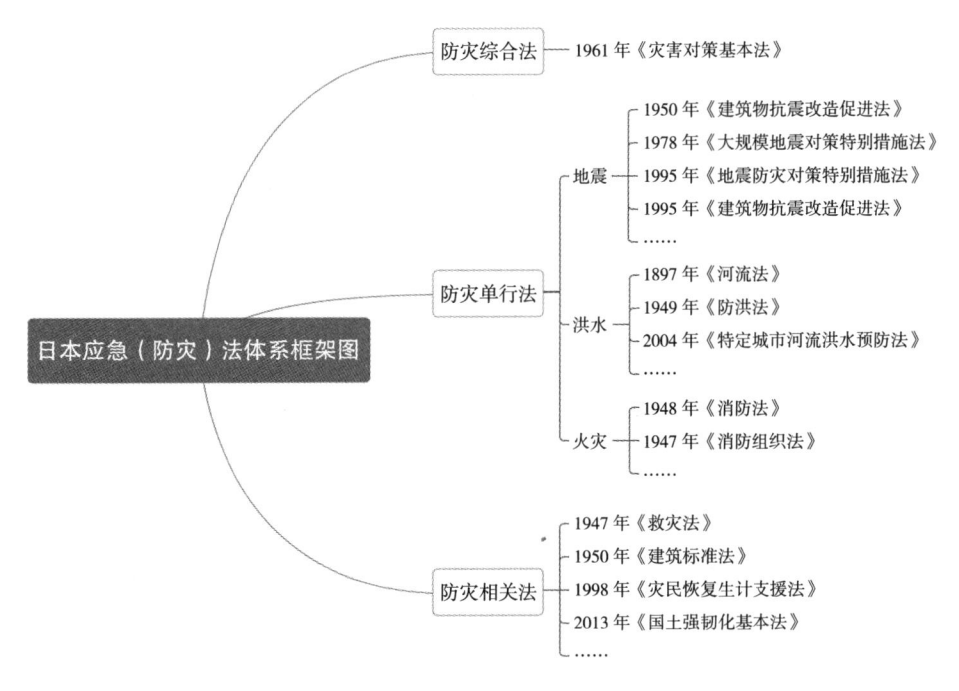

日本应急（防灾）法体系框架图
- 防灾综合法 — 1961年《灾害对策基本法》
- 防灾单行法
  - 地震
    - 1950年《建筑物抗震改造促进法》
    - 1978年《大规模地震对策特别措施法》
    - 1995年《地震防灾对策特别措施法》
    - 1995年《建筑物抗震改造促进法》
    - ……
  - 洪水
    - 1897年《河流法》
    - 1949年《防洪法》
    - 2004年《特定城市河流洪水预防法》
    - ……
  - 火灾
    - 1948年《消防法》
    - 1947年《消防组织法》
    - ……
- 防灾相关法
  - 1947年《救灾法》
  - 1950年《建筑标准法》
  - 1998年《灾民恢复生计支援法》
  - 2013年《国土强韧化基本法》
  - ……

图5-1 日本应急法体系

2. 命令

日本行政机关发布的相关命令包括政令和省令。政令由内阁会议制定，相当于我国国务院颁布的行政法规。日本《宪法》第73条规定了内阁的职责，第6款规定"制定内阁令以实施本宪法和法律的规定"。它还规定"除非得到法律授权，否则内阁命令不能施加惩罚"。比如，为实施《消防法》，日本内阁制定了《危险物品规制条例》《消防法施行令》；根据《消防组织法》，内阁先后制定了《消防组织法施行令》《兼职消防员损害赔偿标准令》《消防委员会令》。《国家行政组织法》第12条之规定：各部部长针对主管的行政事务，有权发布部长令以执行法律或内阁命令。①省令相当于我国的部门规章，其基本形式是具有标准性质的各种规则。与政令类似，省令也没有处罚的设定权限。如根据《消防法》和《消防法施行令》的规定，日本总务省制定了《消防法施行规则》。

3. 告示、指示/通知

这是政府根据法律、政令或省令制定的一些决定、实施事项，告示是部长、委员会将指令和决定等处置事项公开告知公众，指示/通知则用于上级政府部门向下级政府部门和工作人员的告知。比如《关于在新型冠状病毒传染病可能发生灾害的阶段确保避难所的通知》就属于此类。

（二）防灾基本法

日本防灾经历了分散立法到综合立法的过程。1959年伊势湾台风灾害发生之前，日本每次发生灾害时都会制定相关法律，不仅法律之间的协调性差，也无法取得防治的实际效果。为弥补法律体系的不足，促进整个防灾措施系统化，发展和推进综合性、系统性的防灾行政，1960年2月，时任日本总理大臣的岸介信向内阁审议会发布指示，正式启动《灾害对策基本法》起草工作。基本法草案在自民党灾害对策小委员会的讨论中，因没有对各省厅相关权限作出明确规定，过于温和，内容也很不完备，而被退回。此后，由于日美安保条约修正事件引发社会混乱，《灾害对策基本法》的讨论就此搁置，直到第二年即1961年的第36届临时国会上才被重新提起。此次临时国会也被称为"灾害国会"，会议集中审议《灾害对策基本法》草案，围绕谁是防灾主体（如是否有必要设置防灾厅，作为防灾专管机构等），市町村第一领导在避难劝告及指示等应急对策上的权限，对受灾者个人的灾害补充等问题展开激烈

---

① 「日本の法律・政令・省令・告示・通達とは？ その違いは？」，https://www.envix.co.jp/region/asia-oceania/jp/clm-jp20210128/，最后访问时间：2023年3月30日。

争论。其中，关于在发布灾害紧急状态布告的同时，赋予总理大臣包括限制物价等权力的强力权限这一条款，遭到在野党的强烈反对，他们认为这一条款会让人联想起"二战"前的戒严令。除这一条款外，其他条款均在同年10月正式通过。①

《灾害对策基本法》规定了防灾的基本原则，通过明确防灾的相关措施，旨在保护国家和人民的生命、身体和财产免受灾害侵害。该法分为10章共计117条，包括总则、防灾相关组织、防灾计划、灾害预防、灾害应急对策、灾后重建、财政金融措施、灾害紧急事态、杂则、罚则等内容。《灾害对策基本法》调整的"灾害"，是指由暴风、暴雨、暴雪、洪水、海潮、地震、海啸、火山喷发等异常自然现象或大规模的火灾或爆炸及其他在破坏程度上与上述情况类似的原因所造成的破坏。《灾害对策基本法》涵盖灾害管理的所有阶段，并且规定在中央、都道府县、市町村建立三级防灾组织体系：在中央一级，设立以内阁总理大臣为组长，以防灾担当大臣、公共机关的代表及有关专家为成员的中央防灾会议；在都道府县一级，设立以都道府县知事为组长，以都道府县、指定地方行政机关、市町村、消防机关以及公共机关的长官为成员的都道府县防灾会议；在市町村一级，也设立对口的市町村防灾会议。同时，还明确了在紧急情况下设置灾害对策总部的具体条件。依照该法，日本制定了国家级的灾害管理框架，明确了防灾责任。中央政府、都道府县、市町村、指定公共机构和指定地方公共机构都有责任制定和实施防灾计划，并相互合作。同时规定了自愿参加防灾活动等义务。根据《灾害对策基本法》，日本还起草了灾害管理基本计划，制定了减少灾害风险的全面和长期计划。在该计划的基础上，建立了全面的灾害管理计划体系。

需要说明的是，《灾害对策基本法》与特定的灾害法律是一般法与特别法的关系。发生灾害时，首先根据灾害的性质适用特定的法律，只有在这些法

---

① ［日］大矢根淳等编著：《灾害与社会1：灾害社会学导论》，蔡骥、翟四可译，商务印书馆2017年版，第81—82页。

律没有规定的情况下才援引《灾害对策基本法》。

(三) 防灾专门立法

1. 抗震立法

从日本应急法调整的对象来看，除了综合性的《灾害对策基本法》外，还有诸多专门立法，其中尤以应对大规模地震灾害的立法最为重要。日本自古以来就多次发生大地震，但地震学或地震工程的研究是在明治之后才开始的。[①] 自1923年关东大地震起，日本开始走上强调建筑抗震立法之路。每一次毁灭性地震，都对日本进一步严格建筑标准起到了至关重要的作用。1950年，日本颁布了《建筑标准法》[②]，以及《建筑物抗震改造促进法》。根据新法建造的建筑物，被确认具有足够的抗震能力。1995年1月17日，日本兵库县南部发生7.3级大地震（阪神—淡路大地震），造成6400多人丧生，房屋、城市基础设施和公用线路等遭到严重破坏，损失总额约为10万亿日元。阪神—淡路大地震促使日本对建筑防震理念进行深刻反思，并加强了减灾的相关立法。此后，日本接连颁布四部法律，分别为：1995年《地震防灾对策特别措施法》和《建筑物抗震改造促进法》、1996年《保护特定灾害受害者权益特别措施法》以及1997年《人口稠密地区提高抗灾能力促进法》。

2011年3月11日，日本东北部海域发生里氏9.0级地震并引发海啸，造成重大人员伤亡和财产损失。东日本大地震打破了日本防灾神话，促使日本政府，规划师、学者、工程师等社会各界人士联合起来，思考如何将韧性城市上升为国家战略并加以落实。2013年12月，日本颁布了《国土强韧化基本法》。依据该法规定，次年6月，日本又颁布了《国土强韧化基本计划》，对脆弱性评估、确定优先级并提前采取适当措施进行规范，以期

[①] Yuji Ishiyama, *Earthquake Damage and Seismic Code for Buildings in Japan,* http://ares.tu.chiba-u.jp/peru/pdf/meeting/120817/M6_Ishiyama.pdf，最后访问时间：2023年4月14日。

[②] 《建筑标准法》在1981年作了修订，称为《新抗震设计法》。

增强抵御大规模自然灾害的能力。[①]

2.防洪立法

在河流和防洪管理方面，日本比较重要的立法包括《河流法》、《防洪法》和《特定城市河流洪水预防法》。《河流法》除了规定河流管理的基本原则外，还定义了主要的防洪措施，而《防洪法》的目的则是监测和防范由洪水或风暴潮引发的与水有关的灾害并减少损失。按照该法规定，市政当局对各自辖区范围内的防洪活动承担主要责任。日本将河流分为A、B两大类。此外，还有由市町村管理的独立河流。当洪水、风暴潮等灾害已经发生或可能发生时，为防止或减轻此类灾害，国土交通大臣认为有必要时，可以指示在特定区域执行A级或B级河流管理的部分都道府县知事采取必要措施。《特定城市河流洪水预防法》规定了洪水预报、引导疏散、指导抗洪预警，各主要河流沿线洪水易发区的河流管理人员公告和各市根据洪水易发区编制的灾害地图。

3.消防立法

《消防法》于1948年7月24日颁布，是日本规范本国消防以及相关国家机构运作的主要法律，日本消防组织则是基于1947年12月23日颁布的《消防组织法》运作。法律规定了国家消防机构在国家和地方层面的作用。依照法律规定，日本消防部门的职责如下：消防部门负有保护人民生命、人身和财产免受火灾、洪水、地震等灾害及其造成损害的职责。根据法律，消防和灾害管理局为日本内务省一个专门机构。市政当局有义务在其所在地区全面开展消防工作。都道府县管辖的主要消防事项如下：各都道府县应向市町村提供建议和指导，使其能够全面开展消防工作。此外，该法还规定了县、市政府和其他相关机构之间合作的法律框架。

除了在防灾基础研究方面投入大量的财政预算，日本政府还积极开展国际防灾减灾合作，并加强了相关立法，以提升其国际影响力、增强话语权。

[①]「国土強靱化基本計画」，https://www.cas.go.jp/jp/seisaku/kokudo_kyoujinka/kihon.html，最后访问时间：2023年3月30日。

如1987年8月生效的《日本救灾队派遣法》。制定该法是为了明确海外特别是在发展中地区，发生重大灾害时派遣救灾队所需的措施，应受影响国家政府或国际组织的要求，作为促进日本国际合作努力的一部分。自1987年首次派出专家组应对委内瑞拉洪灾以来，日本共派出145支专家组赴45个国家和地区开展救援（截至2017年12月）。[①]

三、日本应急法简评

（一）应急法的体系相对完备

日本应急法的发展与其灾害多发的国情以及相应的防灾政策密切相关。自20世纪40年代以来，日本应急法经历了单灾种立法向灾害综合立法演变的过程，其后不断汲取重大灾害经验教训，对相关法进行调整和补充，逐步形成了适合日本灾害特点、较为完善的应急法体系。从内容来看，其中既有发挥应急基本法功能的《灾害对策基本法》，又包括适用于特定灾种的"事"的立法，如地震、火灾、洪水、暴雪等立法，以及规范应急管理特定流程的"阶段"立法，典型的如1947年《救灾法》。根据该法规定，在发生灾难时，通过地方政府、日本红十字会等非政府组织和公众的合作，提供必要的紧急救济，以保护灾民，维护社会秩序。其主要适用于以下类型的救灾活动：建立避难场所和紧急临时住房；食物和水的供应；服装、床上用品等的供应；寻找已故受害者和身体治疗；提供学习用品；紧急维修房屋。目前，我国立法机关已正式启动《突发事件应对法》的修改工作，并正抓紧推动自然灾害防治综合立法，日本《灾害对策基本法》的立法经验可供我国借鉴。

此外，与日本相比，我国多数单项立法集中在灾害处置方面，对于各类突发事件面临的共同救助、补偿等缺乏规定。《突发事件应对法》虽然区分四

---

① See 30 Years of the Japan Disaster Relief (JDR) Law, www.mofa.go.jp/files/000406697.pdf，最后访问时间：2023年3月30日。

个阶段立法，但仍未能对救助和补偿等问题作出具体规定。因而有必要引入"一阶段一立法"，弥补现行立法的不足，特别是对突发事件中的政府征收、征用和私人补偿问题应制定专门立法进行规定，这既是完善应急管理法律体系之需，也是保护公民利益和更好地应对突发事件所需。

（二）应急法偏重于"事"的应对

与美国类似，日本应急法发展过程中也体现出灾害推动立法的显著特点，无论是1959年的伊势湾台风，2011年发生的东日本大地震，还是2020年的暴雨事件，每一次事件过后，日本都在学习和反思，并在立法上有所改进。正因如此，包括《灾害对策基本法》在内，日本整个应急法的制度设计，偏重于对已经发生过的灾害提出对策，对潜在的自然灾害预防规定有所不足。此外，日本应急法的一大任务，是规定行政组织设置、明确其职责及相互关系。但与许多国家应急管理体制不同，日本并未设置一个常设性的机构专司应急管理，[①]类似我国的应急管理部或者美国的FEMA。《灾害对策基本法》规定只有在灾害发生时，日本才设立相应级别的灾害对策本部。这就意味着日常的灾害预防工作悬空。虽然法律规定，国家和地方各级政府都应制定灾害应急计划，但上述计划无疑偏重于"事"的应对，事前预防的理念无法得到有力贯彻。

（三）紧急状态类型化立法

如上文所述，无论在实体还是程序方面，日本均未制定专门的紧急状态法，而是将紧急状态制度写入有关应急单行法中，比较典型的是《灾害对策基本法》。根据该法规定，发生非常灾害且该灾害异常严重，足以导致国家经济及公共福祉受到重大影响的情形时，出于推进与该灾害有关的灾害应急对策的特别需要，内阁总理大臣可以于内阁会议对有关的全部或者部分地区

[①] 日本仅建立灾害管理协调机制，具体由内阁任命一名灾害管理国务大臣，统筹灾害管理基本方针，协调应对大规模灾害。平时，国务大臣、有关组织代表和专家在内阁府组成中央灾害管理委员会，讨论制定国家灾害管理计划和基本政策等重要事项，并负责推进综合防灾对策。

发布灾害紧急事态公告。内阁总理大臣应当在公告发布之日起20日内将其提交国会商议，请求国会就公告的发布给予批准。如国会作出不予批准的决议，内阁总理大臣应当迅速废止该公告。上述内容实际上是紧急权的启动流程（程序内容）。此外，该法在同一章节还规定了可以采取的紧急措施（实体内容）。与日本不同，我国将紧急状态写入宪法，紧急权的设置涉及公民基本人权，日本关于紧急状态的立法模式我们似不能简单套用。

（四）立法修订及时

日本应急管理法治化建设非一朝之功，为实现防灾法的体系化，日本建立了"灾害追加型"的法律修订补充机制：在发生较大灾害后，及时发现现有法律漏洞，然后加以修订和完善。这种法律制定机制就像"拼花图"一样，使法律体系不断健全，适用范围不断扩大。[1]以《灾害对策基本法》为例，该法自1961年颁布以来，先后经历过多轮密集修改，具体包括：吸取东日本大地震的教训，2012年增加了包括加强地方政府相互支持活动的措施等条款；2013年，确保居民顺利安全疏散，加强受影响人群的保护被写入立法；2014年，增加规定发生灾害时，授权有关单位及时清理道路上的私家车辆，以便有效实施应急救援；2021年，为强化灾害对策实施体制，确保发生灾害时能够顺利、迅速地疏散，对疏散信息进行了审查，制定了个人疏散计划，以及广域疏散协商规则。此外，政府还可以采取其他措施，例如，可针对某些受灾地区设立灾害管理机构。[2]我国可以借鉴日本修法经验，结合贯彻《法治中国建设规划（2020—2025年）》，建立常态化法规动态维护机制，进一步突出问题导向，坚持"小切口"推进防灾减灾救灾立法。

---

[1] 丛晓男、朱承亮：《"3·11"地震后日本防灾减灾体系建设进展及对中国的启示》，载《中国发展观察》2018年第14期。

[2] Toshinori OGATA, *Disaster Management in Japan*, https://www.ncbi.nlm.nih.gov/pmc/articles/PMC5059167/，最后访问时间：2023年4月16日。

（五）规定全社会参与减灾

日本善于从灾害中学习，逐渐形成了深厚的防灾文化，并已在日本的学校和社区层面根深蒂固。如地震教育从幼儿园开始，包括疏散指南、地震产生和影响，以及实践培训课程。此外，根据《灾害对策基本法》，即使是私营单位，也必须忠实履行减灾职责。具体而言，首相根据《灾害对策基本法》指定的公共机构以及从事公共业务的法人（日本银行等公共机构，以及电力运营等从事公共业务的公司）有义务参与中央防灾会议根据《灾害对策基本法》起草的减灾行动计划，并在发生灾害时承担包括合作在内的减灾活动的一系列职责。当地居民除了采取防灾措施外，还必须通过以下方式为减灾作出贡献：例如，参加自愿减少灾害风险活动。其他私营企业也有更多机会参与疏散演习，以及参与减少灾害风险活动，包括开发具有减少灾害功能的产品。日本广播公司、商业电台等新闻媒体，传播灾害风险知识、播放快讯以及开展灾害预警，提高全社会对减灾的认识。学术机构向中央灾害管理部门及相关委员会提供专业技术知识，并在减灾科研以及相关志愿活动方面发挥着重要作用。[1]此外，日本还依法设立了救灾应急基金。根据《灾害对策基本法》，地方公共团体必须拨出灾害对策基金，以支付灾害对策所需的紧急开支。日本充分发挥居民自治组织的能力，以自主防灾组织为抓手构建基层社区应急管理体制机制的做法，值得我国学习和参考。我国可以组建依靠居委会力量的全国社区防灾减灾或应急救援组织体系，整合社区和基层各种力量，提升社区应急能力。[2]

---

[1] National Report of Japan on Disaster Reduction for the World Conference on Disaster Reduction, https://www.unisdr.org/2005/wcdr/preparatory-process/national-reports/Japan-report.pdf，最后访问时间：2023年3月30日。

[2] 顾林生、马东周：《日本社区应急管理体系建设及其启示》，载《中国应急管理科学》2021年第2期。

第四节　俄罗斯应急法

苏联解体后的几十年里,受国际环境尤其是地缘政治的影响,俄罗斯一直面临战争威胁。俄罗斯虽与美国之间保持着一种相对稳定的平衡,但随着2018年俄罗斯与美国在叙利亚问题上针锋相对,爆发军事冲突的可能性依然存在。[1]此外,北约和俄罗斯的关系也在缓和与斗争中起伏不定,意外爆发战争的风险比"冷战"期间任何时候都大。[2]因此,国家安全一直是俄罗斯应急管理的重要议题。此外,复杂的自然地貌和社会环境,决定了俄罗斯是个自然灾害和人为灾祸频发的国家。从1986年切尔诺贝利核电站灾难性事故,到2021年伊尔库茨克州森林火灾肆虐,俄罗斯始终面临着严峻的公共安全挑战。随着"冷战"的结束,以大规模战争为主要应对对象的民防体系已不再适应新形势的需要。为加强自然灾害、技术事故和灾难类突发事件等预防和救援工作,俄罗斯于1994年成立了由总统直接管理的俄联邦民防、紧急情况和消除自然灾害后果部(以下简称紧急情况部),与俄罗斯国防部、内务部、司法部和外交部并称为五大强力部门,具有很强的军事色彩。每当有重大事件发生,俄罗斯紧急情况部的人员总是第一时间赶到现场。除了强大的职能部门,完善的法律法规也是俄罗斯应急机制发挥效能的重要保障。

一、俄罗斯应急法的历史

(一)苏联立法萌芽阶段

俄罗斯的应急法最早可追溯到1649年的《城市部门令》,该法令规范了

---

[1] 《兰德报告:俄罗斯对美国的地缘挑战》,https://new.qq.com/omn/20200727/20200727A08AHZ00.html,最后访问时间:2022年10月5日。

[2] 青木、柳直:《西方与俄"擦枪走火"可能性增大?》,载《环球时报》2021年11月15日,第2版。

莫斯科的消防秩序。1918年3月，革命国防委员会发布公告《对彼得格勒及其周围地区人口的召唤》，明确了空袭时的逃生方法并成为对"民防措施"定义的依据。[1]苏联时期，民防的主要任务是对付敌人空袭，使居民和国民经济做好在核条件下防止大规模毁伤武器的准备。1989年，苏联政府对民防工作进行了改革，加强了和平时期的职能和任务，其工作任务是：在继续防止大规模毁伤性武器攻击的同时，加强应对各种灾难性工业事故和地震、水灾等自然灾害方面的工作。[2]

20世纪90年代之前，苏联并未颁布专门法律处理紧急情况，例如民众骚乱或自然灾害后产生的紧急情况。1977年的苏联宪法（也被称为勃列日涅夫宪法）区分了两种例外制度，即"战争状态"和"戒严状态"（或者"戒严令"）。关于战争与和平问题，包括宣战的权力，属于苏联最高苏维埃专属管辖权的范围。关于"戒严状态"的一般规则被规定在1941年6月22日苏联最高苏维埃主席团颁布的《戒严令》中，后被1958年颁布的《军事法庭法令》（奥沃尼克法庭）所取代。[3]

（二）俄罗斯独立初期立法变革阶段

苏联解体后，俄罗斯国内政局动荡不安，应急管理政策一度缺乏明确方向，法律法规更新不及时，应急管理组织机构及其法定化缺失，不符合国家对应急管理的基本需求。为此，俄罗斯应急法积极朝着两大方向进行变革。其中之一就是以降低风险为目标的新法案的发展。这个法案主要处理新出现的伤害性力量，包括物质危险的原料等。此外，新的立法规则也开始实施以应对现有各种灾害。另一个立法改变是使各种专门的现存法案和谐一致，并

---

[1] Barabash Anna（安娜）:《中俄应急管理体系的比较及其影响因素研究》，大连理工大学2013年硕士学位论文。

[2] 俄罗斯民防体制，http://ccad.zmfzx.com/view/waiguominfang/tizhi/2011/0505/690.html，最后访问时间：2022年7月3日。

[3] See Alexander N. Domrin, *Russian Law on Emergency Powers and States of Emergency*, 1 INDIAN J. Const. L. 113 (2007).

加大了现存法案、条例和指令的修补力度。①1991年5月11日，尚未独立的俄罗斯即公布了《俄罗斯苏维埃联邦社会主义共和国紧急状态法》，独立后的俄罗斯联邦在面对和处理各种危机事件过程中，又相继颁布了一系列相关法律，不断完善危机管理的法律体系。②1994年11月11日，俄罗斯通过了《保护居民和领土免遭自然与人为灾害法》，并建立了"俄罗斯联邦预防和消除紧急情况统一国家体系"（Unified State System of Prevention and Liquidation of Emergency Situations），以抵御联邦共同体领土范围内发生的自然灾害和人为灾难，为相关人员提供法律保护。1995年7月14日，俄罗斯又通过了《俄罗斯联邦应急救援部门与救援人员地位法》。在发生紧急情况时，联邦政府可依据该法协调国家各机构与地方自治机关、企业、组织及其他法人之间的工作，并规定了救援人员的权责。1998年2月9日，俄罗斯颁布了《民防法》，明确了民防领域的任务，确立了实施民防的法律基础，规定了俄联邦国家权力机关、俄联邦主体执行权力机关、地方自治机关、团体在民防领域的权力，以及民防应拥有的兵力和兵器。

（三）全面强化国家安全立法阶段

1. 初期

俄罗斯只在部分立法规范中对应急相关行为进行了规制。从21世纪初开始，俄罗斯逐步构建起确保国家安全的法律体系。2001年5月，俄罗斯颁布了《俄罗斯联邦紧急状态法》，取代了1991年的紧急状态法，为紧急状态下国家行政权力和立法权力的"超宪"使用提供了法律依据。考虑到地缘政治、军事和经济形势，确保国家安全一直是俄罗斯应急法的优先事项。《俄罗斯联邦安全法》（The Federal Security Law）和《国家安全战略》（The National Security Strategy）构成了俄罗斯国家安全法律体系的两大支柱。《俄罗斯联邦

---

① 游志斌：《当地国际救灾体系比较研究》，中共中央党校2006年博士学位论文。
② 倪芬：《俄罗斯政府危机管理机制的经验与启示》，载《行政论坛》2004年第6期。

安全法》于1992年制定,并于2010年12月作了更新。该法规定了保障国家安全、社会安全、生态安全、人身安全等的原则和措施。《国家安全战略》是俄罗斯国家安全战略规划的基本文件,旨在保障国家安全和长期稳定发展。2021年通过的最新版战略明确了与安全相关的国家利益、优先事项、目的、任务和措施。普京担任总统期间,进一步加强了联邦安全工作,不仅亲自领导俄罗斯联邦安全会议,还积极推动相关法律修改。2020年11月9日,普京签署了新修订的《俄罗斯联邦安全法》,依据新版宪法的相关内容,在2010年版安全法的基础上追加了四项规定,主要是根据近些年来国际形势深刻变化以及防范"颜色革命"、保卫国家政权的需要作出的制度性安排。[1]

2. 新反恐机制确立时期

随着苏联的解体,俄罗斯联邦境内民族宗教矛盾凸显,加上经济滑坡、政局动荡,俄罗斯联邦恐怖活动日趋活跃。为彻底改变反恐机制协调能力差的状况,2006年2月16日,普京颁布了《有关反恐怖活动措施的命令》,宣布成立统一的全国反恐委员会,以协调全国的反恐活动,并在俄罗斯全境建立有效的预防、制止与打击恐怖活动的三级公共预警机制。同年3月6日,普京签署新的《反恐法》,进一步落实俄罗斯新反恐理念。依据该法建立起一整套全国垂直反恐协调体系,标志着俄罗斯新反恐机制的确立,但仍有待于在实践中进一步完善。[2]

二、俄罗斯应急法的体系及主要内容

俄罗斯总体上属于大陆法系国家。俄罗斯法律中既包括成文法,例如民法典和刑法典,也包括与相关法典保持一致的其他单行法。国际法被认为是俄罗斯法律体系的一部分,判例法也被视为事实上的法律渊源。俄罗斯是联

---

[1] 周力:《2020年俄罗斯推进政治议程的几件大事》,载昆仑策网,https://www.kunlunce.com/ssjj/fl1/2021-01-21/149743.html,最后访问时间:2022年7月3日。

[2] 马振超:《俄罗斯反恐危机管理研究》,载《国际关系学院学报》2009年第1期。

邦制国家，俄罗斯联邦由共和国、边疆区、州、联邦直辖市、自治州、自治区等主体组成。各加盟共和国拥有自己的宪法和法律。边疆区、州、联邦直辖市、自治州、自治区拥有自己的规章和法律。宪法法院可以宣布不符合宪法的法律或法律行为无效。从正式法源看，俄罗斯联邦法律体系包括宪法、联邦宪法性法律、联邦法律、总统令、政府决议以及经授权国家机构的法律行为。具体到应急管理领域，俄罗斯应急法体系包含以下内容。

（一）宪法及宪法性法律

宪法在俄罗斯境内具有最高的法律效力，任何法律或国际条约都不能与宪法规定相抵触。现行宪法于1993年由全民公决通过。2020年6月25日至7月1日，新的宪法修正案以"全民公投"的形式被最终确认。共修改了联邦宪法40多项条款，约占法条总数的1/3，涉及国家领土、安全、公民权利、国家权力结构以及联邦中央与地方关系等各个关键环节。[①] 俄罗斯历来有在宪法中赋予总统权力的政治习惯。根据宪法，总统是唯一有权实施紧急状态并暂停任何违反总统令的法律行为的官员。联邦委员会必须在该法令正式发布后72小时内审议并批准或拒绝该法令。如果该法令被拒绝，其法律效力将在其正式公布72小时后失效。紧急状态的最长期限为30天（局部地区为60天），可由总统续签。由总统行使的紧急权包括：暂停地方当局的权力和任何政党的活动；禁止公共活动；施加其他限制以确保公民的安全和宪法秩序。

除了在宪法中对紧急状态作了原则性规定外，俄罗斯还依据宪法制定了专门的紧急状态法。2001年4月26日，俄联邦国家杜马通过《俄罗斯联邦紧急状态法》，该法分别于2003年6月30日、2005年3月7日进行了修订。《俄罗斯联邦紧急状态法》属于宪法性法律，有"小宪法"之称，如果紧急状态地区法律与紧急状态法相抵触，紧急状态地区法律可以被总统中止，这为紧

---

① 郝龙：《俄罗斯2020年修宪前后的权力机制变迁》，载《俄罗斯学刊》2020年第6期。

急状态下行政权力和立法权力的超常使用提供了法律依据。[1]该法共7章43条，包括总则、实行紧急状态的情形和方式、紧急状态下采取措施和临时限制、保障紧急状态制度的力量和手段、对紧急状态地区的特别管理、紧急状态下公民的权利保障及公民和公职人员的责任以及最后条款。一是对紧急状态进行了界定。"紧急状态"是指依照俄罗斯联邦宪法和本联邦宪法性法律的规定，在俄罗斯联邦全境或者俄罗斯联邦个别地区，国家权力机关、地方自治机关、无论何种法律组织形式和所有制形式的组织及其公职人员、社会团体实施活动的特别法律制度，允许通过本联邦宪法性法律规定，对俄罗斯联邦公民、外国公民、无国籍人的权利与自由，各组织和社会团体的权利进行个别限制，同时给予他们其他附加义务。二是规定了紧急权行使的程序。包括紧急状态的适用情形、宣布程序、采取的措施以及实施期限等。三是规定了公民权利保障。严格紧急状态下采取的措施和临时限制的范围，并规定保障公民和组织在紧急状态下的财产权利和社会权利，如物质损害赔偿制度，同时明确了对违反宵禁规定的公民实施拘捕的程序。

（二）应急管理综合法

《保护居民和领土免遭自然与人为灾害法》可视为俄罗斯应急管理的综合性法律。1994年11月11日，俄联邦国家杜马通过了《保护居民和领土免遭自然与人为灾害法》，旨在对在俄生活的各国公民，包括无国籍人员提供免受自然和人为灾害影响的法律保护，包括由事故、自然灾害或其他灾害引起，可能或已经造成人员牺牲、人员健康受损、环境破坏、重大财产损失或基本生产生活设施被破坏的情况。其立法目的包括两个层次：一是预防紧急情况的发生和发展，降低紧急情况的损失和伤亡程度，以及消除紧急情况；二是在保护居民和领土免遭紧急情况侵害领域，划分俄联邦机构、俄联邦主体机构、

---

[1] 国务院办公厅赴俄、日应急管理考察团：《俄罗斯、日本应急管理考察报告》，载《中国应急管理》2007年第2期。

地方自治机关及其他团体的职权。该法共9章31条，包括总则、应急管理主体及其职权、对居民的培训、财政和物质保障措施实施程序、国家监督、国际条约以及附则等内容。建立紧急情况应急管理体制，合理划分俄罗斯联邦权力机关、俄联邦主体权力机关和地方自治机关的职权，是本法重点解决的问题。在第二章，法律对俄罗斯联邦总统、俄罗斯联邦会议、俄罗斯联邦政府及其主责机关、地方自治机关等不同主体的职权作出具体规定，如规定了俄联邦主体权力机关的17项职责，包括应急力量和资金准备、信息公开、建立全俄统一的"112"紧急呼叫服务保障体系、协调各单位应急，还规定了在原有力量和资金不足的情况下可以向俄联邦政府寻求援助。

（三）应急管理单行法

在应急救援组织方面，俄联邦国家杜马于1995年7月14日通过的《俄罗斯联邦应急救援部门与救援人员地位法》，旨在规范应急救援部门组建、运行及救援人员活动，以实现对救援人员、参与应对自然灾害与事故灾难的其他俄罗斯公民提供法律保障。该法共4章37条，分为总则、应急救援部门、应急救援人员及其地位、附则。根据该法规定，在发生紧急情况时，联邦政府可依据该法协调国家各机构与地方自治机关、企业、组织及其他法人之间的工作，并明确了救援人员的权利、义务和职责。

在消防方面，俄罗斯形成了以《俄罗斯联邦消防安全法》为统领，包括俄联邦政府其他法令以及《防火安全认证规则》和《程序》等的法律体系。消防立法最早可追溯至罗斯公国时期。1493年，莫斯科经历了一场毁灭性的火灾之后，政府下令对居民在生活和生产中的用火加以限制。1918年，苏联颁布了《国家灭火措施组织法令》，明确规定灭火的组织问题属于国家的任务，在防火领域和防火建筑领域开展消防调查，这些条款成为组建国家消防监督局的法律依据。[①]1994年12月21日，俄联邦国家杜马通过《俄罗斯联邦

[①] ［俄罗斯］弗·塔马洛夫、［俄罗斯］叶甫根尼·梅沙尔金：《俄罗斯建筑防火规范的历史及现状》，郑翠玲译，载《消防技术与产品信息》2014年第9期。

消防安全法》，详细规定了俄罗斯消防机构及其职责、消防人员的法律和社会保护的保障、消防规范化，以及消防安全的权利、义务和责任等内容。为完善国家对消防安全的管理，提高对紧急情况防范和消除的专业技能，2001年11月9日，时任俄罗斯总统普京发布第1309号令，将原先设置在内务部的国家消防总局及其中央和地方的消防机关、消防部队、消防企事业单位连同其资产列表一并纳入紧急情况部。[1]目前，俄罗斯联邦政府有10多项联邦法律和法规对防火措施进行了规定。

在工业安全方面，俄罗斯目前有2000多种法规、指令以及国家标准，其中多数是由苏联各个部委、国家委员会的其他权威机构制定的，至今仍然有效。最重要的是1977年6月21日颁布的《危险生产项目工业安全法》，该法规定了对危险生产企业从设计、建设到投产各个阶段的工业安全要求，并要求对危险生产企业实行单独注册，进行工业安全鉴定，对工业安全规程遵守情况进行检查，危险生产企业按要求参加强制性伤害责任保险。为保障境内危险生产项目的安全运行，俄罗斯政府于2001年3月28日通过《关于在俄罗斯联邦领土范围内危险生产项目工业安全保障措施的决议》，对俄罗斯联邦领土范围内危险生产项目技术装置、设备以及延长安全使用期等事项提出要求。[2]近年来，俄罗斯境内安全事故频发，安全监督力度不够、信息整合不力、传输落后等弊端不断显现。例如，2020年克拉斯诺亚尔斯克边疆区一起热电站柴油泄漏事故将当地河流染成红色，严重破坏了脆弱的永久冻土。为保护公民人身及财产安全并确保企业利益，俄罗斯正积极推进《关于统一"安全城市"系统》的立法工作。[3]

在灾害救济和援助方面，为灾害防治提供法律保障，俄罗斯《灾害救济

---

[1] 舒慧煜：《俄罗斯消防体制实行重大改革：国家消防总局走出内务部同紧急情况部结合》，载《消防技术与产品信息》2003年第2期。

[2] 参见中华人民共和国科学技术部编：《国际安全生产发展报告》，科学技术文献出版社2006年版，第126—130页。

[3] 张春友：《俄将立法保障"安全城市"系统顺利施行》，载《法治日报》2021年8月9日，第6版。

与援助法》规定向受灾户提供低利率贷款，并根据农林渔业者、中小企业主、中低收入家庭等受灾情形给予不同资金补助。[1] 为此，俄罗斯联邦政府每年的紧急情况和自然灾害备灾救灾储备金约为30亿卢布（约合6.2亿元人民币）。该项资金为受灾地区提供支持，主要用于救援、保障受灾居民生活、补助倒房灾民等。此外，俄罗斯还制定了全国统一的自然灾害救助项目和标准，对转移安置灾民救济补助、灾民一次性资金救助进行了规定。一次性资金救助标准为5000卢布（约合1033元人民币）。[2]

三、俄罗斯应急法简评

（一）形成多层次应急立法体系

苏联解体后，为满足应急管理领域的基本需求，俄罗斯进行了大量卓有成效的立法活动，构建起以宪法为核心，以应急管理综合性法律为框架，以专项应急法为补充的多层次的应急法体系。第一层次是宪法以及具有宪法性文件性质的《俄罗斯联邦紧急状态法》；第二层次是应急管理基础法律，包括应急管理综合性立法，即《保护居民和领土免遭自然与人为灾害法》，以及涉及消防安全、工业安全、应急救援组织以及灾害救助等方面的专门立法；第三层次是俄罗斯联邦政府以及紧急情况部门制定发布的指令和相关规定。

（二）应急立法面向实战，凸显国家安全

俄罗斯正处于由乱到治、由衰到兴的变革过程，尽管其积极淡化对抗色彩，但地缘政治痛点始终存在，这也决定了俄罗斯应急管理的基本面向。相较于其他国家，"应战应急"一体化建设，历来是俄罗斯应急法发展的显著特

---

[1] 刘振华、王世进：《美、日、俄等国家地质灾害防治法制及其借鉴》，载《宜春学院学报》2013年第7期。

[2] 祝明：《国际自然灾害救助标准比较》，载《灾害学》2015年第2期。

点和优势。俄罗斯应急立法在数量上虽不及美国、日本，但立法资源优先向国家最需要的领域倾斜。从苏联时期的民防，到俄罗斯成立后注重预防和消除自然灾害及人为灾难，再到现如今对涉及国家安全的事项进行统一调整，平战体制的转换和功能开发，成为俄罗斯应急立法优先的方向。在民防和应急体制基础上组建的俄罗斯紧急事务部，仅在最近的10年里，其所属军队的救援人员，参加了超过4万起的抢险救灾工作，挽救了7万多人的生命。[1]"应战应急"最集中的体现，当数2002年10月莫斯科"人质危机"事件。这是美国"9·11"事件后世界最大规模的恐怖主义事件。涉及超过700名人质的安危、车臣问题的走向以及普京的执政地位。但危机在60个小时内就得以解决，充分反映出俄罗斯的危机处理机制在实战中发挥了应有功效。[2]

（三）建立三阶段灾害应急管理模式

俄罗斯在自然灾害和灾难应对方面的基本法律是《保护居民和领土免遭自然与人为灾害法》。但该法并非通常意义上的非常态法，其定位介于常态与非常态之间的法律安排，类似于我国的《突发事件应对法》。与传统将应急管理分为减缓—准备—响应—恢复四阶段不同，俄罗斯《保护居民和领土免遭自然与人为灾害法》按照预防、减轻和消除三个阶段来管理自然灾害与人为灾难，将预防和减少紧急情况的发生，控制、减轻和消除紧急情况造成的严重社会危害作为立法目的和出发点。这意味着法律认可预先采取措施，以消除危机对社会和环境造成直接或间接影响。尽管如此，由于俄罗斯应急管理偏重于反恐及其他涉及国家安全的事项，在自然灾害应对方面也暴露出一些问题。2021年下半年，俄罗斯遭受"水火两重天"的考验。东部的雅库特共和国、伊尔库茨克州森林火灾肆虐，西部的克里米亚共和国、克拉斯诺达尔边疆区的多个居民点则被洪水淹没。俄罗斯政府在应对森林火灾、治理

---

[1] 李晓东：《俄罗斯"应战应急"一体化建设启示》，载《中国国防报》2008年1月14日，第3版。
[2] 闻新芳：《俄罗斯早备预案临危不乱，英国应急体系分工明确》，载搜狐网，http://news.sohu.com/92/28/news212902892.shtml，最后访问时间：2022年10月5日。

洪水过程中的一系列表现遭到民众的批评。应对措施不当、救灾速度缓慢成为网民不满的原因。①

（四）立法赋予总统在应急决策中的高度集权

苏联解体后，俄罗斯的政治结构、经济形态和社会都发生了重大变化，正是在应对危机的过程中，俄罗斯形成了独特的应急管理体系。作为俄罗斯法律体系的一个特殊分支，俄罗斯应急法发展的趋势是综合化且高度集权化。总体而言，俄罗斯应急管理体制是在总统统一领导下的政府负责制。俄罗斯总统拥有广泛职权，总统不仅作为国家首脑执行立法机构的决策，而且成为整个应急管理的核心主体，任何重大的应急管理方案与行动都必须由总统来决定。根据俄罗斯联邦《宪法》和《保护居民和领土免遭自然与人为灾害法》等联邦法律，俄罗斯总统有权在保护居民和领土免遭紧急情况侵害领域，确定国家政策的基本路线，并作出其他决定；必要时决定动用俄联邦武装力量、其他军队和部队，以消除紧急情况。俄罗斯联邦政府根据并遵循俄罗斯联邦宪法、联邦法律和俄罗斯联邦总统法令，在保护居民和领土免遭紧急情况侵害领域发布命令、指令并保障其执行。

（五）强化应急救援组织与救援人员保障立法

《俄罗斯联邦应急救援部门与救援人员地位法》是俄罗斯调整应急救援机构和救援人员设置、地位和职责及相互关系的一部专门法案，无论从形式还是从内容看，该法都算得上是俄罗斯的应急管理行政组织法。同时，俄罗斯还立法规定国家消防部门全体人员仍然享有联邦民警法、国家退休金法、外高加索地区现役军人补充保障及补偿办法、内务机关服务条例等法律法规所

---

① 《普京：罗斯当前所遭受的自然灾害，是史无前例的》，载网易网，https://www.163.com/dy/article/GHE8Q53L0523R1C3.html，最后访问时间：2022年5月3日。

规定的各种优待、社会保障及服务待遇。①此外，联邦政府部门在规章和行动手册里对救援人员的教育和培训作了特殊的要求。

相比俄罗斯，我国应急组织立法依然是应急法治建设的薄弱环节。对此，习近平总书记在主持中央政治局第十九次集体学习时强调，要坚持依法管理，运用法治思维和法治方式提高应急管理的法治化、规范化水平，系统梳理和修订应急管理相关法律法规，抓紧研究制定应急管理、自然灾害防治、应急救援组织、国家消防救援人员、危险化学品安全等方面的法律法规。②鉴于此，可以借鉴《俄罗斯联邦应急救援部门与救援人员地位法》，抓紧启动我国《应急救援组织法》的立法论证工作。

第五节　澳大利亚应急法

澳大利亚位于南半球，在太平洋西南部和印度洋之间，由新南威尔士、昆士兰、南澳大利亚、塔斯马尼亚、维多利亚、西澳大利亚6个州，以及首都地区和北部地区2个地区组成。所处地理位置与地质构造的特殊性，使得澳大利亚比其他国家有更富有特点的灾害以及应对灾害的不同对策。对澳大利亚来说，主要灾害有四种，即飓风、森林火灾、洪水和地震。1983年2月16日，南澳大利亚和维多利亚山林发生火灾，因天热温度高、湿度低，刮高温东北风，24小时烧掉35万公顷森林，造成75人死亡，2000户居民受灾，当日被称为"悲惨的星期三"。③同多数发达国家一样，在应对灾害和进行危机管理的过程中，澳大利亚逐步建立了较为完善的法律体系。

---

① 舒慈煜：《俄罗斯消防体制实行重大改革：国家消防总局走出内务部同紧急情况部结合》，载《消防技术与产品信息》2003年第2期。

② 《习近平：充分发挥我国应急管理体系特色和优势　积极推进我国应急管理体系和能力现代化》，载《人民日报》2019年12月1日，第1版。

③ 刘波、姚清林、卢振恒等：《灾害管理学》，湖南人民出版社1998年版，第74页。

一、澳大利亚应急法的历史

作为英美法系国家，澳大利亚基本沿袭了英国的法律制度，建立了以普通法为基础的法律体系。目前，澳大利亚立法包括：1990年制定的联邦宪法与州宪法、联邦和州议会制定的法律、法院的判例以及经过议会授权或法律授权各级政府制定的法规和条例。[①]受英国法的影响，澳大利亚应急立法包括直接立法、联合立法、授权立法和判例法。直接立法主要根据宪法授权，由联邦议会和州议会实施。联邦宪法第51条明确规定，联邦特有的立法权包括国防与外交，财政，人口政策，社会福利，家庭法，工商业管理，以及联邦与州的相互关系。从理论上讲，上述立法权为联邦与州共同享有。联合立法主要是各州之间为实现共同目的进行的立法，在应急管理领域州联合立法并不多见。由于法律认定行政部门是法律执行机构，如首都地区应急管理服务局（ACT Emergency Services Agency）、维多利亚州紧急事务管理局（EMV）等，它们不享有直接的立法权，因此需要法律授权进行立法。需要指出的是，尽管澳大利亚以英国法为基础构建其法律制度，但应急管理的法律规范更多是以成文法的形式出现的。

为保护国内民众免受敌方或灾难的危险，澳大利亚签署了日内瓦公约及其附加议定书。从州层面看，早在1942年，西澳大利亚州就出台了《消防队法》（Fire Brigades Act 1942）。但是，直到经历了维多利亚和澳大利亚南部的森林大火事件、悉尼火灾事件之后，澳大利亚才意识到危机管理的重要性，开始真正加强应急法治建设。1993年1月1日，澳大利亚成立紧急事务管理局（EMA），总部设在首都堪培拉，其主要职责是从事有关紧急事务管理的政策、计划、协调方面的工作，以及制定各州、地区援助计划。1996年9月25日，国家危机管理委员会决定发展国家灾难缓解战略计划。在联邦的协调和

[①] 黄烨青等编著：《澳大利亚现代化发展经验及其对中国的启示》，上海社会科学院出版社2005年版，第105页。

推动下，各州、地区强化了应急管理机构建设，纷纷加强了与应急管理相关的立法。

二、澳大利亚应急法的体系及主要内容

（一）澳大利亚应急法的基本框架

从总体上看，澳大利亚有关应急管理的法律分为四个层级：宪法、法律、行政法规，以及各种计划、指南和标准，形成了金字塔形的法律体系，共同构成了澳大利亚危机管理和灾害防治的法律框架。其中宪法、法律和行政法规在其适用范围内是必须得到遵守的，计划、指南和标准是推荐性的。

1. 宪法

如上文所述，澳大利亚现行宪法于1900年制定、1901年正式生效，该法规定了澳大利亚联邦体制以及立法、行政等重要内容。根据宪法规定，州与地区具有保护人民生命与财产安全的直接责任，州与地区必须维持一定的紧急事故处理能力以履行其责任。联邦政府居于国家突发事件管理的领导地位，通过发展政策来完成其责任，联邦政府必须支持州与地区政府发展其维持突发公共事件管理能力，并在突发事件的应急与灾后的复原阶段提供协助，为特别的危险提供警告与监控服务，协助完成国家的训练、群众意识、教育、信息管理与研究活动，联邦政府还要提供其他突发公共事件管理的处置。[1]

2. 应急管理法律

澳大利亚是一个联邦制国家，根据澳大利亚宪法，联邦和各州均有立法权。需要指出的是，在澳大利亚联邦层面，并未制定统一的应急管理方面的法律，目前主要是各州、地区依据各地实际制定的应急管理法律。如首都地区1999年《应急管理法》（Emergency Management Act 1999）。该法详细规定了应急状态的宣布、相关部门和人员的职责和权力，以及损害补偿和救济等

---

[1] 孙斌编著：《公共安全应急管理》，气象出版社2007年版，第130页。

内容，为应急管理提供了法律依据。该法第19条、第20条分别规定了其适用范围和紧急状态的宣布，规定满足以下条件时，首席部长可以书面形式宣布进入紧急状态：（1）危机已经发生、正在发生或可能发生。（2）危机正处于或将处于一定的规模状态中，包括：构成首都地区人民健康或安全、财产或者环境的重要威胁；引起首都地区必需服务的严重中断。[①]昆士兰州2003年《灾害管理法》（Disaster Management Act 2003），明确"灾害"是指由于某事件的影响而导致的严重破坏，要求州和其他机构高度反应、协调合作，帮助社区从破坏中恢复。灾害被分为四类：一是自然灾害，包括飓风、地震、水灾、暴风雨雪等；二是人为因素，包括爆炸、火灾或化学物品泄漏和恐怖袭击；三是生物因素，包括昆虫传染、瘟疫或流行病；四是基础设施故障、空难、车祸等。[②]此外，其他各州也制定了相应的应急管理法律。如维多利亚州2013年《应急管理法》（Emergency Management Act 2013）、西澳大利亚州2005年《应急管理法》（Emergency Management Act 2005）等。

值得一提的是，在法律正式颁布前，形成了大量法律草案（Bill）。大多数草案涉及公共事务的管理，主要由相关负责部长提出。但是，议会成员亦有权提出个人法律草案，并应符合众议院规则。

3. 应急管理条例

条例是对法律的进一步细化，使之更具可操作性。如澳大利亚首都地区2004年《应急条例》（Emergencies Regulation 2004）、澳大利亚北岭地区2011年《防火和应急条例》（Fire and Emergency Regulations 2011）。以后者为例，该条例于2011年11月1日生效。包括四大部分共20条，第一部分是总则；第二部分是一般要求，包括防火、易燃物的堆积、烟道、焊接设备，以及对某些建筑物应急计划的相关要求等；第三部分是违法行为通知、处罚及其撤销；第四部分是附则。

---

① 韩大元、莫于川主编：《应急法制论：突发事件应对机制的法律问题研究》，法律出版社2005年版，第200页。

② 付希燕：《应急管理在澳大利亚》，载《现代职业安全》2013年第6期。

4.应急管理规范、标准和指南等

规范、标准和指南等是公开发布的文件，主要是就如何遵守法律提供指引，其中规定了旨在确保材料、产品、方法或服务符合其目的并始终按照预期方式执行的规范和程序，其规定的步骤不是强制性的。如澳大利亚建筑规范（Building Code of Australia，BCA）、森林防火风险管理计划（Bushfire Risk Management Plan，BRM Plan）、国家紧急风险评估指南（National Emergency Risk Assessment Guidelines，NERAG）等，即属于此类。迄今为止，澳大利亚标准局已就各种问题制定了近7000份标准和相关文件。值得注意的是，澳大利亚的法律制度是在英国法影响下以普通法、衡平法为基础的法律体系，国家标准和规范一旦在法律或某个司法判决中被引用，此后即具有法定强制力。

（二）澳大利亚有关州的应急法

1.首都地区的应急法

首都地区形成了以2004年《应急法》（Emergencies Act 2004）为统领，以2004年《应急条例》（Emergencies Regulation 2004）为主干，以各类规范、指南为补充的应急法律体系。其他相关立法，包括2000年《道路运输（安全及交通管理）条例》[Road Transport（Safety & Traffic Management）Regulation 2000]，以及《澳大利亚道路规则》（Australian Road Rules）等，规定了对火警及其他紧急情况的车辆驾驶人士的若干豁免。

2004年《应急管理法》是根据麦克劳德对2003年1月森林大火的应对行动调查报告制定的。2003年1月，百年不遇的干旱炎热天气在澳大利亚东南部引发了连绵的森林大火，造成多人死亡，超过490人受伤，并对堪培拉郊区及外围区域造成了严重破坏。《麦克劳德报告》发现，当时澳大利亚首都地区应急管理机构安排效率低下，需另设一个新的机构加强管理，同时建议审查和重新设计现有的应急立法，以反映时代需要，为处理紧急状况，报告还建议规定不同级别的特别权力。作为对《麦克劳德报告》的回应，2004年《应急管理法》整合了首都地区以前的所有应急立法，其中最主要的是1999

年《应急管理法》，规定在紧急情况或即将发生的紧急情况下的不同声明，并大幅改写了1936年《森林防火法》（Bushfire Act 1936）的相关规定，包括首都地区森林防火委员会向警察局长和紧急服务局提供咨询建议。[①] 该法分11章共217条，具体内容如下。[②]

第一章，总则，包括法案的名称、立法目的等。

第二章，应急管理专员，总局长可以任命若干人为应急管理专员，其主要负责应急管理总体战略方向、运行管理和行政支持，包括物流和车队管理、公共信息、通信中心、风险管理和计划、培训等。

第三章，主要官员，包括救护车服务局、消防救援局、农村消防局局长的任命，国家应急服务中心（SES）主任和副主任的任命，以及上述主要官员的职责和权力等。

第四章，应急服务，包括七节内容。第一节是救护车服务及功能、构成；第二节是消防和救援服务的建立、功能和构成，社区消防单位成员的任命及职责，社区消防队的建立、训练和设备；第三节是农村消防以及消防队；第四节是国家应急服务中心的设立、功能、章程等；第五节是志愿者的任命；第六节是应急服务提供的其他批准者，如符合条件的人员可以向部长申请批准提供救护车、紧急救援、消防或救援服务等；第七节是来自首都地区以外的州以及国家的应急服务。

第五章，火灾管理，包括五节内容。第一节是对建成区和农村的定义；第二节是建筑区域、农村地区等不同地点发生火灾时的响应和控制，以及火灾发生时的安全区域；第三节是森林防火，包括森林防火管理计划及其内容、计划的评估遵守以及审查、森林防火管理计划委员会等；第四节是楼宇防火，

---

① See Emergency Services Agency Department of Justice and Community Safety, *Review of the Emergencies Act 2004 Discussion Paper*, https://esa.act.gov.au/sites/default/files/wp-content/uploads/Discussion-Paper-Review-of-the-Emergency-Act-2004-1.pdf, 最后访问时间：2023年4月16日。

② See Emergencies Act 2004, https://www.legislation.act.gov.au/a/2004-28/default.asp, 最后访问时间：2023年3月30日。

包括改进、占用、关闭等通知，以及涉及的相关罪名；第五节是监察员和调查员的任命和权力；第六节是全面禁火、受控活动和相关罪行，包括全面禁火的公布、高风险活动、消防许可证、与火灾有关的犯罪，等等。

第六章，森林防火委员会，包括森林防火委员会的设立、组成人员、主要职能，森林防火委员会总干事，成员任命，理事会会议的召集、主要议程、参会人数的要求以及投票表决等相关内容。

第七章，应急管理，具体分为五节。第一节是安全和应急管理高级官方小组的组成及其职能；第二节是应急计划及其内容；第三节是应急管理，包括未宣布紧急状态下的紧急权力、紧急状态的宣布、适用于紧急控制的一般规定等；第四节是联邦、各州与海外的合作；第五节是紧急救助资金。

第八章，志愿者。

第九章，通知和审查决定。

第十章和第十一章，是附则和其他杂项。

该法要求部长必须在法律实施5年后对其进行审查，并向立法部门提交有关审查的报告。最后一次修订是2017年11月16日。

2.西澳大利亚州的应急法

西澳大利亚州自然灾害，主要是由气候和环境影响造成的，例如森林大火、风暴、洪水和飓风。其他危害则是由人造成的，包括石油或化学品泄漏，采矿或工业爆炸，带来的生命危险以及对财产、农业和环境造成损害的威胁。目前，西澳大利亚州规范应急管理的法律主要有五部：1942年《消防队法》（Fire Brigades Act 1942）、1954年《森林防火法》（Bush Fires Act 1954）、1998年《西澳大利亚州消防和紧急服务局法》（Fire and Emergency Services Authority of Western Australia Act 1998）、2002年《应急服务征收法》（Emergency Services Levy Act 2002），以及2005年《应急管理法》。

2005年《应急管理法》分为十部分共103条；篇章结构及主要内容如下。

第一部分导言，包括术语解释、生效日期等内容。

第二部分是州一级的安排，包括四章。第1章是州应急协调人及相关职权；第2章是州应急管理委员会，包括州应急管理委员会的职权，州应急管理政策、预案及其审查，对公共部门作出的指示、公共部门的责任，以及州应急管理委员会年报等；第3章是州应急协调小组及其职权；第4章是应急管理区的设立、区应急协调人及其职权等。

第三部分是地方安排，包括两章。第1章是地方应急部门的职权、应急管理协调人、地方应急管理委员会及其职权；第2章是地方政府应急管理安排，关于飓风区的定义，地方政府清除飓风区内危险植被或处所的权力。

第四部分是危害管理，包括两章。第1章是应急情况公告，包括州应急协调人或灾害管理机构可以发布应急情况公告，明确规定了应急情况公告的期限，以及延期、撤销等情形；第2章是危害管理人员及其授权。

第五部分是应急状态，包括三章。第1章是应急状态公告，规定部长可以发布应急状态公告，并明确了应急状态公告的期限、延期、撤销等；第2章是授权人员及其身份证明；第3章是州防灾委员会及其职权。

第六部分是应急权力，包括三章。第1章是应急情况或应急状态期间的权力，如明确警察具有的指示关闭相关地点以及与活动和撤离有关的权力；第2章是应急状态期间的其他权力，包括在应急状态期间对公共部门作出指示的权力；第3章是与权力有关的一般规定。

第七部分是赔偿和保险，包括三章。第1章是赔偿，规定了赔偿权，赔偿申请以及赔偿资金等内容；第2章是赔偿裁决的复审；第3章是保单，规定了保单范围等内容。

第八部分是违法行为，规定了妨碍应急管理人员或授权人员执法，未能遵守指示、未能提供帮助、假冒危害管理人员或授权人员、发布虚假或误导信息以及虚假索赔等违法行为。

第九部分是就业保护，规定了保护就业权等相关术语、应急管理响应造成的牺牲以及违反前款面临的民事处罚等内容。

第十部分规定了信息保密、费用、证据等其他事项。

3.维多利亚州的应急法

目前，规范维多利亚州应急管理的最基础、最重要的法律是维多利亚州2013年《应急管理法》，该法共分为9章81条，包括总则、危机与恢复理事会、维多利亚州应急管理、应急管理行政长官、州应急响应计划、州应急恢复计划、关键基础设施的重建、附则等。依据该法，建立了EMV，任命若干紧急事务管理专员（EMC），负责协调对重大紧急事件的响应（包括确保适当的控制安排），并在1级和2级紧急情况下有效运行。EMC还负责协调所有重大紧急事件的后续管理及恢复。维多利亚州应急管理局首席执行官，负责维多利亚州应急工作的日常管理，以及协调应急机构大型战略项目的投资规划，包括主要采购和通信及信息系统。

该法案还规定了建立州危机和复原委员会，负责向维多利亚州政府提供应急管理政策和战略建议。其成员包括所有政府部门的秘书，维多利亚州市政协会的首席执行官，EMV的首席执行官和维多利亚州警察局长。同时规定，设立应急管理监察长，其职能包括制定和实施监察体系框架，以及评估该部门的绩效。此外，法律对州应急响应计划以及州紧急恢复计划的制定及其内容，也作了详细规定。[①]

2013年法案实施后，维多利亚州先前颁布的1986年《应急管理法》（Emergency Management Act 1986）以及2010年《消防局行政长官法》（Fire Services Commissioner Act 2010）同时废止。

三、澳大利亚应急法简评

（一）应急管理法制化程度相对较高

尽管受英国法的传统影响深远，但澳大利亚应急管理法律大多为成文法，

[①] See Emergency Management Act 2013, https://www.legislation.vic.gov.au/in-force/acts/emergency-management-act-2013/020，最后访问时间：2023年4月15日。

法律中明确了应急管理机构政府组织的设置、职能以及相关职权，同时规定了民间组织和人员如志愿者活动的依据，确保在发生重大灾害时应急资源能够得到充分利用，使各部门各负其责、尽快投入到相关工作中。以首都地区《2004年应急管理法》为例，该法详细规定了应急管理的全过程，包括应急管理机构和人员的设置、应急计划、应急合作等内容，如救护车服务局、消防救援局、农村消防局局长的任命，国家应急服务中心（SES）等相关部门的职责，专业消防队伍和志愿者队伍，以及首都地区与其他州以及国外之间的合作关系等，为应急管理依法进行提供了法律支撑。社会化参与机制，也成为澳大利亚法治建设的一大特色，并在应急管理实践中发挥着重要作用。据了解，澳大利亚有50多万名训练有素的应急响应志愿者，约占澳大利亚总人口的2.5%，而警察机构、消防队伍等政府应急管理工作人员不足7万人。[①]

（二）没有统一的联邦立法，主要以各州法律为依据进行应急管理

一般情况下，澳大利亚联邦及各州议会依据联邦及各州宪法，履行各自的立法职责，但亦有联邦与州立法融合发展的趋势。如就职业安全与健康管理，2011年11月，澳大利亚议会通过了一项新法案，即2011年《工作健康与安全法》（Work Health and Safety Act 2011），历史上首次将联邦、州、地区等职业健康与安全立法进行统一。需要说明的是，尽管在联邦特定立法权中，有一部分为联邦议会专有立法权，但澳大利亚保护生命与财产的主要责任在州与地区政府。因此，迄今为止，针对灾害应急管理工作，澳大利亚联邦层面尚未制定一部统一的法律进行规制，而是按照属地管理的原则，主要由各州按照立法权限实施，联邦政府更多地体现为一种政策引导与应急协助，如2022年3月，莫里森政府宣布为受洪灾影响的新南威尔士州利斯莫尔市提供高达数十亿美元的巨额资金援助。由于每个州情况不一，导致其法律法规存在差异，各州针对不同突发事件或特定功能，所对应、负责的主管机关名称

[①] 陈少云：《澳大利亚应急管理体系特征及启示》，载《中国应急管理》2017年第2期。

也有所不同,但整体看来,功能是类似的。从近年来的立法情况看,各州正逐步通过直接或间接立法方式扩大其应急管理范围和权限。

(三)应急法建设重点突出,注重务实管用

如上文所述,澳大利亚应急立法已形成宪法、法律、法规、标准(计划、指南等)四个层级,国家级、州级法律制度相互衔接补充的体系。在这个金字塔式的法律层级中,既有综合性应急法,也有专项应急法。由于澳大利亚自然环境和独特的气候条件,为应对森林火灾开展的消防立法一直是澳大利亚应急法建设的重点。从历史上看,一些重要应急立法都与火灾教训密切相关,包括森林消防法、消防组织法等,即便像首都地区2004年《应急管理法》这样的综合性应急法,也以专章形式规定了消防安全的相关内容,从中不难窥见消防安全在整个澳大利亚法治建设中的重要性,这也使得整个澳大利亚应急管理的重心偏向于消防。2020年1月6日,澳大利亚政府宣布成立国家林火救灾局(National Bushfire Recovery Agency,NBRA),专门负责救灾和重建工作,同时设立20亿美元的国家森林火灾恢复基金。[1]这次改革体现了国家统筹的应急管理理念,其中既有对其长期奉行的社区应急主义的反思,也有寄希望于通过机构改革克服应急指挥松散的制度尝试。

此外,从澳大利亚应急法律体系的效力层级看,标准(计划、指南等)等占据绝大部分数量,形成了应急管理的基础。如澳大利亚应急管理中心组织一批学者专家和有经验的灾害管理者编写了澳大利亚应急管理系列手册,并不断地充实、修订和扩展系列手册的内容。目前,该应急手册共分为五个系列:第一个系列是基本原理,内容涉及灾害应急管理的概念、原则、安排、词汇和术语;第二个系列是应急管理方法,内容涉及灾害风险管理、减灾规划和应急方案的实施;第三个系列是应急管理实践,内容涉及灾害救助、灾

---

[1] New National Bushfire Recovery Agency Established, https://www.sydneybuildexpo.com/news/new-national-bush-fire-recovery-agency-established,最后访问时间:2022年11月19日。

害恢复、灾害医疗和心理服务、社区应急规划、社区服务、社区开发等；第四个系列是应急服务的技术，内容涉及应急组织领导、操作管理、搜寻、营救、通信、地图等；第五个系列为培训管理。这些技术手册内容丰富全面，既有理论，又有实践，既有方法，又有操作技能，且针对性强，对提高全社会灾害意识有重要意义。[①]

[①] 郭跃：《澳大利亚的灾害管理》，载《中国社会报》2017年8月14日，第7版。

第六章

应急法律责任与政治责任

第一节　应急法律责任概述

一、应急法律责任的概念及特征

"责任"在现代社会的法律实践中扮演着十分重要的角色。一方面，权利和自由来自责任的约束，不受约束的绝对自由是不存在的。正如哈特所指出的，凡有法律之处，人类的行为在某个意义上就不是随意的，或者说是"具有义务性的"[①]。另一方面，接受责任意味着赞同对权利和自由的分配，因而也是一种支持应当做什么、禁止做什么的特定观点。社会需要法治化的框架结构予以规范，更需要契约精神和责任伦理的引领，二者缺一不可。韦伯曾经说过这样一段话：一个成熟的人——无论他年轻还是年老——能够真正感受到对于自己行为后果的责任，而且是完全发自内心地认识到了这种责任，并遵循责任伦理学的原则而行动，然后在某个关键时刻说道："我只能站在这一立场上，我责无旁贷。"这才是真正人性的做法，才能令人感动。[②] 显而易见，责任的重要性早已为社会各界所认同。常译成中文"责任"一词的英文单词有duty、obligation、liability、responsibility。其中duty的基本含义为"义务"，obligation的基本含义为来源于民法法系的"债"。在提及刑事责任、民事责任、行政责任时，英语中一般使用liability或responsibility，尤其是后者。由于"责任"一词在不同语境中具有不同的含义，加之其在法律文献中时常被按照不同的语义来使用，这就使得对法律责任的界定十分困难，以致迄今为止，在中国法学界乃至世界法学界尚没有一个能够被所有人接受并能适用于一切场合的有关法律

[①] ［英］哈特：《法律的概念》（第二版），许家馨、李冠宜译，法律出版社2011年版，第75页。
[②] ［德］马克斯·韦伯：《学术与政治》，李菲译，四川人民出版社2020年版，第152页。

责任的定义。正如哈特所言，人们在各种场合中对"责任"一词的过度使用及其语义的复杂性，很容易导致各种具体的场景中法律责任概念的混乱。归纳起来看，理论界倾向于从以下角度对法律责任进行界定。

（1）"处罚说"，即将法律责任定义为"处罚"、"惩罚"或"制裁"。例如，凯尔森认为，法律责任是与法律义务相关联的概念，一个人在法律上应对一定的行为负责，或者说他在此承担法律责任，如果作出与此相反的行为，他应受到制裁。[①]

（2）"义务说"，即将法律责任定义为由特定的法律事实所引起的对损害予以补偿、强制履行或接受惩罚的特殊义务。有学者在"义务说"的基础上提出了"新义务说"，认为法律责任是由于侵犯法定权利或违反法定义务所引起的、由专门国家机关认定并归结于法律关系的有责主体的、带有直接强制性的义务，亦即"由于违反第一性义务而引起的第二性义务"。[②]

（3）"后果说"，即将法律责任表述为行为主体因特定的法律事实（违法、违约或法律的特别规定）而"应该承担的不利的法律后果"。[③]有学者认为，法律责任与法律义务同为基本的法律范畴，是义务之不履行所处之必为状态，应当从法律义务中独立出来。

（4）"依据说"，即将法律责任表述为因特定的法律事实使某主体承担不利后果的法律依据。从西方词源上考察，"liability"、"responsibility"以"be responsible for"或"being responsible"、"be liable for"为核心表达方式，这是一种"对……负责"的表达。对某事项负责就要有负责的依据，责任就是主体对所要负责的事项的依据。[④]

不难看出，法律责任的概念具有复杂性，无论是部门法学还是法哲学都未能形成统一的概念解释。比较可行的方案是吸收相关学说的合理因

[①] ［奥］凯尔森：《法与国家的一般理论》，沈宗灵译，中国大百科全书出版社1996年版，第73页。
[②] 张文显：《法学基本范畴研究》，中国政法大学出版社1993年版，第187页。
[③] 林仁栋：《马克思主义法学的一般理论》，南京大学出版社1990年版，第186页。
[④] 李拥军：《法律责任概念的反思与重构》，载《中国法学》2022年第3期。

素。就现代法理学中的法律责任概念而言，哈特的界定对法律责任之讨论方式的转变起到了决定性的作用。哈特界定了四种类型的责任：角色责任（role-responsibility）、因果责任（causal-responsibility）、必然责任（liability-responsibility）和能力责任（capacity-responsibility）。其中第三种指的是严格法律意义上的责任。[①]无论法律责任如何界定，责任的构成依然要依赖主体、主观方面、行为、结果这些要素。从规范性角度分析，一个完整的法律责任包含"责任的根据"与"归责"（价值要素）、"救济权关系"（规范要素）、"强制"（事实要素）三个层面。[②]

应急法律责任源于应急责任，与其他管理领域的责任一样，是一种领域责任。本书认为，应急法律责任是指规定在应急法律规范中，由应急责任主体承担的，旨在预防、控制、减轻和消除突发事件引起的严重的社会危害，规范应急管理活动的一般职责和义务，以及应急责任主体未尽职责和义务时所应承担的否定性的后果。应急法律责任具有以下特征。

一是责任来源的广泛性。我国应急法律责任主要来源于制定法。与常态社会秩序下的法律责任类似，应急法律责任也是由法律明确规定的，法律责任的大小、范围、期限和性质，都有法律依据，并由国家强制力保证实施。这里提到的法是广义的法，包括宪法、法律、行政法规、地方性法规和规章。需要注意的是，为了应对类似新型冠状病毒感染疫情这类非常规突发事件，应急权不可避免进行扩张，同时伴随着公民权利的克减，相应地，公民会承担更多的责任。鉴于这类措施及相应责任是在非常态下作出的，在一时难以满足形式合法性要求的情况下，可以通过有关立法机关事后追认的方式予以确认。

二是责任主体的多元化。由于应急法律责任是应急责任法律化的结果，是构成应急责任整体的部分，因而其责任主体沿袭了应急责任的一般特质，

[①] 朱振：《归责何以可能：人工智能时代的自由意志与法律责任》，载《比较法研究》2022年第1期。

[②] 余军、朱新力：《法律责任概念的形式构造》，载《法学研究》2010年第4期。

具有多元化的典型特征。从应急参与主体看，大体可以分为：（1）各级政府及其应急管理部门。我国应急管理实行党委领导下的行政领导负责制。国务院是全国应急管理工作的最高行政领导机关，国务院各有关部门依据有关法律、行政法规和各自职责，负责相关类别突发事件的应急管理工作。地方各级人民政府是本行政区域应急管理工作的行政领导机关，要根据《国家突发公共事件总体应急预案》的要求和应对各类突发事件的需要，结合实际明确应急管理的指挥机构、办事机构及其职责。各专项应急指挥机构通过强化职责，充分发挥在相关领域应对突发公共事件的作用。（2）相关组织和单位。应急管理既需要政府统筹协调，也离不开社会广泛参与。按照谁制造风险、谁对风险负责的原则，各类企事业单位以及医院、学校等，是风险防控和隐患排查治理工作的责任主体。新闻媒体、社会团体、中介机构等其他组织，根据职责定位以及所从事的活动，分别承担与之相应的责任。（3）公民个人。包括从事公务活动的各类人员、企业职工、中介组织的从业人员以及社会公众等。司法实践中，区分主要责任和直接责任。以事故追责为例，承担责任的主体一般为直接负责人的主管人员和其他直接责任人员。

三是承担方式的多样。根据责任的法律性质，一般将法律责任分为民事责任、行政责任和刑事责任。相应地，应急法律责任也可以分为这三种形式，这也是应急实践中常见的责任形态，分别对应责任主体违反特定的法律规范而承担的责任。从这一角度看，应急法律责任与其他领域的法律责任并无二致。应急法律责任的特殊性在于，有些法律责任源于自然灾害或由意外事故引起。此外，由于应急管理跨越了常态社会秩序与非常态秩序，我国宪法还规定了紧急状态，紧急状态是一种宪法秩序，相应地，与紧急权的行使、紧急措施的实施等相关的法律责任主要是宪法责任。从应急管理的流程看，应急法律责任涵盖事前、事发、事中以及事后各个阶段，包括灾害预防法律责任、预警及响应法律责任、应急救援法律责任以及恢复重建法律责任等。

二、应急法律责任的功能

法律要求人们在追求自己利益的同时尊重他人利益，并共同维护和促进社会利益、国家利益和集体利益。为此，法律对应当维护的利益加以认定和规定，并以法律上的权利、义务、权力作为保障这些利益的手段。法律责任的目的就在于：通过使当事人承担不利的法律后果，保障法律上的权利、义务、权力得以生效，实现法的价值。法律责任的目的要通过法律责任的功能来实现。一般认为，法律责任具有惩罚、预防、救济三重功能。[①]应急法律责任作为一种领域法律责任，同时兼具一般法律责任所具有的惩罚、预防、救济功能，主要表现在以下几个方面。

（一）惩罚功能

尽管"责任"一词在不同语境中有不同含义，但现代法律体系中的责任仍然以惩罚为根基。惩罚的对象包括两个层面：一是政府及其公职人员；二是公民、法人和其他组织。应急管理事关人民群众生命财产安全和国家安全，是人命关天的大事，只有通过制裁表明秩序的不可侵犯性，让违法者付出沉重的代价，才能起到强大的震慑作用，促使其痛定思痛、痛改前非。以事故灾害为例，事故源于隐患，是一个从量变到质变的过程，从事故致因来看，包括人的不安全行为、物的不安全状态以及管理上的缺陷。生产经营活动中发生事故的原因是多种多样的，但大多数情况都是由违反安全生产的法律、法规、标准和有关技术规程、规范等人为因素造成的。例如，生产经营活动的作业场所不符合保证安全生产的规定；设施、设备、工具、器材不符合安全标准，存在缺陷；未按规定配备安全防护用品；未对职工进行安全教育培训，职工缺乏安全生产知识；劳动组织不合理；管理人员违章指挥；职工违章冒险作业等。鉴于生产安全事故对人民群众的生命、财产安全造成严重的

[①] 张骐：《论当代中国法律责任的目的、功能与归责的基本原则》，载《中外法学》1999年第6期。

损害，对人为原因造成的责任事故，必须依法追究相关人员的法律责任，以示警诫和教育。2021年《安全生产法》的修改集中体现了"严惩重罚"的思路，概言之，在继续实施"双罚制"（既对违法的生产经营单位处罚，又对直接负责的主管人员和其他直接责任人员处罚）的同时，修改后的《安全生产法》进一步加大处罚力度，将罚款数额普遍提高一倍，如针对未如实记录安全生产教育和培训情况这一较为常见的违法行为，对生产经营单位的罚款由原来规定的5万元以下，提高到现在的10万元以下。

（二）预防功能

人类社会发展的经验表明，惩罚是维持社会秩序的必要手段甚至是最终手段，但很多情形下并非解决社会冲突的最佳手段。世界范围内不断出现的公共卫生事件、事故灾难和环境污染事件，使人们逐渐认识到突发事件应对问题"防重于治"，预防和减少损害的发生比任何严厉的惩罚措施都更有意义。做好应急管理工作，除了事后积极组织抢救，查明原因，追究责任，堵塞漏洞之外，更重要的是谋事在先，尊重科学、探索规律，采取有效事前控制措施，千方百计预防和减少突发事件的发生，做到防患于未然。2016年7月28日，在唐山抗震救灾和新唐山建设40年之际，习近平总书记提出了"两个坚持、三个转变"防灾减灾救灾理念，即坚持以防为主、防抗救相结合，坚持常态减灾和非常态救灾相统一，努力实现从注重灾后救助向注重灾前预防转变，从应对单一灾种向综合减灾转变，从减少灾害损失向减轻灾害风险转变。"两个坚持、三个转变"贯穿了预防的思想，成为提升应急管理体系和能力现代化的首要任务和立法遵循的主要目标，体现在法律责任设置上，则是通过开展约谈、失信联合惩戒等制度措施，实现关口前移，提升生产经营单位和监管部门的责任意识，从源头防范化解重大安全风险。

（三）救济功能

救济也称补救，是指通过责任主体停止继续危害他人或社会，或者积极履行义务弥补损失或消除不利后果，其主要功能在于填补造成的损害，保障受害人遭受的损害恢复到正常状态，使失衡的法律关系恢复平衡。应急管理领域救济的主要法律责任形式，包括征用财产的民事损害赔偿，工伤保险或灾害商业保险（比如巨灾保险）赔付，行政责任中责令改正违法行为或消除事故隐患等。

第二节　典型的应急法律责任

一、应急行政法律责任

（一）应急行政法律责任的概念

行政法律责任是应急领域法律责任的最主要类型。应急行政法律责任是行政违法的结果。一般而言，应急行政法律责任是指应急行政法律关系的主体在违反应急行政监管法定义务时所应承担的否定性的、不利的法律后果。应急行政法律责任是由应急行政违法行为引起，因而应急行政监管义务性规范或禁止性规范理所当然成为设定相应应急行政法律责任规范的前提和基础。比如，《突发事件应对法》第23条规定，矿山、建筑施工单位和易燃易爆物品、危险化学品、放射性物品等危险物品的生产、经营、储运、使用单位，应当制定具体应急预案，并对生产经营场所、有危险物品的建筑物、构筑物及周边环境开展隐患排查，及时采取措施消除隐患，防止发生突发事件。《防洪法》第37条规定，任何单位和个人不得破坏、侵占、毁损水库大坝、堤防、水闸、护岸、抽水站、排水渠系等防洪工程和水文、通信设施以及防汛备用的器材、物料等。对上述违反义务性、禁止性应急行政监管义务性规范的行为，需要对应设定相应的行政法律责任。

（二）应急法上行政责任的类型

对突发事件应对工作进行管理，主要涉及作为行政主体的政府和作为行政相对人的公民、法人和其他组织两大类。政府享有应急行政职权，同时负有依法开展监测预警、采取应急处置措施、及时进行抢险救援等方面的义务；公民、法人和其他组织在接受政府应急救援服务的同时，有配合其采取应急措施的义务。对于政府而言，不依法实施应急管理，要承担行政法律责任，由于政府的应急权主要依靠行政机关的公务员实施，因此相应的法律责任主要由后者承担。从责任的内容看，政府的应急行政责任以补救为主，旨在为权利遭受侵害的公民、法人或其他组织提供权益救济。以安全生产为例，在政府层面，各级人民政府及其负有安全生产监管职责的部门是安全生产监管者；同时，按照管行业必须管安全、管业务必须管安全、管生产经营必须管安全的原则，有关行业领域主管部门负有安全生产管理责任，要将安全生产工作作为行业领域管理的重要内容，从行业规划、产业政策、法规标准、行政许可等方面加强行业安全生产工作，指导督促企事业单位加强安全管理。这也是法律赋予政府安全生产监管的法定义务，按照权责一致的原则，其违反上述法定义务应当承担相应的责任，包括以下几点。

一是继续履行职责。如《安全生产法》第91条规定，负有安全生产监督管理职责的部门，要求被审查、验收的单位购买其指定的安全设备、器材或者其他产品的，在对安全生产事项的审查、验收中收取费用的，由其上级机关或者监察机关责令改正，责令退还收取的费用。二是给予行政处分。但主要针对"直接负责的主管人员和其他直接责任人员"，比如按照《安全生产法》《生产安全事故报告和调查处理条例》的规定，有关地方人民政府、负有安全生产监管职责的部门，对生产安全事故隐瞒不报、谎报或者迟报的，对直接负责的主管人员和其他直接责任人员依法给予处分，处分包括警告、记过、记大过、降级、撤职、开除。此外，按照《应急管理行政执法人员依法履职管理规定》有关规定，应急管理行政执法人员因故意或者重大过失，未履行、不当履行或者违法履行有关行政执法职责，根据不同情况，可以予以谈话提醒、批评教育、责令检查、诫勉、取消当年评优评先资格、调离执法岗位等处理。需要注意的是，2020年颁布的《公职人员政务处分法》，在规定监察机关对违法的公职人员给予政务处分（包括警告、记过、记大过、降级、撤职和开除）等的同时，保留了公职人员任免机关、单位对违法的公职人员的处分权。这就意味着监察体制改革后，对于公职人员的处分形成了监察机关作出的政务处分与公职人员任免机关、单位作出的"处分"并行的二元处分体制。

党的十八届三中全会将完善和发展中国特色社会主义制度，推进国家治理体系和治理能力现代化作为全面深化改革的总目标。在公共安全治理的框架下，安全生产、消防安全等正由传统行政监管模式向合作治理模式迈进。一方面，政府通过行政委托或购买服务等手段将本应由自己承担的治理任务交由第三方实施；另一方面，通过修改《消防法》《安全生产法》等法律法规，进一步构建和强化"生产经营单位负责、职工参与、政府监管、行业自律和社会监督"治理责任。其中，生产经营单位负责，就是我们常说的企业承担安全生产主体责任。总体而言，《安全生产法》对企业主体责任的规定，可以归纳为"一条主线""五个方面""十五项具体内容"。"一条主线"，即立法明确生产经营单位是安全生产的责任主体，生产经营单位的主要负责人是本单位安全生产第一责任人。"五个方面"分别为安全责任、安全管理、安全投入、安全培训和应急救援。"十五项具体内容"是在"一条主线"的指引下，对落实"五个方面"的进一步细化和落实，目的在于使各类生产经营单位在明确安全生产主体责任的前提下，知道"怎么干""干什么""如何干到位"（见表6-1）。

表6-1 《安全生产法》关于安全生产主体责任的内容

序号	具体内容
1	明确生产经营单位主要负责人职责
2	明确生产经营单位安全生产管理机构、人员的设置、配备标准及工作职责，高危行业配备注册安全工程师参加管理

续表

序号	具体内容
3	规定生产经营单位全员安全生产责任制及监督考核要求
4	规定生产经营单位加强安全生产标准化、信息化建设
5	规定由建设单位组织对建设项目安全设施进行验收并对验收结果负责
6	规定生产经营单位加强对从业人员的心理疏导、精神慰藉
7	规定生产经营单位的安全生产教育和培训义务
8	规定有关生产经营单位按照规定提取和使用安全生产费用
9	规定劳务派遣单位和用工单位的职责和劳动者的权利、义务
10	规定发包方、出租方的安全生产管理责任，高危行业严禁出租、出借、挂靠或者非法转包等
11	规定生产经营单位建立并落实安全风险分级管控和隐患排查治理双重预防工作机制
12	规定生产经营单位严禁关闭、破坏直接关系生产安全的监控、报警等设备、设施，或者篡改相关数据信息
13	规定高危行业投保安全生产责任保险制度
14	规定生产经营单位应急救援相关义务
15	规定生产经营单位事故报告相关义务

相应地，生产经营单位违反安全生产行政法律规范的行为，主要表现为对上述规定的不履行。比如，第15项所列的，生产安全事故发生后，负有报告义务的有关单位及人员及时、全面、如实地向法定部门报告，是现行法律早已明确规定的一项法定义务。生产安全事故具有复杂性、发展不确定性及处置紧迫性等典型特征，如果对事故信息掌握不准确，很容易错过最佳处置时机，进而导致事故后果扩大，也不利于后期事故调查顺利开展。近年来，随着法律体系逐步健全，安全生产违法行为得到震慑，但仍有一些企业和相关人员无视人民群众生命安全，肆意践踏国家法律，瞒报、谎报、迟报、漏报事故行为时有发生，有的甚至通过破坏现场、销毁证据、转移尸体等恶劣手段，试图将真相掩盖。2001年7月17日，广西南丹县发生特别重大透水事

故，当地党政领导与涉事企业统一口径，一体瞒报，严重延误救援。[1]山东栖霞市笏山金矿"1·10"重大爆炸事故发生后，时任栖霞市委书记与市长作出暂不上报、继续组织救援的决定。[2] 2021年10月12日，天津地铁4号线南段一处在建工程发生坍塌致4人死亡、1人轻伤。责任公司党委书记、董事长竟授意统一口径，谎报事故仅有1人受伤。[3]

按照法律后果及其表现形式，针对企业不落实主体责任的行为，安全生产行政法律规范确立了恢复性与惩罚性两类不同的行政法律责任，前者旨在消除安全生产违法行为造成的损害，恢复被侵犯的安全生产秩序，对行政相对人违反其公法的作为义务进行补救，法律责任的主要形态为责令限期改正违法行为或限期消除事故隐患；后者旨在使安全生产违法实施者承担惩罚性的责任，即追加一个承受不利后果的新的负担，法律责任的主要形态是行政处罚措施或者行政强制措施。2002年《安全生产法》颁布之初，行政法律责任设置的主要功能重在纠错，体现在条文形态上，是针对绝大部分安全生产违法行为，规定责令限期改正作为实施行政处罚的前置条件；2014年修法时，为了矫正法律责任设置不足，规定责令限期改正的同时可以实施行政处罚。

（三）作为应急违法主要责任方式的行政处罚

行政处罚是应急领域最主要的责任追究手段。2021年修订的《行政处罚法》采取"定义+列举"的形式，对行政处罚作出全面界定。该法第2条规定，"行政处罚是指行政机关依法对违反行政管理秩序的公民、法人或者其他组织，以减损权益或者增加义务的方式予以惩戒的行为"。与一般行政命令所具有的预

---

[1] 《南丹"7·17"特大透水事故责任追究案》，载广西纪检察网，https://www.gxjjw.gov.cn/staticpages/20190927/gxjjw5d8d76aa-143263.shtml，最后访问时间：2023年3月27日。
[2] 《山东五彩龙投资有限公司栖霞市笏山金矿"1·10"重大爆炸事故案例》，载国家矿山安全监察局网，https://www.chinamine-safety.gov.cn/zfxxgk/fdzdgknr/sgcc/sgalks/202103/t20210325_382042.shtml，最后访问时间：2023年4月15日。
[3] 《天津地铁一在建工程坍塌致4死事故调查报告：谎报伤亡，7人被追刑责》，载中国青年网，https://baijiahao.baidu.com/s?id=1728529190889903419&wfr=spider&for=pc，最后访问时间：2023年3月27日。

防性——以排除危险为目的和补救性——以恢复行政法上的合法状态为目的不同，行政处罚是行政机关对不遵守行政法义务的反应，是以"难忘教训"的方式对行政相对人进行的"断然的守法告诫"，其目的一方面是督促行政相对人履行义务，另一方面是预防其他人实施类似的违法行为。[1]尽管对行政处罚概念有着不同的理解，但理论界普遍认同，制裁性是行政处罚的典型特征。应急行政处罚适用《行政处罚法》的一般规定，后者大体可分为以下五大类。

第一类是申诫罚，亦称声誉罚、名誉罚或精神罚，系指行政机关向违法当事人发出警诫，申明其违法行为，通过对其名誉、荣誉、信誉等施加影响，引起其精神上的警惕，使其不再违法的处罚手段。警告和通报批评是申诫罚的主要形式。第二类是财产罚，系指行政机关剥夺违法当事人的财产或通过违法所获得的经济利益的经济制裁。罚款和没收违法所得、没收非法财物等均属于财产罚。第三类是资格罚，是指行政机关剥夺或限制违法当事人某些特定行为能力和资格的处罚。暂扣许可证照、吊销许可证照、降低资质等均属于这类处罚。第四类是行为罚，系指行政机关直接要求当事人进行一定的作为或不作为，由此承受不利后果的处罚。限制开展生产经营活动、责令停产停业、责令关闭、限制从业等均属于此类处罚。第五类是人身罚，亦称自由罚，系指行政机关在一定期限内剥夺违法当事人人身自由的行政处罚。行政拘留是最典型的人身罚。[2]

从应急行政处罚的设定看，有以下几种方式。

第一种，以"违反本法规定+实施行政处罚的主体+处罚种类"的形式予以规定。如《重大动物疫情应急条例》第46条规定："违反本条例规定，拒绝、阻碍动物防疫监督机构进行重大动物疫情监测，或者发现动物出现群体发病或者死亡，不向当地动物防疫监督机构报告的，由动物防疫监督机构给予警告，并处2000元以上5000元以下的罚款……"

---

[1] ［德］汉斯·J.沃尔夫、［德］奥托·巴霍夫、［德］罗尔夫·施托贝尔：《行政法》（第2卷），高家伟译，商务印书馆2002年版，第320页。
[2] 胡建淼：《论行政处罚的手段及其法治逻辑》，载《法治现代化研究》2022年第1期。

第二种，以"行政处罚的对象+违反本法规定+实施行政处罚的主体+处罚种类"的形式予以规定。如《传染病防治法》第69条规定："医疗机构违反本法规定，有下列情形之一的，由县级以上人民政府卫生行政部门责令改正，通报批评，给予警告……"又如《安全生产法》第95条规定："生产经营单位的主要负责人未履行本法规定的安全生产管理职责，导致发生生产安全事故的，由应急管理部门依照下列规定处以罚款……"

第三种，以"违反本法规定或者违法行为+处罚种类"的形式予以规定。如《突发事件应对法》第65条规定："违反本法规定，编造并传播有关突发事件事态发展或者应急处置工作的虚假信息，或者明知是有关突发事件事态发展或者应急处置工作的虚假信息而进行传播的，责令改正，给予警告；造成严重后果的，依法暂停其业务活动或者吊销其执业许可证……"又如《防洪法》第56条规定："违反本法第十五条第二款、第二十三条规定，围海造地、围湖造地、围垦河道的，责令停止违法行为，恢复原状或者采取其他补救措施，可以处五万元以下的罚款；既不恢复原状也不采取其他补救措施的，代为恢复原状或者采取其他补救措施，所需费用由违法者承担。"

上述立法方式尤其是第三种方式，由于行政处罚对象和实施行政处罚的主体均不明确，给应急行政处罚的实施带来不少挑战，由此经常出现对行政处罚对象和行政处罚主体产生争议的案例。例如承包单位违反安全管理规定因而发生生产安全事故的行为，由承包单位还是发包单位作为事故责任单位进行处罚？再如，企业电焊工未取得特种作业操作证，由应急管理部门对企业进行处罚还是由消防救援机构对电焊工进行处罚？这些问题反映出当前应急立法尚不能满足行政执法的实际需要。这里，有两个问题需要注意。

一是关于对个体工商户的行政处罚。《行政处罚法》规定的处罚对象为公民、法人、其他组织三类，这是不是意味着行政机关对个体工商户没有行政处罚权呢？按照《民法典》的规定，自然人从事工商业经营，经依法登记，为个体工商户。可见，个体工商户本质上属于自然人范畴。按照属地管辖原则，在中华人民共和国领域内有违法行为的自然人，无论是哪一国公民，均适用《行政处罚法》的规定。从这个意义上讲，对个体工商户的行政处罚，应当视同公民。接下来的问题，是以个体工商户的字号为当事人进行处罚，还是以登记的经营者个人为当事人进行处罚？目前法律并无具体规定。《最高人民法院关于适用〈中华人民共和国民事诉讼法〉的解释》第59条第1款规定："在诉讼中，个体工商户以营业执照上登记的经营者为当事人。有字号的，以营业执照上登记的字号为当事人，但应同时注明该字号经营者的基本信息。"本书认为，对违反安全管理规定的个体工商户的行政处罚，原则上可以参照上述解释适用。

二是应急管理相关行政措施的法律属性。虽然《行政处罚法》列明了行政处罚的具体种类，但社会生活毕竟是丰富的，尤其是生产经营活动涉及领域众多、情形复杂多样，应急管理领域采取的一些行政措施与行政处罚界限模糊，增加了行政执法机关依法履职的难度，比如应急管理领域广泛实施的"黑名单"管理制度，对其性质就存在不同认识。从实施情况不难看出，"黑名单"是行政机关采取的一种综合行政管理措施，包括违法信息公示、实施联合惩戒等内容，这些措施显然对行政相对人声誉、资质等各项权益造成了实质影响，比单一的行政处罚措施更严厉，有必要适用《行政处罚法》规定的程序，并保障相对人的陈述、申辩、复议等各项救济权利。

此外，还需要注意的是，关于责令类行政行为的属性问题。其中，责令改正或责令限期改正的法律属性比较容易把握，后者因对行政相对人不构成原有权益的损害，不是行政处罚。比较容易混淆的是，责令停止行为，比如《安全生产法》第65条中的责令暂时停产停业或者停止使用相关设施、设备，是否属于《行政处罚法》规定的"限制开展生产经营活动"，如果是行政处罚，就意味着这类责令停止行为要接受《行政处罚法》规定的实体性和程序性规则的约束。如何予以甄别，需要把握以下两点。

首先，要进行形式判断，主要看这类责令停止行为是否属于《行政处罚法》第9条明确列举的五类行政处罚，或是依据该条第6项的兜底条款，看相关措施是否列于单行法律或行政法规中，比如《安全生产法》或者《煤矿安全监察条例》的相关章节；其次，在形式判断难以奏效的情况下，再进行实质判断。根据行政处罚的定义不难看出，行政处罚是以减损权益或增加义务方式使行政相对人承担不利后果，是对行政相对人的否定性评价，其本质属性在于惩戒或制裁。这也是行政处罚最突出的特征。从这一特征出发，责令暂时停产停业虽然内含了"限制开展生产经营活动"的意思，但其只具有暂时性，没有最终确定的法律和事实认定，充其量是一种临时控制措施，其目的在于排除事故隐患，从而保障安全生产，该行政行为实际上发挥着与责令恢复原状同样的功能，因其不对行政相对人原有权益造成实质意义上的损害，因而不宜作为行政处罚对待。综上，责令型行政行为，除法律、法规明确规定为行政处罚的外，属于行政命令，与行政处罚一样可以申请复议和提起诉讼，但在程序审查上不适用《行政处罚法》的规定。

（四）相对集中行政处罚权制度与应急管理综合执法改革

在《行政处罚法》出台之前，行政处罚中同时存在"软"和"乱"两个方面的问题。"软"是指行政处罚软弱、无力，不能达到处罚的预期目的；"乱"是指罚款混乱，滥用职权现象十分严重。[1]其根源在于我国"一元制、分散型"的行政处罚体制。概言之，由于行政处罚权由许多不同系统、不同类型、不同级别的行政机关以及其他行政组织分别行使，按照"谁管理、谁处罚"的原则来分配行政处罚权，更多地考虑了处罚的效率以及管理机关的便利，而没有在行政处罚的过程中设立必要的制衡机制，最终成了行政处罚"乱"的重要根源。解决行政处罚"软"和"乱"问题的一个普遍做法，就是实行综合执法，再由综合执法逐渐发展到设立并实行相对集中行政处罚权制度。[2]1996年颁布的《行政处罚法》第16条明确规定："国务院或者经国务院授权的省、自治区、直辖市人民政府可以决定一个行政机关行使有关行政机关的行政处罚权，但限制人身自由的行政处罚权只能由公安机关行使。"次

---

[1] 应松年：《规范行政处罚的基本法律》，载《政法论坛》1996年第2期。
[2] 陆迎芳：《相对集中行政处罚权制度若干问题评析——兼论我国行政处罚体制的困境与出路》，载《行政法学研究》2004年第3期。

年，北京市开始相对集中行政处罚权的改革试点，[①]至今已走过了26年的历程。

目前，国家正在推进应急管理综合行政执法改革，一些地方应急管理部门将法律法规赋予的有关危险化学品、烟花爆竹、矿山、工贸等行业领域安全生产监管，以及地质灾害、水旱灾害、森林草原火灾等有关应急抢险和灾害救助、防震减灾等方面的行政处罚职能进行整合，组建应急管理综合行政执法队伍，以本级应急管理部门名义统一执法。需要指出的是，突发事件具有耦合性、关联性、跨界性等特征，应急管理综合行政执法，既涵盖本部门职权范围内的安全生产、应急抢险、防震减灾等"小综合"，也不可避免涉及与其他职能部门的"大综合"，在实现以一个部门名义综合执法的同时，如何兼顾不同执法领域的个性化需求，比如《安全生产法》规定的分类分级监管，应急管理综合行政执法面临执法方式创新的迫切要求。此外，行政执法职能的综合，并非实质意义上的"扩权"，更不意味着行政执法标准和要求放松，特别是在行政处罚适用规则趋于严密复杂的背景下，综合执法对执法人员复合型、精细化等的要求在逐步提升。

二、应急刑事法律责任

（一）我国应急刑事法律制度的发展历程

《荀子·正论》有云："凡刑人之本，禁暴恶恶，且征其未也。"说明我国古人很早就认识到，刑罚在社会秩序维持上自有其特殊的功能，不是礼仪教化可以替代的。[②]用刑罚手段惩治严重危害应急管理秩序的违法行为，也是当今世界各国普遍的做法。与常态社会秩序下的违法犯罪相比，非常态社会秩序下的违法犯罪无论是行为人的主观恶性还是社会危害性均较大。实践证明，

---

① 1997年3月，国务院法制办批复同意北京市宣武区开展城市管理综合执法试点工作（国法函〔1997〕12号），规定市容环境卫生、园林绿化、工商管理、城市规划管理以及对违法占用道路行为的行政处罚权，由宣武区综合执法机构"宣武区城管监察大队"统一行使。

② 瞿同祖：《中国法律与中国社会》，商务印书馆2010年版，第355页。

单一应急行政法律责任设置并不足以阻止严重损害后果的发生，还需要更具有威慑性的刑事责任。我国应急刑事法律责任主要针对的是超出了行政法律规范调整范围的严重破坏应急管理秩序的行政犯罪，行政犯罪是大陆法系国家刑法理论使用的概念，一般是指违反行政刑法的行为。[①]但由于行政犯罪和行政违法行为的界分主要靠社会危害程度的轻重，两者之间的界限非常模糊，难以把握。此外，我国对行政犯罪的立法采取的是自然犯和法定犯一并规定于刑法典中的单轨制立法模式，[②]因此，在应急单行法中规定的刑事责任一般都没有明确的罪名与罪状，需要援引我国刑法的相关规定才能够定罪量刑。

传统刑法观认为，刑法作为最后手段，需恪守谦抑性，不应积极主动介入社会关系的调整。随着风险社会的到来，人们寄希望于刑法有更多作为，这直接影响了我国刑法观念的变革，正如有学者指出的，刑法体系并非完全自主的，而是受到外部社会环境的巨大压力，导致刑法体系具有应变性的面向，随着风险日益为人们感知，安全问题成为日常关注的核心，并日益影响刑法体系的设定，由此促成预防导向的刑法。[③]无论从预防和减少突发事件的发生，控制、减轻和消除突发事件引起的严重社会危害的现实需求出发，还是基于保护人民群众生命财产安全、维护国家的立法整体考量，都需要刑法在事前预防方面发挥更积极的作用。在积极主义刑法观的影响下，我国应急刑事立法发展迅速，回顾其进程，呈现出以下几个方面的典型特征。

一是增设新的罪名，扩大相关罪名的适用范围。自1997年刑法颁布实施后，通过刑法修正案的形式，先后增设了一批涉及应急管理的相关罪名；同时，通过司法解释等形式，进一步扩展了部分条文的主体和适用情形，扩大了覆盖面。为发挥刑法打击、预防污染环境犯罪的功能，我国两次对污染环境罪进行修订，扩大了该罪的处罚范围，减轻了刑事侦查机关、审查起诉机

---

① 杨解君、周佑勇：《行政违法与行政犯罪的相异和衔接关系分析》，载《中国法学》1999年第1期。
② 刘艳红：《行政犯罪分类理论反思与重构》，载《法律科学（西北政法大学学报）》2008年第4期。
③ 劳东燕：《风险刑法理论的反思》，载《政治与法律》2019年第11期。

关的证明责任。①

二是提高了部分犯罪的法定刑，进一步增强了刑事制裁的威慑力。随着公共安全形势日益严峻，对涉及食品安全、生态环境保护、安全生产等领域犯罪的规制呈现出扩张化、严厉化的显著特征。以安全生产为例，2018年1月至2022年4月，全国检察机关共批准逮捕危害生产安全刑事案件2600件4641人，起诉了9495件15506人。罪名集中于重大责任事故罪、危险作业罪和重大劳动安全事故罪，共计占96.4%。②

三是危险犯加入应急刑事犯罪圈。在传统刑法观的指引下，我国刑法规定的应急刑事犯罪均为实害犯或曰结果犯，这就意味着只有在造成严重损害后果的情况下才可以启动刑法。随着风险刑法理论的发展，推动危害应急管理秩序犯罪规制的功能转向，特别是2021年《刑法修正案（十一）》增设了危险作业罪，顺应了风险社会加大刑事处罚力度的发展趋势，对进一步推动整个安全生产形势的好转，无疑具有重要的理论和现实意义。

（二）突发事件应对管理涉及刑事罪名

1.通用罪名

突发事件发生意味着常态社会管理秩序遭到破坏，客观上为妨碍应急管理、非法牟利、造谣惑众等违法行为提供了滋生的土壤，为了保障人民群众生命财产安全，稳定和恢复社会秩序，《刑法》对严重违法行为采取了依法严惩的刑事政策，并在分则规定了相关罪名，具体包括：以危险方法危害公共安全罪（第114条），提供虚假证明文件罪（第229条），妨害公务罪（第242条），编造、故意传播虚假信息罪（第291条之一），滥用职权罪和玩忽职守罪（第397条），非法经营罪（第225条），等等。一方面，对于严重扰乱社会秩序、经济秩序以及妨害应急管理等行为，依法予以严惩，比如在新型冠状

---

① 樊建民：《污染环境罪司法适用的困境及其破解》，载《法商研究》2022年第3期。
② 《国务院安委办、应急管理部举行"高悬法律利剑 护航安全生产"新闻发布会》，载应急管理部网，https://www.mem.gov.cn/xw/xwfbh/2022n6y09rxwfbh/，最后访问时间：2022年6月12日。

病毒感染疫情防控期间,违反国家有关市场经营、价格管理等规定,囤积居奇,哄抬疫情防控急需的口罩、护目镜、防护服、消毒液等防护用品、药品或者其他涉及民生的物品价格,牟取暴利,违法所得数额较大或者有其他严重情节,严重扰乱市场秩序的,涉嫌构成非法经营罪。另一方面,随着公权力的扩张,滥用职权,侵害公民、法人和其他组织合法权益的事件层出不穷,比如,在新型冠状病毒感染疫情防控期间,河南部分村镇银行储户健康码被"赋红码"事件,涉事公职人员滥用职权,依法需承担法律责任,情节严重的,则涉嫌构成滥用职权罪。

2. 专有罪名

近年来,为了满足打击应急管理领域犯罪的需要,我国《刑法》通过增设专有罪名,积极扩大应急犯罪圈。

(1)自然灾害应急涉及刑事罪名

对于严重危害抗灾救灾和灾后重建的各类犯罪行为,比如盗窃、抢夺、抢劫、故意毁坏用于抗灾救灾的物资、设备设施,以及囤积居奇、哄抬物价、非法经营、强迫交易等,刑法规定了挪用特定款物罪(第273条)等相关罪名,依法予以严惩。挪用特定款物罪,是指挪用用于救灾、抢险、防汛、优抚、扶贫、移民、救济款物,情节严重,致使国家和人民群众利益遭受重大损害的行为。在司法实践中,将专款挪作他用的情形时有发生,如施某在担任云南省云龙县团结乡某村村委会主任期间,违反国家特定款物专用管理制度,挪用用于救灾、救济资金特定款物人民币65400元,情节严重,施某作为直接责任人被法院认定构成挪用特定款物罪。[①]

(2)事故应急涉及刑事罪名

包括《刑法》交通肇事罪(第133条),生产、销售不符合安全标准的食品罪(第143条),污染环境罪(第338条),重大责任事故罪和强令、组织他人违章冒险作业罪(第134条),危险作业罪(第134条之一),大型群众性活

---

① 参见云南省云龙县人民法院(2017)云2929刑初130号刑事判决书。

动重大安全事故罪（第135条之一），工程重大安全事故罪（第137条），消防责任事故罪（第139条）等。在维护生产安全犯罪诸多罪名中，最常见的两个罪名是重大责任事故罪和危险作业罪。据统计，2017年至2020年，全国检察机关受理审查逮捕的危害生产安全犯罪案件中，重大责任事故罪是最主要的罪名，占78.5%；其次是重大劳动安全事故罪，占11.8%。2021年3月1日危险作业罪入罪以来，发案较多，3月至6月受理审查逮捕危险作业罪94人，占同期危害安全生产类犯罪的13.1%。[1] 如2020年3月至2021年3月，余某林在没有取得危险化学品储存经营许可证的情况下，在浙江杭州市萧山区浙江某控制集团有限公司厂区一号宿舍楼南侧设立简易钢棚仓库用于存储危险化学品。该仓库紧邻公司员工宿舍楼（宿舍楼居住人员18名），离管片车间和办公楼约10米。2021年3月8日，杭州市萧山区应急局检查发现，该简易钢棚仓库不具备存放危险化学品的安全条件，当场查获二氧化碳、氧气、乙炔等共计176个气瓶。法院经审理认为，余某林未经批准，擅自从事危险化学品存储的高度危险生产作业活动，具有发生重大伤亡事故或者其他严重后果的现实危险，其行为已构成危险作业罪，判决有期徒刑六个月，缓刑一年。[2]

《刑法修正案（十一）》的亮点之一，是带"患"（重大事故隐患）作业入刑。对此，本书持较为审慎的态度。主要原因在于，重大隐患判定标准的科学性，将直接决定刑事制裁的合理性。由于事故隐患与安全生产违法行为的关系尚未理顺，两者之间存在交叉关系。根据有关行政机关发布的重大事故隐患判定标准，部分安全生产违法行为被视为重大事故隐患，比如特种作业人员未持证上岗的情形，表面上，会带来适用《安全生产法》第97条还是第102条法条竞合的问题，其背后折射出事故致因的原理以及对重大事故隐患排查治理法律责任分配合理性的问题。我们必须承认，法律关系并不是完全封闭或自动为自然的因果关系所决定，而是受到科学发展的影响，后者促使

---

[1] 《重大责任事故罪占绝对多数》，载《中国应急管理报》2021年7月30日，第6版。
[2] 《有期徒刑六个月！杭州首例危险作业案宣判》，载浙江检察网，http://www.zjjcy.gov.cn/art/2021/7/19/art_31_189474.html，最后访问时间：2023年4月14日。

法律制度变革并对责任分配产生重大影响。①从社会学维度看，重大隐患产生部分源于技术和知识因素。由于现行重大事故隐患判定标准，主要是行政机关以较低位阶的规章甚至是一般性的规范性文件形式颁布的，存在违法行为与事故隐患关系错位、主观故意与过失交叉不清、潜在的危害后果严重程度不匹配等突出问题，有些重大事故隐患与事故发生不具有因果关系，比较典型的是主要负责人未经考核培训合格被认定为重大事故隐患。上述这些重大事故隐患判定标准是否可直接作为司法裁判的标准对待，"两高"于2022年12月15日下发的《关于办理危害生产安全刑事案件适用法律若干问题的解释（二）》对此予以肯定。本书认为，将二者简单画上等号并不妥当，也有降低刑法入罪门槛的嫌疑。如果说，犯罪的可能性取决于有多少推动力的话，那么，扩大犯罪的范围就等于提高犯罪的可能性。②特别是在当前部分高危行业安全基础薄弱，重特大事故尚未得到有效遏制的情况下，有关行政判定标准中重大事故隐患的情形有增多之势，一旦将其作为裁判规则对待，势必意味着刑法的扳机会被轻易"叩响"，进而使"危险作业罪"成为像"非法经营罪"之类的"口袋罪"。此外，危险作业罪并非单纯的危险行为犯，构成本罪还须导致相应的侵害结果，即《刑法》第134条之一规定的"具有发生重大伤亡事故或者其他严重后果的现实危险的"。日本刑法中将公共安全罪称为公共危险罪。《刑法修正案（十一）》将第134条之一设置为具体危险犯，即以发生违法行为当时的具体情况为依据，判断行为是否具有导致生产安全事故的风险，侧重于考察具体的危害行为和可能的损害结果之间的关系。由此，危险作业罪的重点难点将集中于判断何种情形足以造成现实危险，进而需要上升为犯罪。《刑法修正案（十一）》实施以来，司法实践中已积累了一大批危险作业罪的案例，通过分析上述案例，可以初步得出以下结论，即"具有发生重大伤亡事故或者其他严重后果的现实危险"，一般是指现实存在的、紧迫的危险，如果这种危险持续存在，将可能随时导致发生重大伤亡事故或者其

---

① 苏力：《制度是如何形成的》，北京大学出版社2007年版，第94页。
② ［意］贝卡里亚：《论犯罪与刑罚》，黄风译，中国大百科全书出版社1993年版，第104页。

他严重后果，应当结合行业属性、行为对象、现场环境、违规行为严重程度、纠正整改措施的及时性和有效性等因素，进行综合判断。专业性强、认定难度大的，可委托有关监管部门或有关机构出具是否存在现实危险的鉴定意见或专家评估报告，再结合其他证据进行判断。[①]

（3）公共卫生应急涉及刑事罪名

包括《刑法》妨害动植物防疫、检疫罪（第337条），妨害国境卫生检疫罪（第332条），妨害传染病防治罪（第330条）。其中，妨害传染病防治罪是指违反传染病防治法规定，引起传染病传播或者有传播严重危险的行为。《刑法修正案（十一）》对《刑法》第330条规定的妨害传染病防控罪进行了修改完善，扩大了妨害传染病防治罪的适用范围，增加了适用情形。从非典疫情以及新型冠状病毒感染疫情防控的经验来看，妨害传染病防治罪在遏制病毒传播、维护社会秩序上发挥了重要作用。在公共卫生应急过程中，因种种原因，隐瞒疫区旅居史、病史、接触史和活动轨迹的违法行为多发。如杜某升2020年1月19日从武汉乘火车至洛阳，后拼车回到河南济源。在河南省启动重大突发公共卫生事件一级响应后，截至2020年2月2日，杜某升明知自己需要采取居家隔离措施，仍未执行隔离规定，多次出入网吧、超市、饭店、药店等公共场所。在被确诊感染新冠病毒后，经排查其行踪，累计共有密切接触者51人被采取居家隔离措施。法院认为，杜某升作为武汉返济人员，在明知济源已采取疫情防控措施的情况下，未执行卫生防疫机构依照传染病防治法提出的预防、控制措施，多次出入公共场所，引起新型冠状病毒传播的严重危险，其行为已构成妨害传染病防治罪。[②]需要指出的是，除了上述隐瞒疫区旅居史、接触史和活动轨迹等违法行为，相关诊疗机构（包括检测机构）及其从业人员违规接诊（检测），导致传染病进一步传播的严重危险，也适用妨害传染病防治罪。因原始检测数据明显少于样本检测数量，2022年5月，

---

① 《最高检发布检察机关落实"八号检察建议"典型案例》，载腾讯网，https://new.qq.com/omn/20220623/20220623A0BAQ400.html，最后访问时间：2022年10月5日。

② 参见河南省济源中级人民法院（2020）豫96刑终39号刑事裁定书。

北京朴石医学检验实验室有限公司被房山区卫生健康委员会吊销《医疗机构执业许可证》。根据卫健部门移送的案件线索，公安机关以涉嫌妨害传染病防治罪立案侦查，对实验室实际控制人周某某、法定代表人武某某等6人，依法采取刑事强制措施。①

（4）社会安全应急涉及刑事罪名

包括《刑法》中规定的组织、领导、参加恐怖组织罪（第120条），劫持航空器罪（第121条），聚众扰乱社会秩序罪（第290条）等罪名。近年来，组织进行恐怖活动的犯罪不时出现，对社会稳定、公民人身和财产安全造成很大破坏，社会危害性极大，为此《刑法》第120条规定了组织、领导、参加恐怖组织罪。按照《反恐怖主义法》的规定，恐怖主义，是指通过暴力、破坏、恐吓等手段，制造社会恐慌、危害公共安全、侵犯人身财产，或者胁迫国家机关、国际组织，以实现其政治、意识形态等目的的主张和行为。恐怖活动，是指恐怖主义性质的下列行为：①组织、策划、准备实施、实施造成或者意图造成人员伤亡、重大财产损失、公共设施损坏、社会秩序混乱等严重社会危害的活动的；②宣扬恐怖主义，煽动实施恐怖活动，或者非法持有宣扬恐怖主义的物品，强制他人在公共场所穿戴宣扬恐怖主义的服饰、标志的；③组织、领导、参加恐怖活动组织的；④为恐怖活动组织、恐怖活动人员、实施恐怖活动或者恐怖活动培训提供信息、资金、物资、劳务、技术、场所等支持、协助、便利的；⑤其他恐怖活动。恐怖活动组织，是指三人以上为实施恐怖活动而组成的犯罪组织。本罪是选择性罪名，行为人只要实施了组织、领导、参加恐怖活动组织行为之一，便构成本罪。实践中，对于参加恐怖组织而言，行为人必须是明知恐怖活动组织而自愿参加的，才能构成本罪。2014年3月1日，一伙暴徒在昆明火车站持刀砍杀无辜群众，造成31人死亡，141人受伤，其中40人系重伤。法院经依法审理，以组织、领导恐

---

① 《朴石医学检验实验室6人被采取刑事强制措施！涉核酸检测数据造假》，载腾讯网，https://new.qq.com/omn/20220523/20220523A03CX800.html，最后访问时间：2022年10月5日。

怖组织罪和故意杀人罪数罪并罚判处艾海提等人死刑。①

(三) 应急刑事责任的司法适用

每一次突发事件都是对应急管理能力和水平的一次检视，对于暴露出的刑事法律方面的漏洞和短板，司法机关通过出台专门司法解释、发布典型案例等方式积极应对。

一方面，通过发布司法解释明确适用罪名及相关标准。司法解释源于制定法的局限性。与法官就个案的裁判意见不同，司法解释是司法机关就适用法律普遍存在的问题作出的抽象性、规范性解释。《全国人民代表大会常务委员会关于加强法律解释工作的决议》规定，凡属于法院审判工作中具体应用法律、法令的问题，由最高人民法院进行解释。凡属于检察院检察工作中具体应用法律、法令的问题，由最高人民检察院进行解释。最高人民法院和最高人民检察院的解释如果有原则性的分歧，报请全国人民代表大会常务委员会解释或决定。近年来，为依法惩治妨害预防、控制突发事件应对的犯罪活动，司法机关针对刑法条文的僵化及不足，及时出台相关司法解释，明确相关严重违法行为适用罪名及相关标准（见表6-2），填补法律漏洞，对立法完善起着重要补充作用。如2003年非典疫情防控期间，最高人民法院、最高人民检察院联合发布了《关于办理妨害预防、控制突发传染病疫情等灾害的刑事案件具体应用法律若干问题的解释》（法释〔2003〕8号），明确了"突发传染病疫情等灾害"的概念以及罪名的具体适用标准。从司法解释的内容看，体现出明显的从重处罚的特征。再如2008年汶川地震防控期间，最高人民法院颁布了《关于依法做好抗震救灾期间审判工作切实维护灾区社会稳定的通知》（法〔2008〕152号），对盗窃、抢夺、抢劫、故意毁坏用于抗震救灾的物资、设备设施等七类犯罪行为予以从重处罚，涉及27个相关罪名。②

---

① 《三起涉国家安全典型案例》，载最高人民法院网，https://www.court.gov.cn/zixun-xiangqing-90482.html，最后访问时间：2022年10月5日。

② 汪恭政：《论妨害突发事件防控犯罪行为的从重处罚》，载《北方法学》2020年第4期。

表6-2 应急刑事责任相关司法解释（部分）

序号	类别	名　　　称
1	自然灾害类	《最高人民法院关于依法做好抗震救灾期间审判工作切实维护灾区社会稳定的通知》
2	事故灾难类	《最高人民法院、最高人民检察院关于办理危害生产安全刑事案件适用法律若干问题的解释》
3		《最高人民法院、最高人民检察院关于办理危害食品安全刑事案件适用法律若干问题的解释》
4		《最高人民法院、最高人民检察院关于办理环境污染刑事案件适用法律若干问题的解释》
5	公共卫生类	《中共中央政法委员会、最高人民法院、最高人民检察院、公安部、司法部关于印发〈关于政法机关依法保障疫情防控期间复工复产的意见〉的通知》
6		《最高人民法院、最高人民检察院、公安部、司法部印发〈关于依法惩治妨害新型冠状病毒感染肺炎疫情防控违法犯罪的意见〉的通知》
7		《最高人民法院印发〈关于依法妥善办理涉新冠肺炎疫情执行案件若干问题的指导意见〉的通知》
8		《最高人民法院、最高人民检察院关于办理妨害预防、控制突发传染病疫情等灾害的刑事案件具体应用法律若干问题的解释》
9	公共安全类	《最高人民法院关于审理编造、故意传播虚假恐怖信息刑事案件适用法律若干问题的解释》
10		《最高人民法院、最高人民检察院、公安部、司法部关于办理恐怖活动和极端主义犯罪案件适用法律若干问题的意见》
11		《最高人民法院、最高人民检察院、公安部、司法部关于办理黑恶势力犯罪案件若干问题的指导意见》

另一方面，发布典型案例指导司法实践。我国不是判例法国家，发布的典型案例不具有法律约束力，但由于其聚焦于法律适用问题，对全国法院和法官起着一种重要的裁判指引作用。最高人民法院负责案例工作的同志形象地指出，指导性案例以案例形式解释法律，明确法律适用中的一些具体应用问题的

活动,是司法解释的"零售"。[①]随着司法典型案例发布趋向规范成熟,应急刑事领域典型案例呈增多趋势,内容十分丰富,形式也趋于多样。如2020年3月10日,最高人民法院发布第一批10个依法惩处妨害疫情防控犯罪典型案例,涉及妨害传染病防治,妨害防疫工作人员依法执行公务甚至杀害防疫人员,冒充防疫人员实施抢劫,编造、故意传播虚假疫情信息,利用疫情实施诈骗及非法猎捕、杀害珍贵、濒危野生动物等犯罪。最高人民检察院也单独或会同有关部门,发布了涉及疫情防控的有关典型案例。如2022年4月29日,最高人民检察院和公安部联合编发了依法惩治妨害疫情防控秩序违法犯罪的6起典型案例。在这6起案例中,有的接到核酸检测初筛阳性通知后,仍乘坐动车、网约车等公共交通工具跨省回家,导致其妻子、网约车司机感染新冠病毒;有的在行程码被标星的情况下,为逃避检查借用他人行程码、租用目的地牌照车辆避开高速公路,自驾跨省从事有关活动,且不履行登记报备等相关义务,不及时进行核酸检测,多次到人员密集的场所停留、活动,导致多人感染新冠病毒,千余人被集中隔离、多个区域被封控、多处场所被管控;有的拒不执行人民政府在紧急状态下依法发布的决定、命令,或经多次提醒后仍不配合、违规外出、不采取防控措施、拒绝核酸检测,或隐瞒行程、冒用他人行程卡入住酒店,带来疫情传播重大风险;有的是国际集装箱码头装卸工人,违反"闭环管理"规定,多次私自外出,造成疫情传播严重危险,给当地工作学习、生产生活造成严重影响;有的编造虚假的涉疫信息并在微信群发布,导致该消息在网络迅速扩散,造成全域群众恐慌,抢购生活物资等。

三、应急行政责任与刑事责任衔接

行政执法与刑事司法共同肩负着严密打击违法犯罪法网,强化严格执法和推进司法公正等重要使命。由于行政执法与刑事司法分属行政、司法两个

[①] 石磊:《人民法院司法案例体系与类型》,载《法律适用·司法案例》2018年第6期。

不同的权力机关管辖，二者之间既有本质的区别，又有密切联系。当同一违法行为不仅严重违反行政法规范，而且"情节严重"，触犯刑律时即构成行政犯罪行为。行政犯罪的这种双重违法性决定了其责任和处罚的双重性，即既要追究其行政责任，又要追究其刑事责任。[①]长期以来，国家一直高度重视两者之间的衔接工作。针对行政执法中出现的有案不移、有案不立、以罚代刑等突出问题，我国先后出台了《刑法》、《行政处罚法》以及《行政执法机关移送涉嫌犯罪案件的规定》等法律、法规和其他规范性文件，初步构建和完善了行刑衔接的工作机制。以安全生产行政执法与刑事司法衔接为例，一方面，我国构建了由《安全生产法》《生产安全事故报告和调查处理条例》等组成的安全生产行政法规体系，明确规定了涉嫌构成危害生产安全犯罪的各类情形以及处理的相关程序。另一方面，中国现行《刑法》设置了铁路运营安全事故罪（第132条），重大责任事故罪（第134条第1款），强令、组织他人违章冒险作业罪（第134条第2款），重大劳动安全事故罪（第135条），危险物品肇事罪（第136条），工程重大安全事故罪（第137条），消防责任事故罪（第139条），不报、谎报安全事故罪（第139条之一），生产、销售伪劣产品罪（第140条），生产、销售不符合安全标准的产品罪（第146条），非法经营罪（第225条），提供虚假证明文件罪（第229条）等相关罪名，严惩危害生产安全的犯罪行为。为了建立健全安全生产行政执法与刑事司法衔接工作机制，依法惩治安全生产违法犯罪行为，保障人民群众生命财产安全和社会稳定，2019年4月16日，应急管理部、公安部、最高人民法院、最高人民检察院联合研究制定了《安全生产行政执法与刑事司法衔接工作办法》，对应急管理部门（含煤矿安全监察机构、消防机构）、公安机关、法院、检察院办理的重大责任事故案件；强令违章冒险作业案件；重大劳动安全事故案件；危险物品肇事案件；消防责任事故、失火案件；不报、谎报安全事故案件；

---

① 周佑勇、刘艳红：《试论行政处罚与刑罚处罚的立法衔接》，载《法律科学（西北政法学院学报）》1996年第3期。

非法采矿，非法制造、买卖、储存爆炸物，非法经营，伪造、变造、买卖国家机关公文、证件、印章等7大类涉嫌安全生产的犯罪案件，对日常执法中的案件移送与法律监督、事故调查中的案件移送与法律监督、证据的收集与使用、协作机制进行了明确。

《刑法修正案（十一）》颁布施行后，以国务院安委办、应急管理部名义先后公布了8起行刑衔接典型执法案例，另外应急管理部还将江苏省宜兴市、浙江省杭州市萧山区、浙江省湖州市南浔区和山东省临沂市兰山区等应急管理部门办理的4起移送涉嫌危险作业罪案件，评为2021年第一批安全生产优秀执法案例，并予以表彰，积极推动各地加大行刑衔接工作力度，依法严肃惩处安全生产违法犯罪行为。如山东省应急管理厅会同聊城市、临清市应急管理局对某铜铝业有限公司进行省级示范式执法检查时发现，电焊作业人员段某海、邱某瑞和高处作业人员段某古、段某亮均系某铜铝业有限公司除盐水制备系统工程外包施工单位某建筑安装工程有限公司员工，经检查组一再催问，段某海等4人才出示相关特种作业操作证件。经查，段某海、邱某瑞、段某古、段某亮4人的特种作业操作证复印件均系伪造，实系某建筑安装工程有限公司业务经理刘某飞为应付执法检查，伪造了4人的特种作业操作证复印件。2021年8月11日，临清市应急管理局对某建筑安装工程有限公司立案调查，并根据《山东省安全生产行政执法与刑事司法衔接工作实施办法》的规定，同时召开安全生产行政执法与刑事司法联席会议，向临清市公安局、临清市人民检察院通报刘某飞相关违法情况；8月13日，临清市应急管理局依法将刘某飞违法犯罪行为线索及材料移送临清市公安局；8月26日，临清市公安局以涉嫌伪造国家机关证件罪对刘某飞立案侦查；9月3日，临清市应急管理局依法对某建筑安装工程有限公司作出罚款人民币4万元的行政处罚决定，目前行政处罚已经执行完毕。①

---

① 《国务院安委办、应急管理部公布三起行刑衔接典型案例，严厉打击制假售假用假违法犯罪行为》，载应急管理部网，https://www.mem.gov.cn/xw/yjglbgzdt/202112/t20211217_405142.shtml，最后访问时间：2022年10月2日。

如同一般行政执法领域，由于案件移送不力、程序存在梗阻以及立案监督乏力等原因，应急领域刑事责任追究一度存在有案不移、有案不立、以罚代刑等突出问题，但随着实体法逐步健全，以及两法衔接的程序趋于严密，上述问题基本得到解决。但在公共安全治理趋于复杂化的今天，针对高风险的行为，行政权倾向于动用刑法手段以取得立竿见影的效果，这客观上会带来司法权被动扩张的问题。因而，抑制行政执法机关的移送冲动与避免有案不移同样重要。需要注意的是，对案件移送数量进行排名或者作为绩效考核指标等变相激励措施，无疑会刺激行政执法机关的移送冲动，不利于客观理性地认定案件事实。司法实践表明，危险作业罪虽然没有达到行为危险性判定的程度，但罪疑从有的司法认定逻辑却在悄然滋长，需要高度警惕。截至2022年7月，以"危险作业罪"为关键词在中国裁判文书网共检索到62篇文书，其中刑事案件55起，剔除二审或其他案例，共获得46起案例数据。统计显示，未经依法批准或者许可擅自从事危险作业的违法行为共44起，其中有31起案件中当事人在仅有违法行为的情况下被追究刑事责任（最常见的是非法储存、销售汽油）。比如被告人莫某业从2020年3月开始，在无成品油零售许可证、危化品经营许可证及营业执照等相关证照的情况下，使用车辆储存油品，购买加油机、油罐等，在其家门面擅自从事经营、储存汽油和柴油等活动。法院因此认定其行为构成危险作业罪。[①]

第三节　应急政治责任与法律责任

一、应急政治责任及其与法律责任的区别

党的十九届四中全会作出的《中共中央关于坚持和完善中国特色社会主

---

① 参见广西壮族自治区南丹县人民法院（2021）桂1221刑初217号刑事判决书。

义制度、推进国家治理体系和治理能力现代化若干重大问题的决定》明确提出，"构建统一指挥、专常兼备、反应灵敏、上下联动的应急管理体制，优化国家应急管理能力体系建设，提高防灾减灾救灾能力"。习近平总书记在中央政治局第十九次集体学习时强调，充分发挥我国应急管理体系特色和优势，积极推进我国应急管理体系和能力现代化。他强调，各级党委和政府要切实担负起"促一方发展、保一方平安"的政治责任，严格落实责任制。要建立健全重大自然灾害和安全事故调查评估制度，对玩忽职守造成损失或重大社会影响的，依纪依法追究当事方的责任。要发挥好应急管理部门的综合优势和各相关部门的专业优势，根据职责分工承担各自责任，衔接好"防"和"救"的责任链条，确保责任链条无缝对接，形成整体合力。[①] 这表明，从坚持以人民为中心的根本立场出发，在统筹安全与发展两件大事、防范化解重大安全风险的过程中，将加强应急管理体系和能力建设作为执政党的重要使命和政治责任。对于政治责任，尽管不同学者有不同的认识，但一般是从"应承担的职责"以及"不利的后果"两个层面展开，如张贤明教授指出，政治责任是政治官员制定符合民意的公共政策并推动其实施的职责及没有履行好职责时应承担的谴责和制裁。前者为积极意义的政治责任，后者为消极意义的政治责任。[②] 虽然也强调"不利的后果"，但相较于传统的法律责任，政治责任在很多方面与其存在明显差异。

第一，法律责任必须有法律的明文规定，政治责任则不可能完全精确地由法律明文规定。第二，政治责任的实现相对于法律责任特别是刑事法律责任的实现而言具有优先性。第三，法律责任有其专门的评价机关，政治责任则不必也不能仅以专门机关来评价。第四，政治责任与法律责任的承担方式不同。政治责任主体的角色是多重的，可能承担的责任也是多重的。而法律

[①] 《习近平在中央政治局第十九次集体学习时强调 充分发挥我国应急管理体系特色和优势 积极推进我国应急管理体系和能力现代化》，载中国共产党新闻网，http://jhsjk.people.cn/article/31483202，最后访问时间：2023年3月28日。

[②] 张贤明：《政治责任与法律责任的比较分析》，载《政治学研究》2000年第1期。

责任的承担方式主要可以分为三种：民事责任、刑事责任、行政责任。[1]

虽然政治责任并非规定在严格的国家法律体系之中，但在突发事件应对实践中，由于承担应对责任的公职人员比例很高，如果抛开政治责任这部分内容谈法律责任，显然是不完整的。[2]从法治中国建设的探索和实践看，党内法规在全面推进依法治国进程中的地位得到确认。2014年，党的十八届四中全会决定，明确了党内法规是中国特色社会主义法治体系的重要组成部分的伟大命题，党内法规建设明确纳入全面推进依法治国的战略体系中。因此，我们将政治责任与法律责任一并介绍。

二、应急政治责任与法律责任耦合的内在逻辑

（一）党内法规与国家法律在目标上具有一致性

新时代应急管理党内法规以及党政联合下发的政策性文件在提升应急治理能力中产生了显著的影响与实效，应急管理党内法治与国家法治在目标上具有一致性。按照《中国共产党党内法规制定条例》，严格意义上的党内法规，是指党的中央组织，中央纪律检查委员会以及党中央工作机关和省、自治区、直辖市党委制定的体现党的统一意志、规范党的领导和党的建设活动、依靠党的纪律保证实施的专门规章制度。根据《立法法》的规定，立法应当遵循宪法的基本原则，坚持中国共产党的领导。近年来的实践表明，我国在应急管理责任领域逐渐形成党内法规与国家法律交叉配置的法治模式，即有关党的各级组织及相关人员的职责、监督考核和责任追究等内容由党内法规具体调整，国家法律在对坚持党的领导作出原则性规定的同时，对各级政府及其组成部分、相关单位及人员的应急管理的职权、工作范围、履责程序和责任追究提供明确的法律依据，为应急管理党政同责的协同推进提供了

---

[1] 张贤明：《政治责任与法律责任的比较分析》，载《政治学研究》2000年第1期。
[2] 林鸿潮：《应急法概论》，应急管理出版社2020年版，第253页。

正当性基础。在这一过程中,党内法规以及各类政策文件在思想理念和组织实施层面充当了连接应急法律责任与政治责任协调的桥梁,并对立法产生了引导作用。如《中共中央关于制定国民经济和社会发展第十四个五年规划和二〇三五年远景目标的建议》规定"坚持人民至上、生命至上,把保护人民生命安全摆在首位,全面提高公共安全保障能力"。"人民至上、生命至上"理念,历经应急管理实践,在修改应急法过程中以直接或间接的方式在法条中体现,比如在《国家安全法》《安全生产法》总则中得到明确,成为应急管理法治化、规范化建设的重要内容,标志着"人民至上、生命至上"从政治规范迈向法律规范。

(二)突发事件治理过程政治责任与法律责任具有协同性

复杂适应系统(Complex Adaptive System,CAS)理论认为,公共安全是由各个行业或各种模式进行非线性相互作用的行为主体组成的动态系统,其演进主要是通过主体与主体、主体与环境之间的交互作用和影响实现的。[①]卢曼从组织行为的视角重新考察社会系统后指出,我们所处的社会系统与其周边环境进而与世界构成一个多层次的结构体,其主要子系统包括政治、经济、法律、道德、教育、科学、宗教等领域。社会秩序的维持并非在于系统与系统之间的理解或制裁,而在于双方如何接受彼此的选择而限制自己进一步的选择行为,也就是如何针对对方的选择来调适自己的行为。[②]政治系统与法律系统作为规制主体行为的基本要素,通过政治系统与法律系统的相互作用,有助于适应外部环境的变化。一般而言,法律规范被认为是反事实的(counterfactual),因而是抗风险的。政治系统的功能是作出"具有集体约束力的决策",并通过外部刺激和特定程式进入法律系统,以维持法律系统对外

[①] 张立荣、方堃:《公共危机与政府治理模式变革——以复杂适应系统理论(CAS)为研究视角》,载《北京行政学院学报》2008年第2期。

[②] 丁东红:《卢曼和他的"社会系统理论"》,载《世界哲学》2005年第5期。

部的认知性。①新时代应急管理是政治责任系统与法律责任系统的结构耦合，同时具有政治性与法律性，在各自保持独立运作的同时存在信息交互和沟通，共同作用于突发事件治理过程。突发事件的发生意味着常态社会管理秩序被打破，客观上要求国家积极作为，特别是出现重大突发事件时，由于法治不完善引发的失序与混乱，急需组织行为变革予以应对，这往往超出了现行法律框架，需要政治力量的高位介入来实现。实践充分证明，以政治动员、整合力量并辅之以相应奖惩机制等为核心的政治责任系统运作，适应了应急行动所必需的组织应对。如果说政治责任系统主要基于应急行动的合理性与实效性进行考量的话，法律责任系统则主要是从合法性角度出发，通过坚守法治原则把守权力边界，抑制应急行政权的扩张，进而缓和政府行政应急权与公民自由之间的紧张关系。

（三）党政同责为政治责任与法律责任融合提供了制度载体

2013年6月以来，习近平总书记多次就安全生产工作作出重要指示，指出人命关天，发展决不能以牺牲人的生命为代价。这必须作为一条不可逾越的红线。他强调，要始终把人民生命安全放在首位，以对党和人民高度负责的精神，完善制度、强化责任、加强管理、严格监管，把安全生产责任制落到实处，切实防范重特大安全生产事故的发生。②天津港"8·12"瑞海公司危险品仓库特别重大火灾爆炸事故发生后，习近平总书记再次强调要坚决落实安全生产责任制，切实做到党政同责、一岗双责、失职追责。③这次事故处置也标志着新时期我国安全生产领导和监管工作进入"党政同责"的新阶段。"党政同责"的"党政"指的是中央和地方各级党委和

---

① 宾凯：《政治系统与法律系统对于技术风险的决策观察》，载《交大法学》2020年第1期。
② 《习近平作重要指示：始终把人民生命安全放在首位》，载中国政府网，http://www.gov.cn/ldhd/2013-06/08/content_2422378.htm，最后访问时间：2023年4月15日。
③ 《习近平就切实做好安全生产工作作出重要指示：要求各级党委和政府牢固树立安全发展理念 坚决遏制重特大安全生产事故发生》，载中国共产党新闻网，http://cpc.people.com.cn/n/2015/0816/c64094-27468127.html，最后访问时间：2023年4月15日。

政府。"同责"应当从分配职责时"同有职责"和违反职责时"同样承担责任"两个方面来理解。[①]

为健全党政同责的安全生产责任体系，中央和地方相继制定工作细则或实施办法，推动各级党委和政府及其工作部门齐抓共管。中共中央办公厅、国务院办公厅于2018年印发的《地方党政领导干部安全生产责任制规定》，普遍被认为是应急管理领域第一部党内法规，详细规定了安全生产"谁来管""管什么"，实现了由政府单一责任向党委、政府双重责任的转换，是应急责任领域的一次重要制度变革。分析现有安全生产党政同责的文本，发现有许多共同特点：从惩戒的对象看，既强调对党员个人违法行为的惩戒，又把党政机关的违纪违法行为纳入惩戒范围，个人责任是责任承担的最主要方式，也是应急管理党规党纪构建的主要责任形态；从惩戒的行为看，既包括党员的故意行为，也包括党员的过失、失职、渎职行为等；从惩戒的手段看，坚持教育与惩罚相结合的方式，与法律责任类似，亦强调惩戒力度与当事人的违法行为的事实、性质、情节及社会危害程度相适应，如《地方党政领导干部安全生产责任制规定》第21条至第23条明确规定了从重追究责任，从轻、减轻追究责任以及不予追究责任的具体情形。

除安全生产外，党政同责在食品安全、消防安全、生态环境保护、防灾减灾救灾等其他应急领域也正逐步推行，比如中共中央办公厅、国务院办公厅分别于2015年和2019年印发《党政领导干部生态环境损害责任追究办法（试行）》和《地方党政领导干部食品安全责任制规定》，特别是2021年年底国务院印发《"十四五"国家应急体系规划》，部署在整个应急管理领域推动建立党政同责、一岗双责、齐抓共管、失职追责的应急管理责任制。以上表明，我国应急管理正从制度层面全面确立"党政同责"的理念、原则和操作路径。不同于法律责任的单一向度，党政同责在职权和责任内容配置上的二元性，使党的领导在应急责任中以更直接、更明确的方式予以呈现，尤其是强调对党政领导干部的监督和一体问责，为应急政治责任与法律责任融合提供了绝

---

① 常纪文：《安全生产党政同责监管体制的立法构建》，载《法学杂志》2014年第2期。

佳的制度载体。

三、应急政治责任适用面临的问题及其制度调适

（一）应急政治责任适用面临的问题

一是适用的依据存在部分空白。总体而言，应急管理领域党政同责是一项新的制度，还处于不断完善的阶段，目前主要集中在安全生产、生态环境保护、食品安全等有限的领域，在防灾减灾抗灾救灾领域尚未有一部党内法规明确对地方党委及其有关领导成员的应急管理职权进行全面规定。在河南郑州"7·20"特大暴雨灾害救援过程中，地方党政领导干部不知道关键时刻自己的职责是什么、岗位在哪里、如何发挥领导作用，进而失去对全局工作的统一领导，[①]与当前地方党委在应急管理特别是防灾减灾抗灾救灾中的职权不清、责任不明有很大关系。

二是适用的程序有待完善。总的来看，目前应急政治责任追究存在重实体、轻程序的问题，问责程序建设相对滞后，谁来问责、问责流程、问责的主要方式以及权益保障等基本问题缺乏规定。以安全生产为例，中央纪委、国家监委于2021年印发的《中央纪委国家监委开展特别重大生产安全责任事故追责问责审查调查工作规定（试行）》，虽然规定了对地方党委和政府、各级职能部门、相关单位及领导人员贯彻落实党中央关于安全生产的决策部署以及安全生产法律法规不力，履行管理、监督职责不力等情况进行问责，但仅限于特别重大事故，大量的较大以下事故问责程序缺失；此外，上述规定具体条文未全文公布，不利于有关部门及社会公众全面了解和监督其实施情况。实践中，一些地方问责流程不透明，有的甚至在未开展事故调查时就启

[①] 参见国务院灾害调查组：《河南郑州"7·20"特大暴雨灾害调查报告》，载应急管理部网，https://www.mem.gov.cn/gk/sgcc/tbzdsgdcbg/202201/P020220121639049697767.pdf，最后访问时间：2023年3月30日。

动问责，与问责程序不完善有很大关系。一个典型的例子是大连市普兰店区"9·10"燃气爆炸事故问责。2021年9月10日23时39分，大连市普兰店区丰荣街道鑫和社区一住户家中发生燃气爆炸事故，造成8人死亡、5人受伤。在尚未开展全面事故调查的情况下，9月13日晚，大连市即启动对该起事故的问责，将大连市应急局党政"一把手"予以免职，全国舆论一片哗然。①

三是问责泛化简单化。按照《中国共产党问责条例》的规定，党组织领导班子在职责范围内负有全面领导责任，领导班子主要负责人和直接主管的班子成员承担主要领导责任，参与决策和工作的班子其他成员在职责范围内承担重要领导责任。但实践中，一些地方和部门动辄要求下级签"责任状"、搞"一票否决"，把问责作为推卸自己责任的"挡箭牌"，出了问题让下级"背锅"，拿基层干部甚至编外人员"开刀"等。②有的在认定相关人员责任时，笼统定性为"负有领导责任"，未结合各自的岗位职责，准确区分应负主要领导责任还是重要领导责任。2021年1月，某省生态环境保护督察组在A市开展环保督察期间，该市B区纪委监委根据督察组移交的问题线索，在1个月内对王某进行了6次"凑数式"问责，对在污染问题发生前即已在外脱产学习、并未实际协管相关工作的郑某、李某、邓某滥用问责，存在重复问责、简单问责、泛化问责的问题。③

（二）应急政治责任的制度调适

一是明确问责的标准。《中国共产党问责条例》明确规定党的问责工作应当坚持权责一致、错责相当的原则。但是对2003—2007年84个特大安全事故案例的实证分析证明，媒体的报道数量越多，对政府造成的舆论压力越大，

---

① 程姝雯：《燃气爆炸大连应急局领导免职遇争议，安全事故如何准确问责？》，载搜狐网，https://www.sohu.com/a/489980927_161795，最后访问时间：2023年4月15日。
② 卢会峰：《坚持问题导向，防止问责不力和问责泛化简单化》，载《中国纪检监察》2019年第18期。
③ 参见《中央纪委、国家监委发布第二批执纪执法指导性案例》，载应急管理部网，https://www.mem.gov.cn/jjz/zcfg/202201/t20220105_406241.shtml，最后访问时间：2023年3月30日。

就越容易出现政治问责的情况。[①]社会压力在推动政治问责的同时，客观上会导致问责的功利化，加上职责划分不明确，使问责有逸脱法治框架的风险。一般而言，政治问责的对象主要是政府，随着党政同责制度的深入实施，地方党委及其有关成员也成为问责的对象，且呈现出事故等级越高、影响越大，问责级别越高的典型特征。如河南郑州"7·20"特大暴雨灾害发生后，中央纪委依据《中国共产党问责条例》《中国共产党纪律处分条例》《监察法》《公职人员政务处分法》等有关党内法规和国家法律，对河南省委原常委、郑州市委书记进行追责问责。从问责原因看，不仅包括违法行为，也包括政治上的失责，但实践中存在问责简单泛化的问题。解决上述问题，首先需要明确"责"是什么，只有为其勾勒出清晰的边界，才有利于相关人员履行职责，进而为后期失责并启动问责奠定基础。建议针对不同类别的突发事件应急管理，制定相应的党政同责的制度规范，明确地方党委和政府主要负责人、党委常委会其他委员、政府分管负责人、政府班子其他成员等的应急管理职责，清晰其履职到位与否的具体标准，避免以"不认真""不到位"等模糊的描述替代违法具体情形。

二是区分政治责任与法律责任。党的领导主要是政治、思想和组织的领导，政治责任更多地表现为领导责任，但随着党的领导方式的转变，党的领导更多亦更加直接作用于应急体系和能力现代化建设的全过程，党的领导的政治责任与政府直接监管的责任呈现职责交叉的状态：一方面，在注重政治责任与法律责任协调配合的同时，要做好政治责任与法律责任的衔接，以及党政的责任分工。正如有学者指出的，党政同责并不意味着党政混同，需逐步明晰二者的责任分野，进一步厘清党委和政府在"同责"情况下各自责任的划分问题。一般而言，党政同责在介入时机上应坚持穷尽其他救济原则，只有在其他规制手段无法实现特定领域的治理目标时，才适宜启动党政同责，

[①] 张欢、王新松：《中国特大安全事故政治问责：影响因素及其意义》，载《清华大学学报（哲学社会科学版）》2016年第2期。

如此方能避免党内法规的"虹吸现象",保证党的领导既不缺位,也不越位。[①]另一方面,在党政同责的总体框架下,需要进一步厘清不同层级、不同领域、不同部门的应急管理责任,特别是新兴行业、领域监管责任不明确的,应抓紧明确职责任务,防止出现监管空白。

三是完善问责程序。我国目前虽然出台了《中国共产党问责条例》、《中国共产党纪律处分条例》以及《监察法》、《公职人员政务处分法》等有关党内法规和国家法律,但其毕竟不是专门规制问责程序的规范,相关规定仅涉及追责的部分环节。《国务院关于特大安全事故行政责任追究的规定》以及《中央纪委国家监委开展特别重大生产安全责任事故追责问责审查调查工作规定(试行)》亦仅规范了部分应急领域的问责程序,因而有必要建立统一的问责程序规范,全面规范触发问责的条件、问责的主体、问责的情形、问责的步骤以及救济措施等,促进问责程序的法治化。

四是建立容错纠错机制。突发事件发生后,大面积实施问责,对迅速平息社会舆论,树立党委、政府的正面形象往往起到立竿见影的功效。但正如有专家担忧的,过度的问责会导致程序化,严重影响行政效率,会导致次优或无效的决策,无法提高绩效。因此,有必要引入免责规定。[②]免责规定,在某种程度上是一种容错机制。习近平总书记关于"三个区分开来"的重要指示以及《关于进一步激励广大干部新时代新担当新作为的意见》等文件,为完善容错机制提供了明确指向。在追责事由的把握上,有学者主张采取重大过错标准,理由在于不加区分地追责,会导致官员"不求有功、但求无过"的程序化倾向。[③]本书总体赞同这一标准,目前实践中已有类似的案例出现。如陕西省纪委监委对在疫情防控中已经尽力履职,但因客观原因所限而工作

[①] 马迅、李尧:《党政同责的逻辑与进路——以食品安全责任制为例》,载《河南社会科学》2020年第12期。

[②] 余凌云:《对我国行政问责制度之省思》,载《法商研究》2013年第3期。

[③] 林鸿潮:《重大行政决策责任追究事由的偏离和矫正——以决策中对社会稳定风险的控制为中心》,载《行政法学研究》2019年第6期。

不到位的情况，免予问责。①这种做法值得肯定。为实现精准问责，可以考虑采用负面清单加兜底概括的方式，通过大量问责个案的梳理，总结实践中已经发生的、明显有悖于良好履职要求的问责行为，并通过法律规范明确列举，防止挂一漏万。②

---

① 陈昊：《纠正层层加码，科学精准防控》，载《中国纪检监察报》2021年2月4日。
② 曹鎏：《论监察问责的基本法律问题——概念澄清与构成要件解析》，载《中外法学》2020年第4期。

后　记

　　我算是应急管理领域的一个"老兵",但之前主要偏重于安全生产,更早之前还从事过一段时间社会治安综合治理工作,真正从"大安全大应急"角度深入研究和思考应急法问题始于2018年。这一年,党和国家机构改革,拉开了应急管理大部门制的序幕,也使得应急法治成为一个时髦的话题,标签化的研究成果短期内批量产出,且论点纷呈,十分热闹,应急法一度成为"任人打扮的小姑娘"。但直觉告诉我,需要客观冷静地看待这一现象。目前,学界和实务部门对应急法的探讨主要聚焦于部门法的修改、紧急状态法的制定以及现有法律体系的完善等方面,尽管不乏真知灼见,但系统性研究仍较为欠缺,使人们对"应急法到底是什么"仍心生茫然。市面上虽有少量的教材和专著,但大都成书于2003年非典疫情前后,内容总体上较为陈旧,没有跳出"一案三制"的框架,回应现实关切不足。在这种情况下,我萌生了写一本新的应急法书籍的念头。

　　历史是一面镜子,它照亮现实,也照亮未来。我国应急管理体系是在"一案三制"基础上发展而来,应急法治建设走的是一条"应激式"的路径,由于理论准备不足,老问题并未随着体制改革纾解,新的问题又不断涌现,有的问题还比较尖锐,使得应急法治建设迟滞于国家治理的现实需要。随着风险社会到来,防范化解重大安全风险成为国家治理的优先选项。与此同时,处于复杂性和不确定性的时代,人们对法治的需求和依赖更为强烈。江苏响水天嘉宜化工有限公司"3·21"特别重大爆炸事故、河南郑州"7·20"特大暴雨灾害，以及全球大流行的新冠疫情，为我们抵近观察当下应急法治状况提供了重要窗口。2022年，我所在的小区因为"涉疫"几度被封控。尽管之前做了心理准备，但突然拉起的"警戒线"还是让人有点猝不及防。半夜，社区工作人员仍在电话核实信息，"大白"一早就上门核酸检测，志愿者还第一时间送来蔬菜等生活品……除了不能自由出入，似乎一切并没有受到太多影响。尽管如此，从小区业主微信群中还是能感受到大家普遍的紧张和焦虑，尤其对决策依据、封控时间等信息公开的需求持续上升，有的还提出合法性质疑，这是我不曾预料到的。那段时间，个别地区因防控措施失当引发了一些争议，并被上级有关部门纠错，这促使我进一步思考应急法的价值追求是什么，行政应急权行使的正当性基础何在，如何平衡公共利益与公民自由的关系，特别是"中国之治"的制度优势如何转化为现实的治理效能。

得益于所在单位和领导的关心和支持，我有幸参与了应急管理部组建后法律体系框架顶层设计研究工作，并作为修法专家深度参与了《突发事件应对法》《安全生产法》《防汛条例》《生产安全事故报告和调查处理条例》等多部重要法律法规的修订起草，同时应邀参加了中国政法大学法治政府研究院林鸿潮教授主持的研究阐释党的十九届四中全会精神国家社科基金重大项目"我国集中力量战胜重大突发事件的制度优势及其法治化研究"，并参加了紧急状态的类型化和立法研究高峰论坛、行政检察指导性案例学术研讨会等学术活动，与同行的相互交流、探讨，进一步加深了我对应急法的理性认识，形成的阶段性研究成果先后发表在《中国行政管理》《行政法学研究》《中国法律评论》《行政管理改革》《中国应急管理》等刊物。这些经历共同构成了本书写作的基础。

加入应急法"朋友圈"之后，我有幸得到了北京大学法学院湛中乐教授、清华大学法学院余凌云教授、中国人民大学法学院莫于川教授、中国政法大学法治政府研究院刘艺教授、中国应急管理学会高小平研究员等专家学者提供的很多指导、帮助，他们真诚待人的性格、严谨的治学态度以及提携后学的风范，都令人印象深刻。特别是莫于川教授得知我的写作题目后非常支持，并欣然同意为本书作序。与莫老师愉快的交流，让我不禁想起在人大法学院读书时的美好时光。在本书写作过程中，中央党校（国家行政学院）应急管理教研部李雪峰教授、中国政法大学法学院成协中教授、应急管理大学（筹）文法学院颜烨教授等师友提出了宝贵意见，在此表示感谢，当然文责自负。感谢中国法制出版社马颖女士，正是她的专业认可与积极策划，才使本书得以面世。责任编辑宋平老师提出了许多完善建议，严谨细致的工作令人感动，也使本书增色不少。

在书稿几经修改终于付梓之际，我并没有长舒一口气。勾勒应急法的基础理论问题，阐述应急法的功能定位、基本立场和研究方法，助力应急管理法治化建设，是本书一开始就锚定的目标，但由于应急法的学科地位、基本原理等尚未形成共识，一些想法还有待实践检视，这也使得本书具有一定的探索性。由于聚力重点问题，本书逻辑的自洽性可能存在不足，师友们指出的问题还有待进一步深入研究。每每虑及此处，心中不免惶恐。但我依然怀揣梦想并将不断努力，就像歌德诗中写的那样：

辽阔的世界，宏伟的人生，
长年累月，真诚勤奋，
不断探索，不断创新，
常常周而复始，永远也不停顿；
忠于守旧，乐于迎新，
心情舒畅，目标纯正，
啊，这样又前进一程！

代海军

2023年春天

图书在版编目（CIP）数据

应急法要义 / 代海军著 . — 北京：中国法制出版社，2023.5

ISBN 978-7-5216-3500-3

Ⅰ.①应… Ⅱ.①代… Ⅲ.①突发事件－处理－行政法－研究 Ⅳ.①D912.104

中国国家版本馆CIP数据核字（2023）第072296号

策划编辑：马　颖
责任编辑：宋　平　　　　　　　　　　　　封面设计：周黎明

应急法要义
YINGJIFA YAOYI

著者 / 代海军
经销 / 新华书店
印刷 / 河北华商印刷有限公司
开本 / 710毫米×1000毫米　16开　　　　印张 / 19　字数 / 270千
版次 / 2023年5月第1版　　　　　　　　2023年5月第1次印刷

中国法制出版社出版
书号 ISBN 978-7-5216-3500-3　　　　　　定价：68.00元

北京市西城区西便门西里甲16号西便门办公区
邮政编码：100053　　　　　　　　　　　传真：010-63141600
网址：http://www.zgfzs.com　　　　　　编辑部电话：010-63141825
市场营销部电话：010-63141612　　　　　印务部电话：010-63141606
（如有印装质量问题，请与本社印务部联系。）